西方传统 经典与解释

Classici et commentarii

HERMES

HERMES

在古希腊神话中，赫耳墨斯是宙斯和迈亚的儿子，奥林波斯神们的信使，道路与边界之神，睡眠与梦想之神，亡灵的引导者，演说者、商人、小偷、旅者和牧人的保护神……

西方传统 经典与解释
Classici et commentarii

HERMES

潘戈集

戴晓光 ● 主编

孟德斯鸠思想批判

The Theological Basis of Liberal Modernity in Montesquieu's "Spirit of the Laws"

[美] 潘戈（Thomas L. Pangle）● 著

童群霖 邓欢娜 ● 译

华东师范大学出版社
·上海·

华东师范大学出版社六点分社　策划

古典教育基金·"蒲衣子"资助项目

出版说明

　　潘戈（Thomas L. Pangle, 1944-　）是施特劳斯学派的第二代重要代表人物，也是当代英语学界相当活跃且颇富思想力度的政治哲学家，在思想史和政治哲学领域享有广泛的学术声誉。

　　潘戈本科毕业（1966）后赴芝加哥大学深造，有幸成为施特劳斯亲自指导的硕士生，以柏拉图《法义》为主题撰写学位论文。施特劳斯去世前一年（1972），潘戈以题为"孟德斯鸠与自由民主政制的道德基础"的博士论文取得芝加哥大学政治学系博士学位。作为施特劳斯的最后一批弟子之一，潘戈先后师从布鲁姆（Allan Bloom）、克罗波西（Joseph Cropsey）及美国宪政思想史家斯托林（Herbert Storing）。

　　从教以来，潘戈先后任教于耶鲁大学（1971-1979）及多伦多大学（1979-2004）。自2004年起，潘戈执教于美国德克萨斯大学奥斯汀分校，主持该校的本科博雅教育。在40余年的教学研究生涯中，潘戈致力于深入政治哲学史诸多核心问题，拓展研究视野，卓有成效地推进了施特劳斯开启的古典政治哲学教育事业。尤其值得提到，凭借对美国宪政及建国思想家的权威研究，潘戈更新了当代学界对美国建国原则及政体问题的理解。此外，他还是学识精湛的古典学家，先后翻译过柏拉图、索福克勒斯和阿里斯托芬的作品。

潘戈曾以"古典政治理性主义的重生"来概括其老师施特劳斯的思想贡献,而他则致力于在美国的文教语境中坚持这一根本取向,与历史主义及由此衍生的激进民主思潮展开搏斗。潘戈的著述不仅可以让我们大致了解古典政治哲学研究在美国的晚近进展,而且促使我们认识到,必须面对具体而复杂的现实思想困境,古典政治哲学研究才会激发富有德性的思想。

古典文明研究工作坊

西方典籍编译部申组

2018 年 5 月

献给我的妻子,洛琳

目　　录

致　　谢

　　就写作本书的数年间得到的资金支持，我希望向下述机构表示感谢：加拿大艺术委员会（Canada Council for the Arts）及其基拉姆研究资助（Killam Research Fellowship）、国家人文基金会（National Endowment for the Humanities）以及德克萨斯大学的朗（Joe R. Long）教席研究基金。我还需感谢位于慕尼黑的卡尔·冯·西门子基金会（Carl Friedrich von Siemens Foundation），我在那里做的演讲是对本书的首次表述。

导　言

　　我立下了一些原则，然后看到不同的实例从这些原则中展现出来，一如自发；所有国家的历史无非是这些原则的后果。①

　　借由这一番自鸣得意，孟德斯鸠宣告了其论著阐发的新政治科学的精深与广博。启蒙时期的政治哲思为我们当下的文明奠定了原则性基础。而其中，《论法的精神》可谓最富野心的表述。究其根本，自由共和文明之基础是神学的，因此同样也是反神学的（antitheological）。因为，新秩序奠基于"自然神"：在探究对所有人可见的经验证据时，人们对这位神祇的引导有着最为信服的体验。主张启示的、超自然的、超理性的抑或反理性的神圣权威和律法至高无上，在以往大行其道，现在政治生活不应再受制于任何此类主张。政治理解的这一变革，在亚当斯（John Adams）对

---

① 《论法的精神》，序言。本文的注释通常采用标出章节的方式（如，"1. 1"代表第 1 章第 1 节），有时会标注最通行版本（the Pléiade, *Oeuvres complètes de Montesquieu*, 2 vols）的具体页码。除非特别标明，对孟德斯鸠其他作品的引用也出自同一版本（标为"OC"）。所有英译都出自本人。［译注］《论法的精神》中译参考《论法的精神》，许明龙译，北京：商务印书馆，2011，但根据潘戈英文原文有改动。

新美利坚宪法的理论辩护中得到强有力的表达：

> 古代的国族普遍认为，对于为民立法的重要机构而言，单单诉诸神祇就已足够。希腊人在整个扩散的过程中始终囿于这一成见；罗马人培育了同样流行的虚妄之说；而现代国族在神化国王以及以不同方式迷信地虚构王公贵族的神圣权利方面，几乎无不保有上述思想的余毒……美利坚合众国或许展现了第一批建立在纯粹的自然原则之上的政府模板；如果人们已然受到充分的启蒙，使自己从诡诈、欺骗、虚伪和迷信中挣脱，那么，他们会将此视为人类历史的新纪元……绝不会有人装神弄鬼称，那些在这一服务机构中受聘的人，会比那些建造船舶、房屋的人，或经商务农的人更多地与诸神交流，或受更高程度的天启。这些政府仅仅是凭借理性和认识（senses）而设计的，这一事实永世不变……人民，以及人民的集会、委员会或附属委员会，并不以不同于普通技艺和科学的理性考虑立法术，唯一的差别仅在于他们认为立法术更为重要。

[原注]《为合众国的宪法辩护》（*Defence of the Constitutions of the United States*，1787），序言，见 *Works* 4. 292–293。对于美国共和主义纯然的人造特征的类似描述，见匿名的联邦党人"以利户"（Elihu）的再版声明（1788）。这一声明回应的是"近期在议会中兴起的反对宪法的声音，它称上帝的存在并未在宪法中得到明确承认"："制宪者最为光辉、英明的贡献在于"，他们"为我们呈现了一种政府形式，它完全是人类智慧的创造；没有任何天神下凡发令，甚至也没有某个神在谁的梦中显灵制定其中任何部分。它直接体现出关于人性的知识、哲学的襄助以及世代的经验；它就像一尊金质的华美雕像（STATUE）走上台前"。Noah Webster 在其《对联邦宪法的首要原则的探究》（"Examination into the Leading Principles of the Federal Constitution"，1787）一文中也持同样的神学观点。其中，他以"一个美国公民的身份"宣称，"美利坚共和国之根基独一无二的特殊之处"在于"它乃是理性的帝国"（强调为

原文所有)。这一点使其"重要性远超设想","子孙后代将会"把它与"西奈山上颁布的犹太律法"并称。——载于 Sheehan and McDowell 编,《宪法的朋友》(*Friends of the Constitution*), 373, 477–479。另参杰斐逊就《独立宣言》对于人类历史的意义所作的著名的反思性评价(见 1826 年 6 月 24 日致惠特曼[Weightman]的信)。

现代启蒙思考并没有完全排除启示的经验。启示经验传递的信息(尤其是关于来世的内容)补充了我们的自然官能所能直接把握和确认的事物。但是,这种表象(apparent)经验的真实性以及被表象地接受的信息的确切含义,还必须根据其是否与真理和通则一致来加以评判,而真理和通则是通过理性的"自然之光"被认识的。因此,圣经经文必须被重新解释,或者——依照杰斐逊(Thomas Jefferson)①这类神学家所见——必须被严格地修订重编,以使之与自然神的理性主义保持一致。洛克(John Locke)向我们表明,"圣经中体现出来的基督教合理性"将如何得到证明:新约被解读为"上帝出于其无限的仁慈而作为一个慈悲温和的父与人同在。他赐予人理性,并将律法与之一同赐予人:此法不可能与理性的命令相悖;除非我们竟会认为,一个理性的受造物会有不合理性的律法"。这种律法"可被理性所认识"——"可被自然之光所知;即,无需实在的启示协助";基督关于"信法"(Law of faith,即信主)的启示所带来的"差异""仅限于此":

> 根据信法,信可以弥补完全服从的不足;因此,信者即被

---

① 见杰斐逊的未出版作品《耶稣的哲学》("The Philosophy of Jesus")和《耶稣的生平与道德》("The Life and Morals of Jesus"),以及在 1800 年 9 月 23 日和 1803 年 4 月 21 日致 Benjamin Rush 的信,1814 年 9 月 26 日致 Miles King 的信,1820 年 4 月 13 日和 8 月 4 日致 William Short 的信,1820 年 8 月 15 日致 John Adams 的信,1821 年 2 月 27 日致 Timothy Pickering 的信,1822 年 12 月 8 日致 James Smith 的信——以上都收录于《杰斐逊福音书提要》(*Jefferson's Extracts from the Gospels*)。

赐予生命和不朽，一如他们已是义人……因此，关于正当
（Right）的法则古往今来始终相同，正如遵行它的义务也始终
未变。①

在我们的时代，自由共和主义的这一神学政治基础正遭受沉
重打击。更为严峻的是，这一基础已然受到深刻的质疑。各式激
进的神权政治运动在全球范围内复苏，与之相伴的是宗教战争的
恐怖祸患。同时，"原教旨主义"甚至在西方民主政治的中心再次
抬头，成为一股政治力量。这些事实不仅逼迫我们认清启蒙运动
胜利的脆弱性，同时更促使我们思考其问题重重的理论基础。我
们不得不直面如下问题：② 何种非循环的论证可以证伪那些据称
亲身体验的、非自由的神权启示（或证伪那些声称出于神灵启发
而对上述启示所作的重新解释）？面临众多见证者主张超自然的
神权启示时，如何证明献身于政治理性主义所表达的并非只是一
种历史文化偏见——它虽被坚定信奉，但实则仅限于一时一地？
什么能够证明它不是推行此种偏见的意志——一种尼采式的权
力意志？

　　［原注］美国最受尊敬且最具影响力的学院道德"哲学家"之一罗蒂
（Richard Rorty）有言，我们对自由民主原则的表达和辩护，或许就是维特根
斯坦所说的"语言游戏"；而我们之所以选择并玩弄任何特定的"语言游
戏"，其"唯一现成的回答"是"尼采所给出的：它助长我们的力量"；《偶然

① 　见《基督教的合理性》（*The Reasonableness of Christianity*，以下简称RC），第3章，页
18-19，第14章，页154以及第15章，页169。另参第14章，页140-141，以及《关
于自然法的问题》（*Questions Concerning the Law of Nature*），注2。洛克遵循霍布斯
（《利维坦》，第31章，段2-5，以及第43章，段5）和斯宾诺莎关于"普世信仰的信
条，或圣经整体的基本意图"的观点——《神学政治论》（*Theologico-Political Trea-
tise*）（以下简称TPT），第14章。
② 　对这一挑战的详尽阐述，参Owen的《自由理论的任务》（"The Task of Liberal Theo-
ry"），该文将这一挑战视为我们时代的自由政治理论急需探讨的议题。

性、反讽与合一》(*Contingency, Irony, and Solidarity*)，页 115。类似的解释，见美国一流的后现代主义者 Stanley Fish 的《自由主义并不存在》("Liberal-ism Doesn't Exist"，载于 *There's No Such Thing as Free Speech*)以及《关于原则的麻烦》(*The Trouble with Principle*)。

　　西方在近几代人的时间里出现的精神状况，使这些问题变得尤为复杂难解。规范理性主义(normative rationalism)经历了一场信任危机，即人们所称的"后现代境况"。它尤其指明了一个难以挥散的疑虑：唯物、世俗且普遍主义的个人主义作为现代理性主义的"宏大叙述"的核心，无力安顿——甚至试图抑制或打压——人性的本质需要，即对救赎性的升华和欣喜的渴求。这一渴求在人类不同的伟大宗教共同体和传统中，一代复一代地涌现。根据索罗什(Abdolkarim Soroush)这个温和的伊斯兰政治理论家的说法，

　　　　技术与进步自行其道，表露出其自身的本性并且预设了更高的形式。这同时也使人类体验到技术和社会经济的诸种限制，并且超越它们。立足于这些限制，人类得以拥有更高的视野，并习得新的教导。后现代主义的出现即是明证。它展现出所有被现代理性这一傲慢骑士的僭政所压抑的迹象。它指明了一种背离现代理性的趋势和一种超越它的渴望。这意味着寻求其他的知识源泉，这一寻求有似于两个世纪前的浪漫主义所为。正是因此，马尔罗(André Malraux)断言，21 世纪要么是宗教的世纪，要么就是虚无(nothing)。(《理性、自由与民主在伊斯兰》，页 45)

　　自由理性主义所遭受的神权政治挑战，因其自我怀疑的危机而加重。它迫使我们展开一场探索性的反思，重新考虑由推动启

蒙事业的哲学巨匠们设定的神学政治基础。我们需要试着再次指明，是哪些思考、论证和证据使得这些巨匠对自己的理性主义充满自信。而后，我们需要尽我们之所能，做出批判性的判断——他们的信心在多大程度上有其根据。我们能否从这些奠定自由现代性基础的哲人处，重新恢复理性主义的坚实基础？抑或，我们将在他们这里发现我们当下困境的最初源头和无尽深渊？

　　本书旨在为这种回探与判断提供帮助。我将在最为根本的神学政治层面上，阐明孟德斯鸠在《论法的精神》中所展开的教育计划，以便对之进行批评性的省察。我意在表明，孟德斯鸠此书最为深刻的意图之一，乃是为其开篇的神学宣言辩护。这一宣言史无前例，因为它有着直言不讳的胆量，甚至相较斯宾诺莎（Spinoza）亦有过之：上帝被等同于"原初（original，primitive，primordial）理性"（une raison primitive），依不变的"法则"生成宇宙的剩余部分，而这些"法则"是"源于事物本性的必然关系"；"因此，创世这一看似随意的行为，其实预设了不变的法则，正如无神论者之宿命"（1.1）。随着之后内容的展开，越来越清楚的是，书中从未谈论作如下理解的上帝"统治"——在其中，上帝作为"至高原因"，"人类理性始终臣服于它"（16.2）；无助的人类理性虽然能观察普遍的自然秩序，进而推导出显而易见的（apparent）结论，但上帝的"统治"超越了显见的结论。由此，孟德斯鸠隐然拒斥了任何关于曾真切体验过所谓独一的、奇迹般的启发或启示的主张，那些启发和启示的命令和教导背离或超出了理性的教导。然而，正是对于这些启发和启示的主张，构成了传统宗教信仰（即孟德斯鸠在第一章末所说的"宗教法"）的命脉。在孟德斯鸠的政治科学中，这些主张并不具有规范的地位，而只能被视为人性的、太人性的幻想性表达——它们要么被视为前科学的，要么被看作补充性的修辞。就它们所表达的事物而言，无助的理性可以根据普遍的经验对之进行更为清楚且准确的认识。

但是,孟德斯鸠究竟有何坚实基础,拒斥所有这些主张可能的真理性呢? 这些主张在一个又一个世代、在世界不同地区被不同种族的人类见证者证实。他如何处理如此庞大且一致的相反见证呢? 相较《论法的精神》,孟德斯鸠的首部大作《波斯人信札》更为明显地透露出,他明确承认这一挑战。这一挑战不仅来自基督教,也来自伊斯兰教(什叶派与逊尼派),以及印度教、祆教、犹太教和其他宗教。[①] 在《波斯人信札》中,孟德斯鸠运用其喜剧寓言家的才能对此作了回应。他相信,超理性的启示将导致各种深刻而琐碎的谬误。他将这些谬误置于可笑的境地。

[原注]见 Schaub,《爱欲的自由主义》(Erotic Liberalism),尤其是页103-104。我认为,第69封信为我们理解这部作品中最为基本的讽刺性批评提供了钥匙。这一批评乃是通过象征性地描述主角郁斯贝克的各种不相干的特点来表现的:作为一个思虑缜密、向往独立、普爱众生的个体,他追求沉思的生活,同时又被这样一些激情所困扰——对阉奴把管的后宫的绝望、惩罚欲和嫉妒。作为一个缺位的统治者,他要求绝对且专一的爱和顺从。孟德斯鸠由此提出的,或许正好是关于圣经上帝存在的著名"本体论证明"的反转。

但作为哲人的孟德斯鸠并未满足于这种反驳。孟德斯鸠尖锐的讽刺作品或许会令喜欢思考的信仰者困扰,并让严肃的自由思想者安心。然而,仅仅表明所谓的超理性对于理性的头脑而言必定显得荒诞可笑,并不足以证明后者是真理的标准,或者前者并不存在,也无法统摄所有其他的存在。

我希望表明,《波斯人信札》中对宗教的不充分批评,在《论法的精神》中得到了重大补充:只有《论法的精神》所勾勒的那种包罗万象的政治科学,才能对启示这一挑战做出回应。与此相关的

---

① 见第16-18封信、第24封信、第35封信、第39封信、第75封信结尾、第76封信、第77封信、第114封信、第119封信、第125封信、第143封信。

所有内容将在之后的章节中详细讨论；这里，我先提供一个简要的导引线路。

　　导言开篇所引的那一番得意之言，为我们提供了进入孟德斯鸠策略的入口。被孟德斯鸠大为扩展的启蒙政治科学，宣称要严格地展现——至少在大体上——所有以不同的历史存在形式出现的真与善（以及恶）的自然原因和特征。这一宣言首要的神学含义乃是，对于针对人类的尘世生活而提出的解释性假说或规范性引导，超理性的启示作为一种根据是多余的："人们或许会说这部作品的主题宏大，因为它包含了人类所有的建制。"

　　［原注］《为〈论法的精神〉辩护》（"Defense of *The Spirit of the Laws*"），OC 2.1137；比较 Starobinski 的《孟德斯鸠》（*Montesquieu*），页 56："孟德斯鸠将证明，解释历史无需一刻求助于作为解释原则的基督教上帝"（另参 Kingston 的《孟德斯鸠论宗教》［ "Montesquieu on Religion"］，页 380）。孟德斯鸠纯然的自然主义与被 Joseph von Hammer-Purgstall 称为"阿拉伯的孟德斯鸠"（这一称法并非完全不合理）的理论家赫勒敦（Ibn Khaldun）形成强烈对比。参《历史绪论》（*The Muqaddimah*），"祈祷"（Invocation）一章，以及 1.79,92—93,184—254。此外，还可考虑 Rahe 为我们指出的他与帕斯卡（Pascal）的对比：《柔性专制》（*Soft Despotism*），11。

　　孟德斯鸠的政治科学意在教导人们从纯然世俗或自然的政治原因出发，令人信服地解释对表象（apparent）启示（它们来自超自然的神祇，尤其是圣经中的上帝）的广泛信仰。当我们认识到这一点，并注意到他如何施教时，第二个且更富野心的神学含义就显现出来了。孟德斯鸠断言，通过展现这些信仰的产生以及它们对人心的笼络过程如何历史地与特定的政治病象（pathologies）相连，并且表现为一种（可以理解的、绝望的）从中挣脱的尝试，就能解释它们。对历史事实的梳理为这一论点增添了新的向度和力量：历史证据从反面证明，在不存在病态政治的地方，或者在病态政治得到实质性缓解的地方，对于表象的超理性启示的信仰就相应地阙如抑或减少了。

不过,我将证明,除此之外,还有另一个更具试验性、更为激进且长远的向度,存在于孟德斯鸠的证明策略之中。他想要通过证成自己的心理政治学设想,来消解对于启示(它们挑战了理性)的所谓体验。

[原注]关于前孟德斯鸠的现代政治哲人对这一策略的展现,可参施特劳斯(Strauss)的《哲学与律法》(*Philosophie und Gesetz*)的前言,第11段,载于《施特劳斯著作集》(*Gesammelte Schriften*),2. 20–21;《自然正确与历史》(*Natural Right and History*)第五章A,页175–177;《关于马基雅维利的思考》(*Thoughts on Machiavelli*),页297。[译注]中译参施特劳斯,《哲学与律法——论迈蒙尼德及其先驱》,黄瑞成译,北京:华夏出版社,2012,页13–14;《自然权利与历史》,彭刚译,北京:生活·读书·新知三联书店,2016,页178–181;《关于马基雅维利的思考》,申彤译,南京:译林出版社,2009,页413–415。

孟德斯鸠宣称,古今的社会存在(尤其是宗教存在)不仅可以被新的政治科学合理解释;更为重要的是,社会生活,因此宗教体验亦然,能够在实际中被深刻地改造并世俗化,而且这正在我们眼前发生。这一过程与新的政治科学相符,并且部分受其导引。随着现代理性主义原则的散布生根,宗教信仰正在被改造成一种愈发与理性的政治科学规范相协调或支持这一规范的对于神训的体验或观念。不可否认,在世界范围内,社会逐渐的理性化受到大量自然障碍的阻碍或限制,因此,宗教信仰的理性化亦然;但是,孟德斯鸠的政治科学不仅宣称要准确地辨识这些障碍,而且要教导如何大大削减乃至克服这些障碍。简言之,孟德斯鸠意在表明,在理性依然可以把握的限度内,一个世界历史性的进程正在展开;这一进程为他的假说(即人类对超理性启示的信仰有着政治心理学的源头)提供了另一个重大且经验性的证明。

但是,孟德斯鸠并未和盘托出这一意在证实理性主义的多重策略,他以间接的方式向读者暗示了自己最深刻的理论议题。为了理解这一曲折的笔法最为直接显著的(而非最深刻的)原因,我们需要注意孟德斯鸠写作的历史语境的首要特征。孟德斯鸠身为一名作者的处境,与我们自身、当今西方的情形极为不同。在孟德斯鸠的时代,传统的宗教机构依然在挥舞审查与惩罚的可怕权杖。孟德斯鸠亲身见证了伏尔泰在1733年出版《哲学通信》(*Lettres philosophiques*)之后的遭际:他不得不逃离巴黎以躲避逮捕,并在随后15年里藏身于他的情妇在香槟省的城堡;巴黎最高法院查禁了他的书,而后此书在司法宫(Palais de Justice)的庭院内遭公开焚毁。当时,孟德斯鸠的第二本重要著作(即《罗马盛衰原因论》)正在做版面校样。因此,他主动将一部分文稿呈交给自己选择的审查官——耶稣会会士卡斯特尔(Louis-Bertrand Castel)教授,他曾是孟德斯鸠之子的导师。孟德斯鸠接受了审查官的一些修改建议;更有甚者,他似乎因此从出版计划中剔除了一些主要的附文,这些附文本要阐明古罗马研究与当时生活的尖锐关联。多年以后,此书中被放弃的关键内容,在《论法的精神》中以新的样式、在新的语境中重新出现。① 但与此同时,环境变得更加恶劣。正如孟德斯鸠的权威传记作家所言,至《论法的精神》出版时(1748年底),

> 起自伏尔泰《哲学通信》的对进步作品的迫害浪潮势头大增。1745年,杜克洛斯(Duclos)因其《路易十一时代史》(*Histoire de Louis XI*)遭受迫害,次年,狄德罗(Diderot)因《哲学思想录》(*pensées philosophiques*)步其后尘。1748年初,杜桑(Toussaint)的《风俗伦》(*Les Moeurs*)被付之一炬。1749

---

① 完整的记述可参 Rahe,《未成之书》("The Book That Never Was");《柔性专制》,序言;以及《孟德斯鸠与自由的逻辑》("*Montesquieu and Logic of Liberty*")第一部分。

年,狄德罗因《论盲人书信集》(*Lettre sur les aveugles à l'usage
de ceux qui voient*)在樊尚被捕入狱。1751 年底,普拉德神父
(the Abbé de Prades)的论文引发危机,这场危机导致了次年
对《百科全书》(*Encyclopédie*)的首次查禁。①

　　鉴于"法国审查制度的形势",《论法的精神》不得不在瑞士
匿名出版。而要从瑞士进口此书,必须机关用尽,才能成功避免
法国海关监察官必将采取的扣留措施。(细节参见夏克尔顿的
《孟德斯鸠》第 10 章第 5 节,"出版"。)

　　尽管如此,孟德斯鸠还是决定,他可以且应当在自己的晚年
大力对审查制度的限制施压。他的挑战力度足以使他本人和他
的杰作陷入巨大的麻烦,虽说这些麻烦并非不能摆平。② 用潘恩
(Thomas Paine)的话说,

　　　　[孟德斯鸠]走到了一个生活于专制政府治下的作家所
　　能走的最远距离。由于他不得不让自己兼顾原则与审慎,他
　　的思想常常带着面纱出现;因此,相较他已经表达出来的东
　　西,我们应当给予他更多的赞许。(《人的权利》[*Rights of
　　Man*],第一部分第 68 节)

────────────

① 夏克尔顿(Shackleton),《孟德斯鸠》(*Montesquieu*),页 189;另见页 153-155,357,
363,以及《非难与审查》("Censure and Censorship"),载于 *Essays on Montesquieu*,
405-420;另参 Cranston,《让-雅克》,页 218、220、226、231、247(但要对照 272-
273);《高贵的野蛮》,页 1-2,6-7,11,53,115,120,133-139,151,193,211,241,
243,252,259,263,266-269,299-300,316,322,330,334-339,341,346,350,352;
傅勒,"La Librairie du royaume de France au 18e siècle";Grosclaude,*Malsherbes*,63-
186;Hanley,《思想管控》("The Policing of Thought");Krause,《〈论法的精神〉中的
专制政体》("Despotism in *The Spirit of Laws*"),页 269 注 92,以及《自由主义与荣
誉》(*Liberalism with Honor*),页 201-202。
② 关于这些斗争的有用记述,参夏克尔顿《孟德斯鸠》第 17 章(《关于〈论法的精神〉
的争论》,"The Quarrel of *L'Esprit des Lois*")。

　　至于其思想的根本层面,正如我们所见,孟德斯鸠开门见山,一开始就将自己的神学立场公之于众。他显然认为,只要他掩盖起证成这一立场的论据(即为其立场奠定基础的论据),他就能从这惊人之举中全身而退。因为,那才是对传统宗教的真正威胁所在。稍作思考,我们就会发现,孟德斯鸠尤其需要隐藏的是他积累论据的策略中指涉最为深远的部分——我称之为试验性的分叉(prong)。而他这样做的理由,远远不仅仅是因为害怕对他本人和他的追随者或同志的迫害和审查。关键在于,如果公开宣扬这一神学试验,必定会在许多传统信众(无论高低)心中,点燃他们对启蒙运动更为强烈的敌意和抵触。

　　孟德斯鸠以这样一种方式写作:他最为深刻的层面,只能被少数最为专注且严苛的读者完全理解。这些读者会被他开篇的神学惊雷所刺激,进而思考是什么使得孟德斯鸠自信满满,坚信宇宙有着固定基础以及圣经中的上帝并不存在。一旦受到激发,他们将注意到孟德斯鸠为他们暗藏的蛛丝马迹,进而自己破解孟德斯鸠的策略,弄清楚他如何呈现并传达那些有待探寻的根基。在重走导帅的神学政治思考路线的过程中,他们会发现自己身处一条受教之路,这条路将最终使得他们更亲近熟悉作为哲人的孟德斯鸠本人。我将表明,在《论法的精神》中,孟德斯鸠最高的修辞和施教意图,是向这些愿意且能够跟随其暗示的读者,逐渐展现其自身精神的某些深刻层面。这一精神乃是真正自由且哲学的。我将试着表明,上述关于孟德斯鸠的至高施教意图的设想,将有助于我们破译这一作品的编排与计划中某些重要却令人困惑的特征。而在它帮助我们绎读的过程,这一设想也将显出其合理性。

　　在序言中,孟德斯鸠将其作品描述为一项"试图教育人类"的工程。他还指出,自己并不限制他所意图的教育效果的辐射范围:"人民(people)被启蒙并非无关紧要";"在试图教导人类的过程中,一个人才能将包括普世(all)之爱在内的普遍美德付诸实践"(强调后加)。由此,孟德斯鸠表明,他预计或希望这本书将产生广泛而普遍的(无疑部分是间接的)影响。

　　[原注]事实上,此书成了"一个出版现象",它是"欧洲以及欧洲之外的各地博学者和预备政治家的政治圣经"(此言出自 Rahe,他总结了该书的出版历史,见《柔性专制》,页 63-64);见 Courtney,《从史书的视角看〈论法的精神〉》(" *Esprit des lois* dans la perspective de l'histoire du livre [1748-1800]");Felice,《权力,民主,德性》(*Poteri*, *democrazia*, *virtù*)和《孟德斯鸠及其解释者》(*Montesquieu e i suoi interpreti*);Levy,《孟德斯鸠的宪政遗产》("Montesquieu's Constitutional Legacies");Lutz,《欧洲作家对十八世纪末美国政治思想的相对影响》("The Relative Influence of European Writers on Late Eighteen Century American Political Thought");Mason,《孟德斯鸠的苏格兰继承者》("Les héritiers écossais de Montesquieu)";Moore,《孟德斯鸠与苏格兰启蒙运动》("Montesquieu and the Scottish Enlightenment");Stewart,《英国人眼中的孟德斯鸠》("Montesquieu vu par les Anglais")。

　　同时他说,自己所追求的,或者说最让他感到幸福的是,使人们有能力"治愈自己的偏见"(强调后加)。因此,孟德斯鸠的教导要取得成功,首先需要在他的读者中引发他们的自我转变,进而通过这些读者在更为广泛的"人民"中促发转变。我们可以推想,这样的转变过程就其类型、质量以及深度来说,都极为不平等,因为受到影响的人涵盖从普罗大众到那些少数个体——这些人,用孟德斯鸠的话说,"幸运地生而就能凭借一份天才洞悉一个国家的整个政制"。

　　孟德斯鸠曾为他友善的批评者格罗斯里(Grosley)提供阅读此书的建议。如果我们想最大程度地参与孟德斯鸠为我们准备的这一教育过程,那么,记住他在阅读建议中强调的下述内容将为我们提供助益(OC 2.1197):

致使此书中某些片段含混不清或模棱两可的原因在于,它们与可以解释它们的语境相隔甚远;你已注意到,链条中的各个环节也经常被断开,相互独立。

某一富有意味的断言、章节或一系列章节的最重要"语境",或许并非最近的上下文,而需要读者费尽心思地拼接而成。这一过程需要我们记起这部鸿篇巨制中的其他相关部分,一并予以考虑。关于其写作方式,孟德斯鸠还说过:

> 作者不能老是把话题说透了,以至于读者无事可做。重要的不是让人阅读,而是让人思考。(11.20)

孟德斯鸠不仅要求读者按照线性的方式(即,一节接着一节,一章接着一章)紧随《论法的精神》行文,而且还要不断地折回前路:也就是说,当孟德斯鸠在其他语境中再次论及同一或相关主题时,读者需要在新的视角下重新审视前文——它们有时可能在数百页之前。同样,读者必须学会一开始就将某些隐晦(Delphic)的评论或观察——记在心中,以便之后能够将它们调取出来,并与后文中某些难解的行为一同考虑:它们可能被证明正是这些讨论的遗失部分。尤其是,读者越是被孟德斯鸠开篇石破天惊的神学立场所震撼,他就越会留心孟德斯鸠对圣经(以及任何与神学问题相关的内容)所作的每一条评论。他将学会在阅读时笔不离手,记下那些需要仔细咀嚼的引用和交叉引用,制成庞大且不断增加的条目列表。同时,他也认识到,在某些语境中"无声胜有声"(12.12)。最后,我们也可以从伏尔泰对孟德斯鸠的写作方式所作的评论中获益。这一评论稍显恶毒,却不失偏颇。在伏尔泰创作的一部关于《论法的精神》的对话录中,他借其中一位对话者之口说:"作者(孟德斯鸠)似乎总是希望在一些最为重大的问题上跟自己的读者开玩笑。"① 我们这个加斯科人（Gascon）的戏谑从不过火，而且常常是反讽的。这种戏谑总显微妙，而且无处不在。尽管可能会显得愚钝，但我们仍要再加赘述：这一精神（尤其是在对待"最重大问题"上）的培养并不仅仅是附属性的，而是孟德斯鸠最为严肃的教育目的之关键。

面对这样一部天才之作，我们要对之有所理解，就必须将求知若渴的热情带入对作品的研读，同时还要辅之以一种谦逊而又不失批评性的质疑精神——它志在将我们导师的全部所长以及可能之短揭示出来。如果我们同时采取不同的视角（它们出自与孟德斯鸠同等的天才的相左教诲），那么，我们的质询就能变得更为尖锐且深入，我们的眼界也能更上一层楼。在后文中（尤其是在我的总结反思中），我将从古典政治理性主义的视角对孟德斯鸠的整体企划提出质疑。古典政治理性主义面对神启的、超理性的和反理性的政治智慧所提出的挑战，给出了一种极为不同的回应，并将这一回应作为自己的基点。这一古典的回应，在人性观方面，与孟德斯鸠阐发和辩护的观点有着深刻的分歧。这两种哲学方案的对质，不仅有助于我们把握孟德斯鸠教诲中真正富有争议的内涵，而且（通过对比的方式）也可以使对孟德斯鸠的研读为我们进入古典政治哲学提供一个富有启发的新入口。在下文中，我将竭我所能呈现孟德斯鸠根本思想的力量所在；不过，我也将指明为何我认为这一力量有所欠缺。

本书是拙著《孟德斯鸠的自由主义哲学》的续作和补充。在

---

① 《A、B、C 之间关于格劳修斯、霍布斯和孟德斯鸠的对话》（"Dialogue between A, B, and C on Grotius, Hobbes and Montesquieu"），载于 *Oeuvres complètes*，6.672。对比孟德斯鸠的《论激励我们从事科学的动机》（"Discourse on the Motives That Ought to Encourage Us in the Sciences"）（OC 1.57）：常常在开玩笑时说非常严肃的真相（"souvent on a dit en badinant des vérités très sérieuses"）。另见 Warner，《孟德斯鸠的序言》（"Montesquieu's Prelude"），页 162-163，以及沃纳引用的托克维尔（Alexis de Tocqueville）对孟德斯鸠的注解。

那本书中,我阐发了孟德斯鸠的政治理论。但我在解读其政治理论时,并未深挖它以之为根据的神学论证。在这部作品中,我将深入这一根本层面进行分析。

第一章　孟德斯鸠的起点

在《论法的精神》的序言中，孟德斯鸠表达了对他"伟大的"现代先驱们的感佩之情，并慨言要对他们的共同事业做出一番全新的重大贡献。① 在《为〈论法的精神〉辩护》的结尾，孟德斯鸠提出了品评诸如他这类著作的规则。其中他写道：

> 当我们品评一部著作，尤其是一部巨著时，必须努力获得关于这部著作所探讨的学问的专业知识，必须好好阅读那些已经就此门学问进行创作并获得认可的作家们，以便判断作者是否偏离了探讨这门学问已为人接受的一般路径。（OC 2. 1161）

因此，我们最好先简要概述一下孟德斯鸠的重要先行者们遗留给他的神学政治理论架构中的关键相关要素。

这些站在现代自由理论源头的主要思想家们——首要的是霍布斯、斯宾诺莎和洛克——莫衷一是于何种政制设计最能高效

① "当我看到法国、英国和德国的伟人们在我之前撰写的那些著作时，我满怀崇敬之情。但是，我毫不气馁：跟勒科莱乔（Corregio）一样，我也要说：'我也是画家。'（Ed io anche son pittore）"

地满足人性的自然需求,但他们却相当一致地认同一种关于人类需求的前所未有的观念,以及由之推出的根本自然法则。这些现代理论家与此前占主导地位的亚里士多德传统决裂,认为我们只有抛弃人天生就是政治动物这一古典设想,否定人自然地倾向于在政治共同体(civic community)和法制的等级秩序中获得一种特殊实现,才能最好地理解潜藏在可见的人类行为背后的永恒动因。对于权力、声望和支配的无处不在的激烈争夺,以及各种相互冲突的政体所尊奉的精神目标之间无法调和的矛盾,揭示了一种与古典判然有别的设想。他们认为更为可信的推论是,所有的政治安排不过是习俗性的产物,出自人为的、历史的人类创造,其(并非完全自知自觉的)目的在于克服人性自然所倾向的内在的、自我毁灭的无政府状态。

通过一种富于启发的思想实验,我们可以最好地认清人这种动物身上纯粹和真实的自然之物。我们需要在自己的脑海中设想完全脱离了历史建构的社会纽带和限制的人。一旦使在文明社会受到压制的激情倾向得到完全且自发的释放,我们就能够设想人之存在(human existence)曾经如何或将会如何。由此生发的图景就是"自然状态"——霍布斯恰切地称它是"根据激情做出的推论"(《利维坦》,第13章,第10段)。它揭示出,人就其永恒的内核而言,是极为争强好斗的个体;他们缺乏任何确定的或共有的、使之完满的目标,而只是在极度匮乏的环境中,不顾一切地试图挣脱饥饿与死亡的痛苦,这驱使他们为获得权力而竭力相互支配和压榨。由此而来的结果,是一种相互搏命的反社会的社会性(antisocial sociability)。洛克曾以犀利的笔触驳斥任何天赋的道德观念:

> 我并不否认人心中印有许多自然倾向:人的情欲(Men's Appetites)中的确寓有一些行为原则(Principles of Actions),

但它们远非天赋的道德原则。如果人们任由它们完全支配，它们就会使人推翻一切道德。

而在关于教育的论文中，洛克写道：

> 我曾说过，孩子是热爱自由的……现在我要说，他们更喜欢另一样东西，那便是支配（Dominion）；它正是大多数常见的、自然的恶习的根源所在。①

此外，人还有运用理性为其非道德的（amoral）激情服务的自然潜能——理性可以引导乃至修正那些自发涌现的激情。理性的这一自然功效，以及人性缺少充足的自然本能和自然目的，使人类具有了可塑性。为了摆脱或缓和无序的自然境况，为了使对权力的争夺不再那么险恶，人类在家庭、社会以及政治方面缓慢而痛苦地设计出各式各样的制度、法律、习俗和仪式。我们发现，正是它们塑造了人之存在。但是，在所有这些历史性的创设中，我们可以发现理性被愚昧误导、被幻想欺骗。其中，后者由人的希望与恐惧所促动，且迎合这些激情，借由习俗和惯例的力量而巩固。它虚构出一些危险的幻象，其中包括某些类人的（anthropomorphic）、不朽的存在。这些存在据信掌控着外部世界（environment），因此可以为人提供庇护和帮助，其报偿是各种形式的牺牲、膜拜与服从。②

---

① 《论人类的认识》（之后简称 ECHU），1.3.3，13；《教育漫话》（之后简称 STCE），第103 节，另参第 104、105 节（引文中所有的斜体和首字母大写为洛克本人所加）。另参斯宾诺莎，《伦理学》，第四部分，命题37；《神学政治论》，第 16 章；《政治论》，第 1、2 章，与第 3 章第 12 节。
② 尤可见于洛克《政府论》（以下简称 TT），1.58，以及上下文；1.56-59；另参斯宾诺莎，《伦理学》，第一部分，附录。

事实上，正如洛克所说，唯一能被理性所发觉存在的神，乃是那位通过我们的"感觉和理性"向我们"言说"（speaks）的神（TT, 1. 86-87）。我们只有将作此理解的神记在心里，才能在哲学家的帮助下，习得这一道理：客观的社会规范具有的稳定基础，只能在所有人都平等分有的最基本需要中找到，人类可以设法通过和平竞争的方式来满足它们。这些需要就是洛克所说的"舒适的保存"，以及依最大化自我保存的方式而行动的自由——尤其是，通过生产和贸易的经济自由来不断增长处置有用的物质财富的权能。洛克与他的哲学同道教导的那些规范法则，以及其中暗含的一系列特定的道德习惯，都是根据下述考虑推导而来的：为了使稳定的社会得以可能，需要对人性施以足够的压制；而在这些稳定的社会中，个体可以在最大的安全中进行经济性竞争。

这些法则被霍布斯和洛克称为"自然法"：这个由廊下派（Stoics）传下的传统术语，包含着自我超越的义务、灵魂的神圣召唤等丰富内涵。霍布斯、洛克窃取了这一术语，把它作为具有欺骗性的装饰，以掩藏他们被根本降低的、功利主义的、以自我为中心的道德观点。在他们的新方案中，"自然法"已经不是如阿奎那及其后学所理解的，是由自然或上帝植入良心的戒律，它们推动着（并且源自）人类的精神目的和共同完善。相反，"自然法"乃是习得的习俗性法则，它们由理性推演而得，是保证安全最大化的关键。人的自发本性本身使得安全岌岌可危，令人无法承受。正如霍布斯所直言不讳的，这些规则作为"理性的命令"，

　　　　一向被人们称为法，但却是不恰当的，因为它们只不过是有关哪些事物有助于人们的自我保全和自卫的结论或定理而已。恰当说来，所谓法律是有权管辖他人的人的言辞。

抑或，如洛克所强调的，新的自然法类似于更为复杂的数学或几何原理，它们描述了由人的理智和意志所构建的关联结构的属性（properties）。这些属性是必然或不变的，并且在这一宽泛意义上，是"永恒的"。①

在性情中成功养成体现这些由理性建构的规则的习惯，构成了一种新式的理性道德德性。由此，一种培育这些具体而普遍的德性的新式道德教育，就成为了现代政治理论和实践的主要课题。霍布斯开辟了这条新路，他精确地推导并阐明了一部包含90条自然法的法典，并且详述了它们的政治应用。他让审慎的政府承担起这一任务：将大学由反动的亚里士多德主义洼地，改造成依照新式伦理法典培育大众道德的根据地。他不厌其烦地强调，在这一"真正且唯一的道德哲学"中，这种公共的道德教育乃是政府首要的内政关切。②

通过列举"关于正义和不义的法则（它们已被充分证明，而且推导自那些显而易见的原则）"，霍布斯似乎认为，他已经完成了这一教育任务主要的理论部分（《比希莫特》，页39）。洛克采取了一条不同的路径。他显然认为霍布斯对人的心理的理解还不够精微（并由此认为其教导直白得惊人，同时也过于威权主义）。就此，洛克与之判然有别。尽管洛克不像斯宾诺莎那样爱民主，但是他和斯宾诺莎一样，怀疑那些在自由和平等问题上无法迎合人的天然骄傲的政治方案或道德教育是否有效。此外，从其关于教育的专论中尤其可见，洛克相较于霍布斯和斯宾诺莎更不愿意相信：苍白的理性（即便是从显然的普遍需求方面看）能够在大多

---

① 霍布斯，《利维坦》，第15章结尾；洛克，《论人类的认识》，1.3.1,5-13,2.28整章，3.11.16,4.3.18-20,4.4.7,4.12.7-8。

② 《利维坦》，第15章，第18章（第9段，第16段结尾，第20段结尾），第19章（第3段结尾，第9段），第30章（第2,4,6,10-14段），以及"回顾与结论"；《狸希莫》，第16,39-40,56,64,71,144,159-161页。

数民众心中发挥充分的影响。习惯、风俗或传统(尤其是传统的道德权威)的力量给洛克留有更深的印象;相应地,洛克在模糊传统自然法(其同时代人对传统自然法早已习以为常)和新自然法的根本差异方面,较霍布斯和斯宾诺莎更进一步。此外,相较于霍布斯和斯宾诺莎,洛克更为热心地宣教这样一位自然神:他通过在永恒之来世的奖惩,来贯彻理性建构的自然法。在其影响甚巨的《基督教的合理性》以及《圣保罗书信释义与注释》(*Paraphrase and Notes on the Epistles of St. Paul*)中,洛克将耶稣和保罗的教导比作一种新的道德框架(matrix)。他声言要表明,福音书的核心无非是"自然宗教"(Natural Religion)——当然,洛克为它补充了一种新的明晰性和对大众的诉诸,这是先前所缺乏的,或者说是"纯粹的自然宗教"所没有的。①

　　这一新的自然"法"(laws)法典的立足点是如下命令——认定自己已经加入了一个庞大的"社会契约"。这是一个庄严的协定。通过这一协定,每个人被假定已经申言了他的自然权利(natural right),以此为自己提供(他认为合宜的)安全,并且从其同伴处获得一个相似的允诺作为交换。所有人一致地授权给一个代议制的主权政府,使它有权运用统一的强力(force)来实现和平、维持安全。这通过实行令人生畏的法制而实现。这些法律平等地适用于所有人,并且所有人都承诺要遵守。为了确保政府不滥用其可怕的治安(police)权力,洛克版的自然法为政府的权限设定了详细的限制,包括"无代表不纳税"、立法权与行政权的结构性区分,以及由此而来的政府内部的相互制衡。根据这些限制,如果任何现存的政府未能符合那些由理性自然法规定的普遍标准,那么,这一政府就会失去合法性,并理所当然地在其臣民和整

---

① 《基督教的合理性》,第1章,第5页,第14章,第147-150页(关于"自然宗教";参考第148页的编者注2以及对《论人类的认识》的交叉引用,3.9.23)。

个世界眼中变得可疑(尤见 TT, 2. 192)。一个世纪之后,在那些
主张普遍权利的著名革命宣言中,以及在各种流行著作中,诸如
潘恩的《人权论》(*Rights of Man*, 1792),这些颠覆世界的意涵变
得显白昭彰。①

孟德斯鸠的新起点

在《论法的精神》首章,孟德斯鸠在论述一些重要方面时,
凸显了自己的原创性;但同时他也清楚地表明,自己接受前述理
论构架的关键部分。正如我们在引言中强调的,这部作品是以
一个惊世骇俗的神学宣言开场的。而后对异教神学权威无所顾
忌的引证,更是增加了其震撼力。② 首章的第一句话将随后的
一切都奠基在"源于事物本性(nature)的必然关系"之上——这
一本性包括"神"(divinity),它也受遵循法则的必然性(lawful
necessity)这一"女王"统治。我们在第四段中得知,这一必然性
甚至支配作为创造者行事的神:"上帝与宇宙的关系,乃是作为
创造者和维护者";"他创造时所依循的法则亦是他维护时所依

---

① "当前,一种政府形式正由西方向东方席卷而来,其动力比由东至西扩展的刀剑之
政府(government of the sword)更强。这一政府立基于一种道德理论,立基于一套
普遍和平的体制,立基于不可剥夺的、世代相传的人权。"(《人权论》,第一部分,
引言,148)

② 孟德斯鸠在他首次使用"神"(divinity)一词时做了脚注,援引的是普鲁塔克的权
威。他对普鲁塔克名句的引用达成了这一效果:法律是统治"所有存在者"(eve-
ryone)的"女王"(queen),无论"不朽的"或"有朽的"。而且,他用法语写下了普
鲁塔克那篇小论文的题目:《君王务必理智》("That It Is Required That a Prince Be
Wise"),这一标题有着神学暗示。拉罗什教甫(the Abbé de La Roche)批评道
(《批判的审查》["Examen critique"],见 Laboulaye 6. 118):"难道我们要从异教徒
那里习得什么是适宜于上帝的吗? 普鲁塔克发现了一条诸神也不得不服从的法
则:宿命法则。对我们而言,上帝除了他加诸自身的法则外别无他法。"

循的法则"。①

　　当然,孟德斯鸠强调了创造者遵循这些必然性法则(laws of necessity)所行之事并未被机械地决定,因为创造者的行动源自创造者的知识——对于必然性法则(necessitating laws)的知识。而且,这种知识专属于法则的"制定"者。不过,孟德斯鸠立即表明上帝之"制定"这些法则并非圣经意义上的"创造"。它不是一种不受必然性制约的(un-necessitated)创造,更不是无中生有。因为上帝"制定"这些法则,源自"这些法则与他的理智和能力之间的关系"。而这一种潜在的(underlying)必然关系,或一整套关系,不是由上帝制定的,而是先于他的所有创造,因此统摄着他的所有创造。② 这一整套具有绝对先在性的、非创造的必然关系,似乎就是孟德斯鸠在开篇所说的"神所拥有"的"法"。

---

①　Oudin (《孟德斯鸠的斯宾诺莎主义》[Spinozisme de Montesquieu],第137-147页)细致分析了以下两者的矛盾之处:《论法的精神》中关于创世行为的论点与《为〈论法的精神〉辩护》中的相同论点及其涵义的申辩性描述。拉罗什教甫在其《回应》("Response", Laboulaye 6.214-215)中揭发了这些矛盾。Oudin 凭借其对历史语境非同一般的良好直觉,发现孟德斯鸠在声明自己与声名狼藉的斯宾诺莎(孟德斯鸠确认他是无神论者)的区别时所具有的辩护性修辞特征。Oudin 唯一的可指摘之处在于,他未能把握(或至少模糊了)这一紧要问题(神创论 vs. 自然论)的重要性:但这有什么关系! 这是个经验事实,即,就人所见,这个世界持存并延续着。(《孟德斯鸠的斯宾诺莎主义》,143-144)

②　拉罗什劝诫道(《反省批评》,见 Laboulaye 6.119),"如果创世行为看似一种随心所欲的行为,事实上它不是;如果上帝迫于必然性而创世,如果所有的存在者都与他有着如此必然的联系,以至于他不可能放弃创造它们,不可能放弃将它们造为它们之所是——那么,这将是一个被必然性支配的世界,正如上帝自身亦被支配。"类似的说法见阿尔都塞(Althusser),《孟德斯鸠:政治与历史》(Montesquieu, la politique et l'histoire),31。在1754年5月6日回复日内瓦科学家 Charles Bonnet (之后成为焚烧卢梭著作的支持者)的信中,孟德斯鸠写道:"关于我赋予法则的第一个定义……我坚持我的表述,因为在我看来,诸存在者的普遍法则并非任何事物的后果,但却产生了不计其数的后果。"(强调后加)这一陈述充分证实了拉罗什对孟德斯鸠提出的控告,见他的《反省批评》(Laboulaye 6.417-19)以及《回应》("Réponse", Laboulaye 6.214-15)。

在他的语境下,神乃是受制于"源于事物本性的必然关系"的"诸存在者"之一。

在第8段,孟德斯鸠作了一系列更为大胆的推论。他写道:"特定的理智存在者可以拥有他们自己创制的法则,但他们也拥有一些并非由他们创制的法则。在理智存在者存在之前[强调后加],他们已经具有存在的可能性;因此,他们已经具有某些可能的关系,由此存在着某些可能的法则。"这引发了下述问题:是否所有的"理智存在者",包括作为"创造者"的"神",都是由(纯粹的)潜能生发(emerged)为现实的? 这一段关于"理智存在者"的讨论是否包括创造者? 孟德斯鸠随后的行文暗示了对此问题的肯定回答。在说明"可能的关系"意味着"可能的法则"时,他写下了下述最引人思考的案例:

> 如果一个理智存在者创造了另一个理智存在者,被创造者就应该始终保持与生俱来的从属关系。

以下事实似乎已然确定无疑:智慧与能力,以及极为神圣的智慧与神圣的能力,都在于"一个理智存在者"对于永恒必然性的自觉遵守。而在此,孟德斯鸠从未提及神圣意志(参斯宾诺莎,TPT,第4章,第4段,以及第6章,第1段)。

孟德斯鸠敢于更进一步。在第5段,他总结道:"如果我们能够想象另一个世界,它应该有其固定的法则,否则它就会毁灭。"孟德斯鸠之所以得出这一结论,是因为"我们看到,由物质运动组成而没有理智的世界(privée d'intelligence),① 始终存在着"。

---

① 　参斯宾诺莎,《伦理学》,第一部分,命题31。

"因此"（孟德斯鸠另起一段继续写道）：

> 创世看似是一种随心所欲的行为，其实预设着一些不变的法则，就像无神论者所说的宿命。说造物主可以不依靠这些法则来统治世界是荒谬的，因为没有这些法则，世界将无法持存。

而此前不久，孟德斯鸠似乎确实已经排除将世界作如下理解的可能，即理智存在者、包括创造者（他创造了我们这个给定的、井然有序的世界）可能产生于"始终存在着的""物质运动"。因为，孟德斯鸠在第二段强调，"有人说，一种盲目的必然性（fatali-ty）造就了我们在世界上所看到的一切效果，这种说法荒谬绝伦"（强调为原文所有）。"我们在世界上所看到的一切效果"：当我们用心考虑这些措词时，我们发现这一表述完全与如下命题并行不悖，即理智本身的产生是由盲目的必然性造成的。正如孟德斯鸠在《为〈论法的精神〉辩护》中（OC 2. 1128-29）强调的，这正是廊下派学说，至少在孟德斯鸠所理解的廊下派的意义上如此。而且孟德斯鸠同时（在《辩护》中）坚称，他从《论法的精神》的"第一页"起，就已经"抨击了廊下派的宿命论"。毫无疑问，这一坚持意指他在《论法的精神》第 2 段提出的、反驳宿命论者（廊下派）立场的理由："试想，还有比声称具有智慧的存在物也产生于盲目的必然性更加荒谬的言论吗？"读者不禁好奇，孟德斯鸠为什么在这里只使用修辞性的问句这样一种在逻辑上更弱的表述呢？无论如何，以下断言确实很有道理：理智存在者不可能由盲目的，即完全缺乏理智的必然性所产生。这一可能的断言使孟德斯鸠的肯定性结论更具吸引力（它或许是被隐秘地表达的）："由此可见，存在着一个原初（original/primitive）理性（une raison primitive）。"①

孟德斯鸠继续说道："法就是它［即原初理性］和各种存在物之间的关系，也是各种存在物之间的相互关系。"这一说法表明，原初理性并不是"各种存在物"之一，而是有着不同的本体论地位和角色。这让我们好奇它如何与第一段相一致，因为在第一段中，"神"被作为"诸存在物"之一。孟德斯鸠是否可能在此在暗示，这一"原初理性"作为一种最初的法则（ratio），乃是一种确定的、潜在的、生发性的结构或框架（一种确定运动事物之本质的最为基本的法则）——一种无所不在的、斯宾诺莎式的"实存"（substance），而非一种有别于其他各种实存的实存？在接下来的一段中，孟德斯鸠没有解答由此激发的这些疑惑，而是首次引出"上帝"（dieu）这一术语，以之指称"宇宙的创造者和维护者"：这一为人熟识的术语"上帝"取代了"原初理性"（正如斯宾诺莎将"上帝"等同于"实存"），并遮蔽了其中的疑团。

我们已经看到，孟德斯鸠在其巨著的开篇就悄然指出一个根本的形而上学难题，即理智意识（rational consciousness）的本体论地位问题。而且，他同时表明了如下解答方式是多么诱人，即通过将上帝假定为某种永恒的理智（mind），来解决上述疑难（然而，值得注意的是，孟德斯鸠拒绝求助于崇高的"主动理智"［Active Intellect］这一属于伟大的亚里士多德传统的概念，而是满足于"原初理性"这样一种相当赢弱的表述）。

---

① Derathé 宣称"原初理性"是"一种受廊下派启发而来的表述"，并给出他唯一的一个证据：一个译自西塞罗《论法律》（2.4.10 结尾）的引证。他说，这一引用是"孟德斯鸠《思考录》（*Pensées*）第 185 条记录的文本"。但正如 Derathé 本人的译文表明的，这一段话中并没有任何地方谈及"原初理性"；同样，在 Derathé 指出的那一则思考录中，孟德斯鸠本人的翻译也没有论及。正如 Warner（《孟德斯鸠的序言》［"Montesquieu's Prelude"］,169–170 以及 188 n. 29）指出的，波舒哀（Bossuet）于 1704 年在一次争论中使用的表述，在一定程度上预示了孟德斯鸠的表述。

不过,孟德斯鸠清清楚楚地表明(其清楚程度甚至令人惊讶),他所设想的自然神(nature's divinity)大大有别于被认为通过圣经言说的造物主。那一造物主,就其能够悬置人类可知的必然性而言,乃是全能的,并且因此在其行为原则方面保持着根本的神秘性;这同一造物主,只要愿意,就可以运用神迹在任何地方、就任何事进行干预——尤其是通过直接的启示这类奇迹。

[原注]参孟德斯鸠在《致神学院的回应与解释》("Responses and Explications Given to the Faculty of Theology", OC 2. 1193-95)中,对索邦神学院的第17条指责的回应(关于特殊的神意以及奇迹)。孟德斯鸠承认,在圣经关于创世的记载中,上帝的行动就其"直接"(direct)性而言,属于"奇迹",也即,他没有"运用间接的始因"。但孟德斯鸠坚称,审查者如果要证明他不信这些奇迹的神意,"他的书就必须包含一些内容,可以非常清楚地证明他不以任何方式信仰神意;但是人们所见恰恰相反,即便只看第一章'上帝作为创造者和维护者而行动'"(注意,这明显是一个更改过的误引)。此外,孟德斯鸠还宣称,"同样必须表明,作者不信上帝的特殊干预是显而易见的;但人们所见恰恰相反,正如在第30章第11节:那里,作者在大量引用《圣徒传》(*The lives of the Saints*)后说:'尽管我们可以责难这些传记作者有时在一些事情上过于轻信——他们相信在上帝计划之内的事定然完成,不过我们仍然可以从他们身上汲取巨大的启示,等等。'"

那些启示揭示并施行一种正义,其过程和结果完全超乎人的想象(25.13)。

[原注]见《波斯人信札》第69封结尾,及《思考录》第673条(OC 1. 1177):"那么,我们必须赞美他的这一值得赞美的行为,他就是在圣经中将自己命名为'隐藏的上帝'的那个。历经这么多世纪,他一直满足于劝导人们相信他的存在;他教育人们的方式是信仰,这是他的赠礼之一,不过信仰之光虽温暖心灵,但并不启蒙精神;它导致了对所有习得之物的无知,它之被赋予我们似乎是为了使我们崇拜而非理解——使我们顺服,而非教导我们。"对比波舒哀的《论普遍历史》第二部分第一章,第195-196页:"我们的

上帝是唯一的、无限的、完美的,唯一值得复仇罪恶、加冕德性的,因为只有他自身即神圣。他无限地高于那一为哲学家所认识,但不为他们所一直崇拜的第一因和第一行动者……这个强大的缔造者(对他而言,事物是如此简单),希望分若干步骤完成这些事物,以便表明他并不像一些哲学家想象的那样,通过必然性或盲目的冲动而行动……在分步骤创世的过程中,他表明,他是自己的物质、自己的行动、自己的整个企划的主人,而且除了他那永远本身即正确的意志外,他并不依靠法则而行动。"另参拉罗什的《回应》(Laboulaye 6.216):"作者是不是懂得上帝跟人是不一样的;人需要运用手段以达成目的,因为这些手段对他们而言是必需的;但上帝并不需要手段来执行自己的意志。当他设定法则以制造某些效果时,这是因为他意愿这些效果可以通过如此那般的法则来制造。他并不将手段作为对他而言必需的原因来意愿,而毋宁是他意愿它们作为手段制造出如此那般的效果。圣托马斯关于此曾说过只言片语:Vult hoc esse propter hoc;sed non propter hoc, vult hoc[他意愿此因为彼而存在;而非他因为彼而意愿此存在]。"同时参上书页218。

　　正是这一点遭到拉罗什教甫的集中批判。这位教甫是重要的詹森派杂志《教会消息》(*Nouvelles ecclésiastiques*)的主编。1749年秋,在所有迎击《论法的精神》出版的批评中,他展开的批评最为持久、敏锐且深刻。孟德斯鸠在《为〈论法的精神〉辩护》中,首要回应的正是这位教甫。在其中,孟德斯鸠充满兴致地接受了挑战。他就此写作的文章绝妙地展示了他作为一个庄重而机智的申辩者的能力。在阅读《辩护》一文时,读者不难发现,孟德斯鸠应付或平息(而非嘲弄和羞辱)其批判者的努力至多不过是半吊子的。

　　[原注]孟德斯鸠并未答复拉罗什随后的回应("Réponse", Laboulaye 6. 209-237),教甫在那里用严密的论证和精确的引用,非常有力地反驳了孟德斯鸠的辩护论据——如教甫所遗憾承认的,他没有动用嘲讽修辞的力量和魅力。拉罗什正当地抱怨道(见上书,6.219),"为了反驳我们,作者的态度

是只要逮住机会就嘲讽我们所说的,同时他只谈论我们文章里跟他的设计相合的部分;对于与之冲突的一切,他予以掩盖";拉罗什指出,自己在评论中作出的一些重要批评,孟德斯鸠在其《辩护》中丝毫未能予以回应。他准确地列举了十多个这样的重要批评,并有文本依据。这一以嘲讽代替理性论证的策略,在伏尔泰代表孟德斯鸠回应拉罗什时被应用得更频繁——见《真诚致谢一个慈悲者》("Remerciement Sincère à un Homme Charitable",Laboulaye 6. 239-243)。就连老实厚道的夏克尔顿也不得不承认(《孟德斯鸠》,363),拉罗什的回应是"对斯宾诺莎主义指控的合理重申,有着对斯宾诺莎文本的直接引述;并且,在此他[教甫]在一定程度上成功地证明了自己的论点"。

　　他首要的战略目的似乎毋宁是站在追求(纯粹的)"属人科学"的立场上召集为自由探究而战的盟友——而他的"属人科学"尤其要应用于宗教研究。带着一种极度坦率而讽刺的戏谑,我们的哲学家将此次战斗号角作为契机:他以一种更为诱人思考的论调强调了他的大作(尤其是开篇)的神学激进性。显然,"辩护"并没有淡化批判者指出的《论法的精神》惊世骇俗的神学开端,反而强化了它。

　　无论在《论法的精神》的开篇还是他随后出版的《辩护》中,孟德斯鸠的做法都使那些一丝不苟的读者不得不面对这一问题:孟德斯鸠,这个毫不教条的理性人,究竟有什么确实的根据来否定一个幽暗的(caliginous)造物主存在的可能?尤其考虑到孟德斯鸠在开篇段落中突显的那一深刻谜题(关于理智意识的根基或根源),这一问题就变得更为突出。

关于自然法与自然状态的新设想

　　由《论法的精神》的开场方式所引出的上述深远问题,继续在第二节中隐现。这一节进一步展现并推进了孟德斯鸠对其伟

大的现代先行者的传承与背离。追随前人的脚步,孟德斯鸠一
开始就宣称,"自然法""仅仅源自我们存在的构造",可以通过
"考察一个在社会建成之前的人"或"在自然状态中"的人来发
现。但是,孟德斯鸠并未进而将"自然法"等同于理智所发现并
设立的普遍规则(这种规则是克服由自然自发导致的相互毁灭
的无政府状态的必要指导)。相反,孟德斯鸠所称的"自然法"
乃是这样一些原则:它们描述了在那一原初的境况下,在任何契
约性的或实定的法律之前,人类将如何相互亲近并追求其基本
需要。而且他坚称,那一境况同样先于理性或理智认识官能的
发展。

孟德斯鸠首先突出的是他的自然法新概念的神学意涵。他
的论述起自那一条缺失的"自然法":

> 那一条通过将造物主观念赋予我们,进而使我们朝向他
> 的法则,就其重要性而言是自然法的第一条法则,但依自然
> 法顺序而言并非第一条。在自然状态下,人只是具备认知的
> 官能,而非拥有真正的认知。显然,他最初的想法绝不可能
> 是思辨的理念:在思考寻找自己存在的根源之前,他会先思
> 考保存自己的存在。(1.2)

通过一开始就抬出这条将造物主观念"赋予"我们,并由此
"使我们朝向他"的自然法,孟德斯鸠显然以一种对古老的正统自
然法观念的明显效仿(echo)装点了自己的论述(而且在回应宗教
审查官时,孟德斯鸠毫不迟疑地将这一效仿作为证据,证明他归
属于某种正统,参"辩护",OC 2.1131、1133)。但是只需稍作思考
便能发现,如邓宁(William Dunning)所说,"在自然法中","敬畏
造物主""这一观念的内涵""完全不合逻辑,而且有悖于他关于

前社会状态的人或自然法的基本设想"。① 事实上,孟德斯鸠用这样一种笨拙而突出的装点,使我们注意他的"自然法"观念与传统相距多远。不过,他并未止步于此。

孟德斯鸠表明自己的如下看法:人就本性而言完全对任何宗教经验无动于衷,而且他们既不知道,也不朝向任何上帝,不管他是自然的抑或启示的上帝。这帮助我们揭开了孟德斯鸠在第一节结尾所作的断言的激进内涵。他说,"这样一种存在",也就是人,"在任何时候都能忘掉他的创造者"(强调后加)。换言之,正如孟德斯鸠在"辩护"中解释这句话时所说,人在任何情况下都"容易"忘记"自然宗教"。他提出,正是出于这一原因,即因为自然宗教对人心的吸引总是极其微弱的,"上帝就通过宗教法规使人记起"。而这一宗教法规,正如他在"辩护"中解释并强调的,也就是启示宗教的律法(尤见 OC 2. 1125、1132)。然而,正如拉罗什教甫指出的,孟德斯鸠并未说这些法规必然是基督教这一启示宗教的律法,或者必然是某一特定启示宗教的律法(见"批判的审查"["Examen critique"],Laboulaye 6. 121)。更具洞察力且富于启示的是教甫的下一个观察,它揭示出第一章结尾那些语句的意涵:

> 我们需要注意,不管这是什么宗教,按照作者[孟德斯鸠]的见解,淳化风俗完全不是宗教的事务:它是哲人的事务。上帝,根据宗教法规,使人记起人亏欠于他的东西;而哲人,根据道德法规,使人记起他亏欠于自己的东西;而立法者则使人记起他亏欠于他人的东西。

① Dunning,《从路德到孟德斯鸠的政治理论史》(*History of Political Theories from Luther to Montesquieu*),397 n.;另参 Bartlett,《启蒙的理念》(*The Idea of Enlightenment*),页 36-37。

人之本性的核心

哲人孟德斯鸠认为,真正主导人的自然状态的法,是如此定义人的本质与境况的基本内核的:它是一种充满恐惧的焦虑,这一焦虑深深根植于追求自我保存的阴暗冲动。"一开始",孟德斯鸠写道,"这样的人只会感到自己的弱小;他有着极端的怯懦"(强调后加)。孟德斯鸠以丛林中的蛮人作为证据:"任何东西都使他们颤栗,任何东西都使他们逃跑。"在此,孟德斯鸠特意突出自己与声名狼藉的霍布斯的分歧,他称,根据这一状况,最初的人的自然关系或者"法"乃是"和平",因为在自然状态下,人们相互躲避,唯恐不及。

[原注]在孟德斯鸠对宗教批评的反驳中,他当然可以不断强调,自己的作品明确反对可恶的霍布斯。事实上,孟德斯鸠在《辩护》中甚至宣称,开篇关于上帝的第一句话"旨在攻击霍布斯的体系,一个可怕的体系"(1122-1123)。对此,拉罗什并没有买账("Réponse", Laboulaye 6.218):"作者向我们鼓吹他反霍布斯的热诚。霍布斯一定会对这样的敌手报以一笑。"关于孟德斯鸠与霍布斯二者在自然正义方面的教海的确切关系,见 Zuckert 富有教益的分析,《自然法、自然权利以及古典自由主义:评孟德斯鸠对霍布斯的批评》("Natural Law, Natural rights, and Classical Liberalism: On Montesquieu's Critique of Hobbes")。

虽然如此(孟德斯鸠随即补充道),看到自己相互躲避会"很快"使人们敢于相互接近。其原因尤其在于,人和其他动物一样,都能在这种接触中获得动物性的快感;此外,人也同样具有两性之间的自然吸引力。而后,人们将"最终"获得"知识",它超过人与其他动物共有的"感觉";这一发展将会赋予人"一种其他动物没有的纽带",以及"一种相互结合的新动力"。由此,孟德斯鸠以一个令人宽慰的断言结束了第二节:"意欲在社会中生活"是一条

"合于人之本性的法"。

自然社会之为战争状态

在孟德斯鸠独特的论述中,自然状态具有内在的辩证性,因此并不稳定或持久。自然法最开始将人界定为孤立的个体;而后,正是出于这一孤立性,或者说由这一孤立性所促动,同样的自然法又驱使人走向一种涵义不明的联合——它服务于快感和功利的动机。然而,这些自然法并没有将人界定为天生的社会动物——即人的本性并不指向任何稳定或令人满意的社会境况,而是恰恰相反。下一节即第 3 节的首句挑明了这一点:"人一旦生活在社会中,"孟德斯鸠宣称,"他们就不再感到自身的弱小;之前存在于他们之间的平等状态停止了,"然后"战争状态开始"。换言之,"每个社会中的个人都开始感到自己的力量:他们想方设法使社会的主要好处为己所用——这在他们之间造成了战争状态"。此外,"每个社会都开始觉得自己实力强大;这导致国与国之间的战争状态"。

因此,人的天性是这样的:他们自然地对同伴给予的安全感到焦虑与渴求,然而,永久的联合(其之为可能,得益于人相互之间最初的畏惧自然消减)恰恰增强了而非消除产生上述焦虑与渴求的真正原因。由此,依其自然,对人类而言,最危险的事莫过于与自己的同类相联合。同类团体之间自然的相互吸引、性欲求以及共有的知识,这些事实被证明暗含着一条凶险的道路,它将我们导向一种与霍布斯式的(乃至斯宾诺莎式的)自然状态相似的结果。人性自然的亲和中蕴含的仁爱,被随后的发现盖过——他们发现,在个体层面上,人与人的实力相差悬殊。由此,在自然的匮乏与一种自然而原始的心理潜能的驱动下,人与人相互支配与压榨的斗争不可避免地爆发了,无论是攻击性的抑或防御性的。

[原注]参达朗贝尔(D'Alembert)的《〈论法的精神〉解析》("Analyse de *L'Esprit des Loix*"),xxxiv-xxxv,尤见下述精妙的总结:"因此人们在此同时聚集并武装起来,一边互相亲吻,如果我们可以这么说的话,一边寻求互相伤害。"类似的说法参 Oudin,《孟德斯鸠的斯宾诺莎主义》(*Le Spinozisme de Montesquieu*),页69-72,尤其是页71。最终,孟德斯鸠甚至将会直接把"自然状态"与"战争状态"相等同——30.19;另参 18.12-13 以及 18.16。

　　人性天生缺乏组成社会的能力,这一点后患无穷。为了克服这一缺陷,人的理性被迫设计出一种人为的解药,即法——不是自然法,而是实定的、约定的法,"这两种战争状态促成人与人之间法律的建立"(1.3)。由此可见,孟德斯鸠认同他的现代哲学先驱,认为要最好地理解所有法制的政治社会,需要将它们视为人为建立的,其首要目的是通过防止由人的激情自然导致的相互残杀的后果,来确保共同的保存。

　　孟德斯鸠坚称,这并不意味着正义仅仅是约定的,或者说单纯地取决于那些大权在握的人的武断意志。在这一点上,孟德斯鸠继续追随着他的先驱。在第 1 节中,孟德斯鸠曾强调,在理智或理性存在者之间,存在着某些关于社会正义或公正(justice or fairness)的极为基本的理性准则,这些准则有似于平面几何中最为基本的定义和假设——就此而言,这些准则"先于设立它们的实定法"。实定法在制定之时,必须要体现这些基本的、先在的、界定性的属性(attributes)。也就是说,这些属性会解析性地(analytically)出现在那些理智个体对有法社会的设想中。①

　　　要说除了实定法的规定与禁止之外,就不存在所谓的正

---

① 关于"先于设立它们的实定法的公平关系",有一种富于启发的不同解读。见 Bartlett,《启蒙的观念》,第32-37页。

义或非正义,就无异于说,在画出圆之前,所有的半径都不相等。①

在说明关于正义或公正的基本先验准则的案例时,孟德斯鸠首先提出了这一要求,"假设各种人类社会已经存在,那么遵守它们的法律就是正义的"。之后,他补充了关于互惠正义(reciprocal justice)最为基本的准则——亚里士多德古已有言,任何公民社会的持存都有赖于这种互惠正义的推行。② 但不同于亚里士多德将它归之于施行感恩之法或互惠之法的女神们,孟德斯鸠就"先于实定法的衡平(equity)关系"提出的第三个案例乃是这一原则:

> 如果一个理智存在者创造了另一个理智存在者,被创造者理应始终保持这种与生俱来的依附关系。

由此,孟德斯鸠似乎表明,某种对创造者负有义务的观念,是实定法中不可或缺的部分。

孟德斯鸠的现代先驱将"自然法"视为理性的构造物。通过上述论述,孟德斯鸠在这一点上转向了这些先行者,不过与此同时,他也与之保持着概念上的距离。这些根本性的"先于设立它们的实定法的衡平关系"并没有被赋予举足轻重的地位,或被命

---

① 孟德斯鸠在此引证的是欧几里得的第十五条定义,"圆是由一条线围成的平面图形,其内有一点与这条线上的点连接成的线段都相等";但这一定义显然没有阐明,这样一个图形和关系之存在的必然性甚或可能性;圆的可能存在(即通过建构而可能的存在)随后在欧几里得的第三条公设中被假定:"以任意点为中心及任意的距离可以画圆。"

② 《尼各马可伦理学》,1132b33-1133a3:"因为正是基于类似的互惠性(reciprocity),城邦才得以维系。因为人们要么设法报以邪恶,如果他们不能,这似乎就成了一种奴役——如果他们无法报复;要么设法报以善好,如果他们不能,交易就无从发生:而他们正是通过交易才得以维持他们的生存。这也正是他们为美惠女神(the Graces)铸造华丽神殿的原因——因为这样一来,互惠性才会出现。"

名为"自然法"。同样,孟德斯鸠也没有遵循前人的路数,阐述关于社会契约的教导,并确立一套普适的合法性标准——这套标准由自然神所施行。① 洛克在《政府论(下)》(第 6 部分)中这样展开关于自然法的论述:他称自然法与自然的上帝(nature's God)等同于"理性(Reason),即法(Law)"。孟德斯鸠在此呼应(或提醒我们)洛克的上述说法,他宣称,

> 就其统治着地球上的所有民族而言,总体而言,法就是人的理性;各个国族的政治法与公民法应当只是人类理性在特定情形下的具体应用。

不过,不同于洛克,孟德斯鸠立即表示,在作将人的理性应用于法这一表述时,他并没有设想一套超国族的法律:

> 一套法律只应适用于为之量身定制的那一民族,所以,如果某一国族的法律适用于另一国族,那将是极为难得的好运。

当孟德斯鸠在此断然否定那些主张父权制是"最合于自然"的政制的人的论点时,我们再次听到他对洛克的呼应——洛克随后也在《政府论》中对菲尔默爵士(Sir Robert Filmer)大加挞伐(不过,孟德斯鸠并没有像洛克那样大费周章)。然而,不同于《政府论》中的洛克,孟德斯鸠拒绝给出一个替代物——一种理性认为真正最合于自然的,因此也必然会被奉为普适标准的、关于政府

---

① 见 Rahe,《柔性专制》,页 101 与上下文;Ehrard,《论词的精神》(*L'Esprit des mots*),页 147-160;Larrère,《孟德斯鸠:论主权的隐身》("Montesquieu: L'Eclipse de la souveraineté");Vaughan,《契约的隐身:孟德斯鸠》("The Eclipse of Contract: Montesquieu"),载 *Studies*,页 253-302。

权威的不同类型(sort)或源泉。孟德斯鸠挑逗般地反驳道,

> 不如说,最合于自然的政制毋宁是为一个民族所设置、
> 其特性(disposition)与该民族的秉性(disposition)更为相合的
> 政体。

孟德斯鸠的新政治科学

一种全新的政治科学取代了霍布斯—斯宾诺莎—洛克式的
社会契约、自然法和自然权利理论。这是一种规范的(normative)
实证的政治科学。其研究对象正是"法的精神"。第3节的末尾
给出了孟德斯鸠所谓的"法的精神"的概要蓝图:

> 法律有必要(Il faut)与业已建立或希望建立的政体的性
> 质和原则相关联——无论这些法是塑造政体的,如政治法;
> 抑或是维持政体的,如公民法。
> 它们应当(Elles doivent)与国家的物质特征(le phy-
> sique)相关联,顾及气候的寒冷、炎热或温和,土地的质地、位
> 置与大小,诸民族的生活方式——农人、猎人抑或牧人;它们
> 应当与宪制所能承受的自由度相关,顾及居民的宗教、脾性、
> 财富、数量、商贸、道德、风尚;最后,各种法律相互之间存在
> 关联,这种关联体现在它们的起源、立法者的目标、它们赖以
> 建立的事物秩序上。必须从所有这些视角考察法律。
> 这就是我在此书中着手做的事。我将一一检验所有这
> 些关系,它们共同构成了所谓的**法的精神**。

在进入孟德斯鸠随后对其科学所作的细致阐发之前,我们可
以总结一下他对其现代先驱的政治理论所作的含蓄批评与修正。

他们未能把握自己的关键洞见的全部意涵。他们有着正确的理论起点，即，尽管人一般都生活在由法律体系统治的稳定社会中，但要最好地认识人的激情（它们表现于人的行为和见解），还需从这一假设出发——有法的政治社会对人而言不是自然的，而是人为了应对自然可怕的匮乏而创制的。然而，以上论点意味着，人的不同类型（它们由不同类型的有法的社会环境所塑造）有着远为广阔且极为深刻的多样性，远超现今已有的认识。每一特定国族对其成员的礼俗塑造，都铸造或重铸了这一文化中的个体感受以及试图满足其基本需要的方式："人，这一可塑的存在，在社会中使自己屈从于他人的想法和印象"（序，230b）。人类，这一与生俱来就极为"可塑的存在"，为了在有法的社会中设法满足自己的基本需要，"使自己屈从于"五花八门的政治存在。这些政治存在中，没有一个代表这一可塑性的实现、完满或自然顶点。那些后天习得但依然根深蒂固的习惯、风俗以及信仰，赋予了每个民族其自身特有的、复杂的"普遍精神"（见第 19 章的标题）。这一普遍精神成了某种第二自然：

> 人类极大地依附于他们的法律和习俗；它们塑造了每一国族的幸福；改变法律和习俗几乎总会带来巨大的动荡和流血，所有国家的历史都表现了这一点。①

而在不同的国族传统中，都蕴含一定程度的政治智慧：

> 我首先考察了人。我相信，在无限多样化的法律和道德

---

① 26.23；关于孟德斯鸠所提的这一观点的强有力表达——法国启蒙哲人对于其国族"偏见"的颠覆性轻视，这些偏见包括"可笑的意见"和"混乱的结构"，见狄德罗名为《百科全书》（"Encyclopédia"）的文章，页 462–463（载于《百科全书》[*Encyclopédia*]）。

中,人并不仅仅由其幻想所引导。(序;强调后加)

无论幻想或错误在每一种不同的法律构造中有着多大的影响,理性总是在其中有所作用,即便它受到束缚、迷蒙不清。此外,"错误自身中总是蕴含着某些真理"(8.21)。孟德斯鸠将表明,不同的传统法律与习俗如何服务于可被理解的、或许并不总是十分明智的功能或目的——这些功能或目的与特定的政体形式相关,与维持这一政体形式所必需的特定激情或习惯相关,也与特定的地理环境、经济基础以及该国族传统的历史实践和信念(无论智慧还是愚蠢)相关。

孟德斯鸠这一新的事业绝不意味着,所有国族的"精神"都同等的好,甚或都同等的值得支持。某些"普遍精神"能够更为有效且完全地满足对于安全基本的、原始的、永久的自然需要(这一需要在社会中被体验到)。其他的国族精神则不同程度地阻碍了对安全的需要,并且常在特定情形下超过必要的程度。但是,就连这种阻碍也能成为一种根深蒂固的习惯,一种癖好。我们一定不能低估它的心理强度,它甚至能改变安全本身的含义:

> 对于那些不习惯享受自由的人来说,自由本身显得不可忍受。就好像那些生活在沼泽国家的人,纯净的空气对他们来说有时是有害的。

在这种情形下,突然引入更大程度的真正自由或安全,本身可能成为一种僭政:

> 有两种类型的僭政:一种是名副其实的,其特征在于政府的暴力;另一种是观念上的,当执政者设立的东西冲击该国的思维方式时,人们就感受到这种僭政。

　　因为历史表明，一个民族"将那与其习俗或癖性相合的统治称为自由"（19.2-3，参上下文）。最终，孟德斯鸠确实描述了他"所认为的"、"人所能设想的最佳统治类型"的本源；不过，在他论述的语境中，他强调必须要有一系列演进的、非凡的历史巧合，并配之以审慎与未曾意料的偶然事件，才使得德意志国族诞生了这样一个"宽和的"（well-tempered）政府（11.8）。

　　孟德斯鸠在序言中平静（却更显有力）地表达了自己要指导人类改革自身实存的雄心。他希望（我们在之后会看得更清晰），人性中自然而普遍的需要，即对安全以及对保障安全的自由的需要，能够在不同的社会环境下得到更明智且有效的满足。在孟德斯鸠手中，政治哲学的任务首先是对法律和习俗为何在不同国族中成为其所是，给出科学、历史的解释，而后研究渐进式的改革如何以最不可能回火的方式取得成效。随着其教诲的展开，孟德斯鸠小心翼翼地引入了某些理性的或"自然的"人权与法的普遍原则。这些普遍原则确定了那些构成个人与家庭之自由或安全的基本要素。但是，孟德斯鸠迫使自己的读者认识到，尽管关于这些最为基本的权力或保障的立法，在任何国家都是为人所殷切期待的实质性成就，然而，这样的立法只不过筑造了一个基底或框架而已，一如以往。在推进人的安全方面，一般与之同等甚或更行之有效的方式是改革特定国族的传统实践和信念。这种改革精细、复杂而困难，旨在促使这一民族的成员在合作与竞争中，更多地相互保障安全，更少地相互威胁。

　　孟德斯鸠设想的完全意义上的"法的精神"的科学，乃是这样一种政治科学——它兼具谨慎的改良主义与胸怀宇内的雄心；在面对根深蒂固、复杂多样且必须实行改革的政治特例时，它如履薄冰，并因此怀疑立法中是否存在任何同一性。从这一政治科学中，可以引出一种关于审慎（prudence）的新的大众教育。孟德斯鸠在序言中所谓的"启蒙"或解放"偏见"，首要的正是指这一教育：

> 民众被启蒙并非无关紧要。官吏的偏见始于国族的偏
> 见。在蒙昧的时代，一个人就算干了天大的恶事也不存疑
> 虑；在启蒙的时代，一个人干了天大的好事也依然战战兢兢。
> 一个人看到了旧时的暴行，就看到了改正的方式；但是我们
> 同时也看到，改正本身也产生暴行。如果害怕雪上加霜，那
> 就莫理邪恶；如果不确定能锦上添花，那就保持善好。我们
> 考察各个部分，就是为了判断全局；我们检验所有的原因，就
> 是为了看清一切结果。

孟德斯鸠继续说道，因为人"在社会中使自己屈从于他人的
想法和印象"，结果便是：

> 当自己的本性被揭示时，人就能够平等地认识它；而当
> 自己的本性被遮蔽时，他甚至会失去对它的感知。

某些共同的偏见是如此强大，以至于它们甚至能够在相当程
度上消除人对自身潜在本性的感知。这些有着如此惊人力量的
"偏见"，正是孟德斯鸠想要尽可能移除的。不过，孟德斯鸠在此
并没有进一步道明这些偏见。但我们很快就会看到，这些偏见就
是从专制统治中产生、反映其治下生存状况的宗教偏见。

第二章　封建专制政体的神学意涵

"法的精神"中首要的关键因素是政体形式。随着孟德斯鸠在第二章中开始分析不同的基本政体,民主共和政体以其古希腊罗马的样板闪亮登场,使贵族共和政体(以威尼斯为代表)、有限君主政体(以法国为典型)这些对手相形见绌,而专制政体则作为一种黑暗的基本(default)境况在背景中阴沉地回荡,当政治与立法的理性流产或受挫时,人性很有可能堕入其中。在孟德斯鸠对几种基本政体之"本性"与"原则"的介绍中,专制政体被放在了最后,而且也是孟德斯鸠在第一部分中讨论篇幅最少的政体。但是,读者的眼睛却不由自主地被关于专制政体的论述所吸引。伴随着这种病态的迷恋,他们也意识到这正是所谓的(the)政治病理学(pathology)。几乎所有评论过《论法的精神》的人都已经发现,专制政体作为阴暗的负极,为整部作品的道德指针设定了最为明晰的指向。[①] 不管关于孟德斯鸠的正面标准或企划已经或可

---

① 见 Krause,《〈论法的精神〉中的专制政体》("Despotism in *The Spirit of Laws*"),第231-232页(及其引用的文本),还有第 257-258 页;Schaub,《爱欲的自由主义》,第 2 章。"专制政体"(despotism)和"专制政府"(despotic government)最早是通过《论法的精神》而进入政治哲学的讨论的;参 Koebner 的《暴君与专制及一个政治术语的变迁》("Despot and Despotism: Vicissitudes of a Political Term")。(转下页)

能引起多么大的争论,没有人会错失他对专制政体的那种唯恐避
之不及,并且意图阻止其侵入欧洲的态度;也没有人会看不到他
希望帮助世界上专制横行的广大区域缓和专制政体可悲可叹的
恶性,只要那还有一线生机。随着孟德斯鸠展开其教诲,政体是
否"宽和"(moderated or moderate)这一区分逐渐遮蔽了其他规范
性的政治划分。这一区分首先在第3章第9节被引入,"宽和"在
这一关键用法中的含义等同于"非专制"。①

专制政体的本性与原则

　　孟德斯鸠将专制政体定义为这样一种政体,在其中,"独夫一
人根据其意志与任性(caprices)处置一切,没有法律,也没有规
则"(2.1)。这一政体的"原则"是"畏惧",它灌输"极度的顺从"
(3.9)。因此,对于人最为基本、原始的自然需要(对个体安全与
消除恐惧的需要)而言,专制政体是一种粗陋且极不完善的回应。
"君主漫无边际的权力"(孟德斯鸠经常如此形容专制者)确实压
制了战争状态,且确实因此提供了一定程度的"安全"。尤其对广
大臣民而言,"君主"成了他们的"保护者":

　　　　人民应受法律审判,而大人物则受君主的幻想制裁;底

　　(上接注①)孟德斯鸠在第14章第13节的注释中界定了"僭主"(tyrant)与"僭
　　政"(tyranny)的含义,在绝大部分情况下,他在此意义上使用它们:"在此,我视这
　　个词为意图推翻业已建立的政权,尤其是民主制。这是希腊人和罗马人赋予它的
　　含义。"但是孟德斯鸠并非一丝不苟或学究气十足:他的确时不时用"僭政"一词
　　形容专制。

①　尤见5.14结尾,7.17结尾,8.8、13.12,以及24.3。在这一意义上使用的"宽和"
　　见于以下重要地方:5.15、16;6.1、2、9、16末尾、19;11.4(在此,孟德斯鸠似乎引入
　　了宽和国家[state]与[真正更为自由的]宽和政府[government]的微妙而重要的
　　区分),11.6(第7段)、20;13.8、13、14;15.13、16;18.2、6、30;19.18;22.2。另参
　　《罗马盛衰原因论》,第9章,"亚洲式的专制政体,指的是所有不宽和的政体"。

层臣民的头颅应该安全无虞,而帕夏(Pashas)则要引颈待戮。

然而,这意味着专制政体的原则摧毁了任何拥有勇气、雄心或独立的自我价值感的人的精神,"能够高看自己的人面临的处境是,只能去革命。因此,必须以畏惧打倒一切勇气,消除哪怕一丝雄心"(3.9)。教育

> 在专制国家,不过是设法降低心志。在那里,心志必须是奴性的。在这种情况下,拥有这样的心志将是一件好事,即使对发号施令的人亦如此:因为在这里,没有人可以在做僭主的同时,不做奴隶。(4.3)

专制政体窒息或扭曲了人所习得的、进行理性地自我认识的能力,"在那里,芸芸众生如同牲畜一般,有的只是本能、服从和惩罚"(3.9)。① 在专制政体中,"人的本性受到了凌辱"(8.8)。由此而来的结果是,

> 专制政体的原则不停地腐化自身,因为这一原则就其本身的性质而言就是腐化的。其他政体之所以消亡,是因为特殊变故违反了它们的原则;专制政体则不然,倘若某些偶然因素未能阻止其原则的腐化,那么它将因其内在的恶而消亡。(8.10)

不过,即便如此——或者,在某种意义上,正是因为如此——专制政体仍在世界上横行。孟德斯鸠称,"似乎人的本性会不断

---

① [译按]此处作者原书的标注有误,应该是第 3 章第 10 节。

地揭竿而起,反对专制政体"。

> 但是,尽管人们热爱自由、憎恨暴力,大多数民族却屈从于它。这不难理解。要建立一个宽和的政体,需要整合各种权力,需要规范它们,缓和它们,使它们运转起来;也就是说,要给其中一种权力增添力量,安排它制衡另一种权力;这是立法上的一件杰作,好运极少达成它,审慎也鲜有建树。反之,专制政体则一目了然;它在任何地方都一模一样:因为要建成它并不需要什么,只需要激情,这是每个人都能胜任的。(5.14 结尾)

展现专制政体时的可怪之处

随着作品的推进,孟德斯鸠阐明了专制政体可能且已然呈现出的各种类型。这些强大或曰残暴的专制类型,广泛分布于诸如罗马帝国、古代与现代波斯、日本、现代俄国、西班牙、葡萄牙等迥然不同的国族。但是,在孟德斯鸠对"专制国家之性质"(2.5)的最初展现中,他所举的诸多案例表现出一种引入注目的、怪异的单一性和惊人的奇特性。孟德斯鸠写道,因为"行使专制权力的人","被自己的五官不停地告知:他即一切,其他皆为虚无",他由此"自然而然就变得懒惰、无知且奢靡"。他"于是不务正业",将所有政务交付给他人。但是,孟德斯鸠马上补充道,君主不能同时将政务委托给"几个人",因为这些人会争着"当第一奴隶",难免引起"纷争与阴谋"——而这种争斗迟早会迫使君主重新亲自掌权。所以,"他不如把权力抛给一个维齐尔(vizier),维齐尔就立即拥有了和他一样的权力"。"设置维齐尔"取代专制者进行统治,乃是"这种国家的基本法",孟德斯鸠总结道。

稍作反思就足以看到,在真实存在的专制政体的谱系中,君主事实上退位让权给维齐尔这样的情况只占很少的比重。① 而且,这些并不常见的专制样本往往既脆弱又短命。毕竟,一旦维齐尔真正掌权,他就如孟德斯鸠在别处所说的,发现自己处在了这样的位置——他有能力灭掉自己软弱无力的主人,然后完全取而代之。②

不过,孟德斯鸠反常地坚持将这一不寻常的案例作为自己的模板。在其中,专制者完全受一个或多个维齐尔支配:他要么"无法离开逸乐的宫闱",要么"年事已高,日渐衰弱"。他被隔绝于世,如同"宫中的第一囚犯":

> 这样的君主毛病太多,人们必然唯恐将他与生俱来的愚蠢暴露在光天化日之下。他隐匿宫中,无人知晓他身处的境况。所幸,在这个国家里,人们需要的只是一个统治他们的名号而已。(5.14)

关于专制政体"性质"的这一怪异特征,孟德斯鸠的确切证据或来源是在一处轻巧而模糊的脚注中给出的:"东方国家的国王都有维齐尔,沙尔丹(M. Chardin)如是说。"然而,如果查阅沙尔丹的原话,我们会发现孟德斯鸠对这一证言的呈现容易引起误解。尽管沙尔丹确实说到了维齐尔,但在他的描述中,他们并未常常因自己主人的主动逊位而成为接替者。

---

① 参 Derathé 的编辑注释(1.443 n.42):"在此,孟德斯鸠应用于总体上的专制政体的说法,事实上只对东方帝国有效。"我们还要补充说,即使在这些帝国中,这种类型的维齐尔也往往不是统治者:见 Goitein 的《维齐尔的渊源》("Origin of the Vizierate"),以及赫勒敦(Ibn Khaldun),《历史绪论》(*Muqaddimah*),1.334–337、2.4–11、13、22、89–90、102。

② 《罗马盛衰原因论》,第 17 章:在首位基督教皇帝君士坦丁之前的时代,"近卫军长官","在权力和功能方面,与当今的大维齐尔很接近,他们可以任意杀死皇帝以便取而代之"。另参赫勒敦,《历史绪论》,1.334–337。

　　孟德斯鸠最初对决定专制政体本性的这一"基本法"的呈现（在2.5）还有其他不切实际之处。① 但略过那些不谈,这一"基本法"还公然违背了孟德斯鸠在若干行之前所作的评论。在上一节（2.4）的末尾,孟德斯鸠对比了君主政体与专制政体,并强调称,"在专制国家","根本没有任何基本法"（这一判断,他还将在5.14处大谈特谈）。他接着解释道,正是因为完全没有基本法或确定的体制,所以在专制政体下——与有限君主政体相反——"宗教通常有着很强的力量":因为宗教"构成了某种永久机制的贮藏所"——"如果不是宗教,受到尊崇的便是习俗,而不会是法律"。

　　这意味着,要么是宗教,要么是某种根深蒂固的、类似宗教的习俗,凭借其力量部分地提供了维持稳定的要素,以弥补基本法与体制的缺失。而界定专制政体之"本性"的正是这种基本法与体制的缺失,而不是那一条规定必须要设置一名维齐尔来弥补专制者出于懒惰而主动退位的"基本法"。由此,孟德斯鸠在短短几行中对专制政体的"本性"给出了两种截然不同的描述:更为明确的版本强调的是设置"维齐尔"来接替一个自我隔绝的君主,这一论述取代了一开始（更似是而非地）赋予宗教或准宗教的习俗的地位。孟德斯鸠由此促使那些困惑的读者怀疑:他的意思是不是这二者——设置维齐尔以取代隐匿的（absconditus）君主,宗教在专制政体下的角色——在一定程度上可以互换?

　　孟德斯鸠随后给出的唯一一个关于"维齐尔"体制样板的具体历史例证,进一步加深了我们的困惑:这一例证是教皇制（!）——或者说,某个隐名的教皇。孟德斯鸠并没有鲁莽到明确地将这个匿名的教皇作为维齐尔的例子,当然也不会把教皇制当作那种典型的维齐尔制度,而是将之暗含于对教皇的如下描述

―――――――――――

① 　在一处脚注(1.433 n.41)中,编者 Derathé 出于困惑真诚地告诫读者:"这一极为简短而且总而言之具有迷惑性的章节,必须用第5章第14节使之完整。那里的内容远为详实且明确。"

中：由于教皇自己不愿意真正承担起处置事物的责任，这导致了"数不清的麻烦"；"深深陷于自身之无力感"的教皇突然想到把一切事务交给自己的侄子（当然，教皇并没有把他称为自己的"维齐尔"）。而后，这个自知无能的教皇感叹："我从未想到这会如此简单！"换言之，这个教皇突发奇想得来的方法（他以之来解决自己无力作为统治者的问题），被证明完全符合统治着基督教教会的权力（教会统治灵魂所凭借的也是这一权力）的本性。这个教皇真切地发现，在基督教王国（Christendom），"所幸，人都是这样的"，"他们需要的只是一个统治他们的名号"。在引述这个匿名的教皇之后，孟德斯鸠立即补充道：

> 东方的君主也是如此：在监狱般的深宫里，阉人们消弭他们的心志与精神，乃至常常使他们对自己的处境一无所知。当他们被人拽出来放上王位时，他们首先会惊愕不已。

——直到他们任命了自己的维齐尔，才得以返回后宫的声色犬马。

正如编者格兰仕（Brethe de La Gressaye）的评论所言（I. 250, n.43），孟德斯鸠突然使我们记起遍布于《波斯人信札》中的那种放肆的渎神讽喻。正是这部作品奠定了孟德斯鸠作为一个善于讥讽的、哲学的小说家的声名。然而现在，孟德斯鸠使人忆起他早前的讽刺寓言，乃是将之作为自己（作为一个政治科学家）分析专制政体之本性的奇特开场的一部分。

[原注] 在《波斯人信札》中，我们听到两个人——郁斯贝克，作为"有着强烈嫉妒心的""主人"（Lord）的形象；以及塞丽丝（Zelis），作为那些被他的爱的僭政奴役的妻子中最为聪明的那个——同时称小说中所描述的那个独特的闺房是由阉奴守卫的"神圣的地方"，甚至是"神圣的庙宇"（《波斯人信札》描述的闺房最为突出的特征在于，那些妻子绝少表现出作为穆斯林的特

征）。那些阉奴在被阉割而后进入主人的"内阁"（ministry）之后，他们称自己"重获新生"。通过他们不在场的"主人"寄给他们的书信（scriptures），这些阉奴听到"雷霆霹雳"——如果他们无法落实那些"在神圣院墙之内，即贞洁（modesty）居住的地方，提供一种神圣教育"的"律法"，他们将面临恐怖的惩罚威胁。这些阉奴推行的是一种"不自由的德性"的"义务"，包括对"爱"的"忠贞"、对"嫉妒的主人"（即使他不在场）及其"神圣意志"的"神圣敬意"。这个闺房被认为是一个"幸福不会错失"的地方，而那些居住其中、受到阉奴监管的人被认为有如生活在"无辜的居所，不受任何人类罪孽侵扰"；但是，她们的"主人"用书信告诉她们，他怀疑她们心中有"不纯洁的欲念"，"千百次地夺走了忠贞的德行与报偿"（第 15、20-22、26、62 封信。Schaub 已经敏锐地破解了这个讽喻的细节，参《爱欲的自由主义》，第 5 章；另参Krause，《〈论法的精神〉中的专制》，第 252-253 页）。同样根据郁斯贝克的说法——不过，这时他是以另一种形象说话，作为一个受启发的异邦旅行者和观察者，根据他在欧洲生活 7 年之后所获得的经验——"在基督教徒中有着大量阉奴"："我说的是男女教士和修道士，两者都立誓永守贞洁（自制[continence]）：这是基督教徒中最为卓越的德性"（第 117 封信；另参在第 82 封信中的黎伽，并比较《马太福音》19：12）。将郁斯贝克的闺房视为上帝之国或城的讽喻，一个很大的困难在于，闺房的法律中没有任何关于"爱邻人"或"爱彼此"这一诫命的回响，或者任何看似这一诫命的象征。不过，有人可以说，孟德斯鸠之所以将圣经信仰中的第二条支柱抽去，是为了表明他认为第二条诫命本质上相悖于"第一条大的诫命"——"用你整个心灵、整个灵魂、整个思想去爱你的主人，你的上帝"——因为根据人的本性或心理，后面这一条更为根本的诫命必然会在［"主人"的虔诚"爱者"］中导致可怕的嫉妒、不合以及怨恨（参第 123 封信以及《论法的精神》12.4）。

　　孟德斯鸠最初对于专制政体的"维齐尔制"特征的论述语带讥诮。这一特征在随后一章对于专制政体之原则的分析中变本加厉（3.9；另参 3.3 开头）。因为在对后者的讨论中，孟德斯鸠就政治性专制在现实中运作时所需要的东西，作了一番严肃或者说现实的描述。他强调，专制者本人必须积极有为，在处理自己与最高臣属们的关系时当尤其如此。当"君主把无限权力全部转交给他委托的那些人",孟德斯鸠说,恐惧(terror)作为专制政体的"源泉"(spring)需要变成对君主本人的手臂的畏惧(fear)。这种恐惧必须让每个高级下属最为真切地感受到,尤其是最高下属:

> 在专制政体下,当君主在某一时刻放下高扬的手臂,当他不能立即消灭那些占据头把交椅的人,一切就完了。

在此,孟德斯鸠不再多提"维齐尔"的设置(而随后当他讨论到维齐尔制度时,他对之作了更为合理而准确①的描述:"在专制政体下,权力完全落入受委托的那个人手中。维齐尔就是专制者本人;而且每个官员都是维齐尔"——5.16,强调后加)。现在,孟德斯鸠将"军事贵族制"(military aristocracy)作为专制政体的首要案例。这种军事贵族制可见诸奥斯曼帝国,而罗马皇帝图密善(Domitian)的"恐怖暴行"则是其在古代的绝佳展现。在这些政制下,"经常发生"专制者"立即消灭那些占据头把交椅的人"的事情。后宫在这里甚至都没有被提及;我们也不再想起《波斯人信札》中那个有着强烈影射意味的幻想世界;而且相应地,对于波斯专制者的描画也变得极为现实:"在我们时代被米利维伊斯(Miriveis)赶下台的波斯萨非(sophi),看到自己的统治随着被征服而消亡,这是因为他没有让人流足够多的血。"最后,孟德斯鸠的确描述了后宫生活的声色犬马会完全腐蚀每个专制王朝的第四或第五代传人这一趋势;不过,他表明,由此而来的结果是一种革命的循环,这一循环会把一个新的王朝推上宝座,其头领将残暴地再兴有效的独夫统治(7.7)。

---

① 参 Goitein,《维齐尔制的起源》,以及 Lewis,《伊斯兰的政治话语》(*Political Language of Islam*),第 120−121 页;《中东》(*Middle East*),第 77−78、84、91、98−99、151−152 页。

孟德斯鸠邀请我们通过一种令人困惑的双重透镜(bifocal)来审视专制政体：只有在最初为我们描绘了一幅关于专制政体的奇异讽刺画之后，他才对处于暴乱循环中的专制政体作出持续而严肃的详尽分析。

专制政体与启示的一神律法

在继续阅读的过程中，如果我们始终被这些问题所困扰并保持警觉，我们就会发现第 3 章第 10 节为我们提供了额外的重要线索。这一章继续讨论推动专制政体的"原则"，它关注的是"君主的意志"所要求的那种"极端服从"的特征，这与"宽和政府"所要求的服从形成对比。正是在此，孟德斯鸠在《论法的精神》中首次提及"自然正当"(droit naturel)。他称，自然正当(在此，它似乎主要是指那些表达"自然情感"的原则，这些情感经由家庭生活而变得强烈，例如，"对父亲的尊重，以及父亲对子女与妻子的温存")无法制衡专制政体统治者，也不能被援引为不服从的正当理据，或者用它来限制统治者诫命(commandments)的范围，原因是"君主已经不再被视为人类"。孟德斯鸠作出这一论断时，他再次提及，或者说更为鲜明地提出，宗教作为专制政体中的制衡力量，可以扮演建设性乃至根本性的角色。他着重指出宗教(它以据信是启示的、超理性的神法为中心)所能提供的保护：

> 不过，有一样东西有时可以用来对抗君主的意志：这就是宗教。一个人会抛弃乃至杀死自己的父亲，如果君主下了这一命令；但是，这个人绝不会沾半点酒，即便君主意愿并命令他喝。宗教的律法属于高级诫命，因为它们是在君王之上颁布的，也在他的臣民之上。但是，就自然正当而言，情况有所不同；君主已经不再被视为人类。(3.10)

对于那些作为专制政体的臣民而生活的人来说,神的意志是一种更高的专制意志。它叠加于人类的专制之上,并由此约束着——尽管它同时也反映了——这种政体的本性和原则。而它之所以能限制专制政体,正是因为它反映了其本性和原则。"在这些国家里,"孟德斯鸠之后会留下只言片语,"宗教的影响大于其他任何国家;它是在畏惧之上添加的另一种畏惧。"(5.14)他促使我们看到,宗教也是在愤怒的复仇之上添加的另一种愤怒的复仇:"这样一个君主""常常被愤怒和复仇所摆布"(5.14);他带着"专横的愤怒""施行他的正义,践行他的暴虐"(24.3)。在题为"日本法律的弱点"的第6章第13节的第2段,他写道:"在日本,几乎所有的罪行都受到死刑惩罚,因为不服从天皇这样伟大的帝王乃是莫大的罪孽。它不是要矫正罪恶,而是要为君主复仇。这些想法源自奴隶制。"正如格兰仕注意到的(1.296),这一段在孟德斯鸠的《拾遗》(Spicilège)第524条(第484页;OC 2.1357)以及《思考录》第1947条(OC 1.1472)都可以找到,但那里多了一段惹眼的话。为了出版,孟德斯鸠审慎地删除了这一段:

> 他们对于天皇的考虑,与我们对于上帝的考虑是一样的:这样的罪行是无限的,因为它冒犯的是一位无限的存在。日本人惩罚犯罪不是为了矫正罪恶,而是为了替天皇复仇。所有这些想法都是奴隶制的观念。

然而,在人类"君主"的意志与被认为高高在上的神圣君主的意志之间,存在一个关键的差别:臣民们,尤其是更高的阶层,有着迫切的属人需要,希望对人类专制者加以制衡;这促使臣民们培育并依附于这样一种信仰,其中神据信通过固定的(fixed)律法表达自身的意志,而且其固定程度远远超过人类专制者的意志。那些据信由在上者所启示的律法,为敬畏地服从人类专制者提供了一种额外的动机;然而同时,这些宗教律法——尤其当它们被记录在神圣的经典中时——可以对可能无所限制的人类专制者的权威形成一种独一的、清晰的法律限制。

　　有时,君主将宗教等同于他的法律,并把它视为自己意志的产物。为了防止这一弊病,就应当有一些宗教圣迹;例如,确立和固定该宗教的圣书。波斯的国王是宗教的首领,但是规定宗教的是古兰经;中国的皇帝是最高的宗教领袖(pontiff),但是那里每个人手上都有经书,皇帝本人必须遵循经书。皇帝想要焚禁它们将是徒劳,因为这些经书会战胜僭政(25.8;另参12.29)。

[原注]当孟德斯鸠在之后反驳培尔(Pierre Bayle)的论点"根本没有任何宗教比有一种坏的宗教更安全"时,他关注的几乎只是宗教在制衡专制主义方面的积极价值。"即使说臣民有一种宗教毫无用处,但是君主有一种宗教就不同了。那些完全不怕人类法律的人只有一种约束,他们用泡沫漂白那个唯一的马嚼子。一个既热爱又畏惧宗教的君主就像一头狮子,对于安抚它的手和抚慰它的声音,它会退让;畏惧又憎恨宗教的君主就像野蛮的畜牲,撕咬防止它扑向路人的链子;没有宗教信仰的君主就是可怕的动物,只有当它撕咬和吞噬时才感到自由。"(24.2;另见26.2)

　　一神宗教的信仰与专制政体的本性和原则之间有着一致性。当我们看到下面这一点时,这种一致性会更为明确:对复仇之怒的恐惧是推动专制政体的首要激情,而对统治者严苛的父辈之爱(fatherly love)的颤栗信仰或向往也起着相当可观的作用。① 孟德

---

① Brethe de la Gressaye(3.333-334 n. 39 bis)和 Derathé(1.527 n. 23)都表达了一个有些天真的迷惑,他们将这一点视为孟德斯鸠的"自相矛盾的"想法——爱可以在一个根本以畏惧进行统治的政体中起到主要作用。关于统治基于爱、畏惧与正义的专制性混合(despotic symbiosis)的古典分析,参色诺芬(Xenophon)的《居鲁士的教育》3.1.23-29。

斯鸠强调,在专制政体中,丈夫或父亲在家庭中的统治与专制者在宫廷中的统治相互映照:"每个家庭都是一个独立的帝国",在这种小写的专制政体里,对年轻人的教育意在"向心灵灌输畏惧,并且让头脑理解一些非常简单的宗教原则";在专制政体中,"大部分道德行为不过是父亲、丈夫或主人的意志"(4.3;6.1)。因为父亲富有专制的权威,所以"根据专制的观念",父亲应当为儿子的过错承担实际的惩罚(而不仅仅是蒙受羞辱)(6.20);此外,这一观念还有一种怪异的扩展,"专制的暴虐(la fureur despotique)导致了这样的规定:父亲的羞辱应当累及儿女妻子"(12.30)。

孟德斯鸠发现,崇敬"代表父亲"的皇帝是一种普遍的父权崇拜(paternal cult)。古代"智慧的"立法者使中国成为了一个由"礼"(civility)主导的相对稳定且安全的专制政体,而父权崇拜的设立正是他们这一大获成功的企划的一部分。这些立法者居功至伟,他们创造的专制政体真正为其臣民提供了实在的安全。

孟德斯鸠关于专制政体的教导,促使我们作如下思考:如果人类专制者真正带着一种父亲般的关怀来对待自己的臣民,同时,礼制这一有效的宗教性准则与高效的治安使得臣民上下都享有相当的安全——即使(或者说正是因为)他们处于对人类专制者的畏惧之中——那么,这些臣民(尽管他们仍处于奴役中)就完全不会感到需要一个慰藉性的、严苛的天父,也不会体验到天父显然要求的服从。世俗的人类专制者及其法律,使那个更高的神圣专制者及其律法变得多余。中国的证据表明,生于封建政体下的人心,在其宗教性中最深切渴求的,并不是彼世的不朽慰藉,而毋宁是此世的属人安全。

而这一证据乃是由这一初看起来颇为惊人的事实提供:基督教传教士对中国政体的道德气质(ethos)感到亲近(尽管这一气质阻遏基督教的渗入)。在讨论政体形式的结尾(8.21),孟德斯鸠将一个反对其整个理论,或者说反对"我以上所说的一切"的深刻

"反驳"摆到前台：孟德斯鸠发现，这一反驳蕴含于"我们的传教士"对中国的权威报道中，他们曾在中国生活，并对中国作了大量报道。概而言之，孟德斯鸠的理论框架强调，根植于畏惧的政体与允许荣誉的政体或基于德性的政体相互排斥(3.9 开头，4.3；另见 6.9 注释和 7.7)。然而，基督教传教士却"告诉我们"，孟德斯鸠提到，

> 庞大的中华帝国，作为一个令人赞叹的政体，混合了畏惧、荣誉与德性。这样一来，我所确立的三种政体的原则，便是徒劳无益的区分了。

此外，孟德斯鸠指出，

> 单个统治者意志的不断推行，难道不是深深地印在这些传教士脑子里了吗？他们自己就身处于这种统治之下，并且乐于去寻找这种统治形式。

孟德斯鸠继续说道，那些传教士乐于假定，他们无须费力"让老百姓相信自己可以忍受一切"，而只要"让君王相信自己无所不能"，就可以引发自己梦寐以求的"巨大变革"。顺带一提，这也让我们想起孟德斯鸠早前另一则令人惊异的描述，他说，耶稣会体现的精神是：它"将命令的快感视为生命中的唯一善"；孟德斯鸠补充道，这从根源上导致耶稣会士"狂热于这样一种宗教，它更能使聆听者变得谦卑(humiliates)，而非传教者"(4.6)。

[原注]另参《思考录》第 1317 条(OC 1.1319)。在《论法的精神》中，孟德斯鸠对基督教的心理精神的理解所作的最为坦率且完整的表述出现在题为"论不可补赎的罪行"的那一节(24.13)："异教仅仅禁止若干重大罪行，只管手而不管心。它可能会犯一些不可补赎的罪行。不过，有一种宗教包

含所有的激情,它对行为的监管并不比它对欲望和思想的监管更少猜忌(jealously);它不是用一些锁链,而是用不计其数的线绳(threads)拴住我们;它把属人的正义撇在后面,而推行另一种正义;它不断把我们从忏悔引向爱,又从爱引向忏悔;它在审判者和罪犯之间放置了一个伟大的中间者,又在义人与中间者之间放置了一个伟大的审判者——这样的一种宗教本不应有不可补赎的罪行。但是,尽管它把畏惧与希望给予所有人,它依然让人感到,如果说任何罪行就其本性而言都是可以补赎的,但整个生命却可能是不可补赎的;不断地以新的罪行和新的补赎去折磨仁慈,是极端危险的;既然我们对欠着天主的旧债倍感焦虑,它们一直没有解除,那么,我们必须害怕添上新债、记满账本,以免走到慈父的善意被终结的末路。"比较《马太福音》12:31-32 与《马可福音》3:28-29。

关于圣经宗教起源的假说

我们目前所收集的片段,可以帮助我们拼凑出孟德斯鸠关于下述问题的含蓄教诲:他何以认为自己的政治科学可以明了地解释,对一个立法性的严苛上帝(正如我们在圣经中看到的)的幻想性体验的产生(genesis)。正如我们已经看到的,在第 3 章第 10 节,孟德斯鸠首次提及自然正当,指出它在专制政体中缺乏效力,并表明相应的超人地位被赋予给了专制者,以至于唯有在宗教中,尤其在启示宗教的律法中,才能找到对专制者权力的有益制衡。也正是在这一节,孟德斯鸠首次——因此也是最为显著的一次——明确地引用了圣经。他具体征引了《以斯帖记》。① 孟德斯鸠提醒我们,这一卷经文教导,犹太人作为波斯暴君及其维齐尔,以及守卫后宫与宫廷的宦官的奴隶,备受驱逐且流离失所;作为一个民族,他们生活在真正完全灭族的威胁之下——自《以斯

---

① 我们几乎可以说,孟德斯鸠正是从《以斯帖记》中推导出他最初对东方专制政体的怪异描画。尤见 1:19-21,2:21-23,3:1-11,7:9-8:1,8:7-8,9:12-18。

帖记》写就,他们就一直在普林节(Purim)祝祷一个可以了遂其愿的要求或梦想:他们中能有一人问鼎后宫,另一人则登上维齐尔的宝座,而后他们能够对自己的敌人和迫害者展开一场令人心惊胆颤的大屠杀。

　　[原注]在犹太人的《以斯帖记》正典中,从未提到或直接论及上帝(尽管 4:14 处有指涉;另可思考 6:13),这个事实使希腊化时期的(Hellenistic)犹太圣徒产生一种深刻的不安,其表现为有六处大的虔诚改动被置入希腊版本的圣经(Septuagint[七十子译本];希伯来圣经的希腊译本);在通俗拉丁文圣经(Vulgate)中,杰罗姆删去了这些增写,并把它们放在结尾。用一个当代圣经学家的话来说,"希伯来文与希腊文文本之间的差异再次突出了《以斯帖记》成问题的性质。作为一篇经文,它需要有一个宗教性的目的。然而,在希伯来文版本中,这样的目的并没有立即显现出来"(Van der Ploeg,《篇章》["The Writings"],第 285 页)。《以斯帖记》描述的是犹太人在波斯专制政体下成为精英的上升之路,以及他们随后对其迫害者取得的军事胜利和展开的屠杀。基于他对中国宗教的观察,不难想象孟德斯鸠可能会作出何种颠覆性的解释,来说明这特别的一卷为何对上帝沉默不语,或者说,上帝为何在其中缺席(absence),以至于一旦生活在专制政体下的人类——即使或者说正是"被选的民族"——取得安全与权力,他们就更少地望向那个慈父般的上帝;就其本性而言,人类是"这样一种存在者,他们在任何时刻都可能忘记自己的创造者"(回想 1.1 结尾以及 1.2 开头)。这一推想并未言过其实:孟德斯鸠在《以斯帖记》中看到一把无意的钥匙,或者说启示,可以用来理解潜藏于整部《圣经》之后的人类精神。在《波斯人信札》第 119 封信中,孟德斯鸠坦露出他对那种根本激情的理解,这种激情激发并且维持流离者的犹太教(diaspora Judaism)。他借由郁斯贝克之口说:"犹太人,一直遭到残杀,却始终生生不息,他们仅仅靠着一个希望来弥补他们的损失和不曾中断的毁灭,这个希望为他们所有家族所持有,那就是他们将见证在他们之中诞生一个强大的君主,他将成为大地的主人。"

　　孟德斯鸠进而让我们回忆起,犹太民族曾经遭受东方异族的专制政体的恐怖;而圣经记载的那些开创我们如今所看到的圣经正典(《拾遗》第 365、370 则)的犹太圣徒,正是这个政治失势的民族的宗教领袖。

[原注]拉辛(Jean Racine)伟大的悲剧《以斯帖》(*Esther*, 1689)描画了专制政体的恐怖,其笔墨在某些方面预示了孟德斯鸠的论述(尤见第 196-202、397-398、469-475、518-520、625-631 行);此外,拉辛的文本包含一种显著的观念,他把上帝的统治等同于波斯暴君的统治——见第 645-653 行以斯帖的话;另在上下文中考察玛多奇(Mardochée)在第 224-228 行的言辞,以及第 1107-1108 行以斯帖的话:他是否曾给更多顺从的奴隶上轭?他们在铁[链]中崇拜惩罚他们的上帝。这部戏剧给孟德斯鸠留下深刻印象:他将这部戏剧与《阿达莉》(*Athalie*)并称为"拉辛的荣耀"(《思考录》第 900条,OC 1.1247)。作者在序言中说,这部戏剧原本是想用作一所基督教女校学生进行表演的恰当工具。而这所学校是由虔诚的国王路易十四赞助。因此,拉辛删去了所有关于宦官与后宫的暗示,而相较《圣经》与孟德斯鸠的文本,其中最为惊人的一点是,拉辛使暴君所下的灭族命令被取消了,而不是让暴君赋予犹太人权力去屠杀他们的敌人。拉辛将犹太人的拯救归因于神圣的天意(divine providence),在这一点上,他甚至突破了圣经的希腊文版本。

在此,孟德斯鸠第一次(也是最耐人寻味的一次,但绝非最后一次)明确论及这些律法与犹太民族的精神。正是这一民族将圣经及其所谓的启示带给世界。孟德斯鸠随后将对摩西律法的精神展开讨论,这些讨论散落各处。如果我们警觉地跟随这一讨论,我们将遭遇孟德斯鸠的下述隐含假设所具有的令人困惑的复杂性——这一假设关乎圣经及其记录的人类的上帝体验背后深层的政治"根源"。

孟德斯鸠第二次明确论及《圣经》,也是第一次直接引用《圣经》,出现在第 5 章第 5 节的一个奇怪的注释中。这一节解释了立法者如何通过经济和家庭方面的法规在民主共和国中确立平等。这些法规旨在防止每个公民的不动产过度地增多或减少。

其中有一条在雅典发现的法律,它允许娶同父的姐妹为妻,但不允许娶同母的姐妹。孟德斯鸠写道,

> 我不知道是否有人把握到了其精神……这一习俗源自共和国,根据共和国的精神,一人不得占有两份土地,因此也不能继承两份遗产。

在注释里,孟德斯鸠评论道,

> 这一习俗源自初民时代(first ages),亚伯拉罕谈到萨拉时这样说(《创世记》20:12):"她是我的妹子,我与她是同父异母。"同样的原因使得不同的民族设立了同样的法律(强调后加)。

就在这个极为奇特的注释的同一节里,孟德斯鸠在紧邻的前一段中曾评论说:"规定血缘最近的亲属与继承人结婚的法律",是在"土地与财产平均分配给每个公民"之后"颁布给犹太人的"——这"对民主制而言是良法"。孟德斯鸠的说法让我们捉摸不透。他似乎表明,亚伯拉罕的婚姻实践表现出了定居的、平等的、共和的农业地主社会的法律精神。而在圣经中,亚伯拉罕显然被展现为一个典型的无地、游牧的迦勒底牧羊人,他生活的年代远远早于作为应许地之主的犹太民族的确立,也远远早于摩西律法的传达。在他首次明确试图解读这一文本(它或可被视为他必须处理的最为重要的法律文献与法律精神)时,孟德斯鸠犯下这样一个大错,来确保他的读者至少会因此大吃一惊。① 现在,我

---

① 编者 Brethe de la Gressaye 略显笨拙地(ponderously)提醒读者(1.267-268),孟德斯鸠在此"显然"犯了一个重大错误。

们已经足够熟悉我们这个导师的教育方式,知道他会设置一些疑难来引发我们思考。如果我们仔细忖度上述疑难——尤其是同时参考我们马上要讨论的后续对圣经的征引,我们就会被引向这一思路:孟德斯鸠显然没有依照圣经本身的话语来阅读它;他只是在从经文中搜寻关于犹太民族(正是他们写下了圣经中那些传说[sagas]与记录,或者说,从他们之中产生了那些传说与记录)的惯常实践与想法的例证(evidence)。也就是说,孟德斯鸠正在探究这些故事背后的"法的精神"——他相信,理性的政治科学可以发现它。这一"法的精神"也就是犹太民族的社会政治"根源"(source)。在这个首要的例证中,孟德斯鸠实际上提出了一个有争议的论点:即,如果我们带着考古学的眼光来阅读亚伯拉罕的故事——同时参照圣经的剩余部分(按照同一精神对之进行解读),并且配合以其他文献的帮助,例如约瑟夫斯(Josephus)的作品——那么,我们就能明白,故事中的一个惊人细节何以能够揭示出这个故事是基于下述视角(perspective)被讲述或重述的:一种农业的①并带有一定程度民主性的法律精神或心理(mentality)。但是,如果我们对照前一次明确论及圣经时——即《以斯帖记》及其描画的一个深处于绝望的奴役中的民族——所透露的观点来考虑上述论点,我们将遇到另一个更大的疑难。因为,这两次对圣经的讨论,引出两种或三种截然不同甚至彼此矛盾的社会类型。那么,关于孵化出圣经以及圣经宗教的法之精神,孟德斯鸠究竟有何暗示呢?

接下来一次明确论及圣经出现在第二编,它进一步加强了孟

---

① 在讨论商贸的历史的那一章,孟德斯鸠提到犹太人在所罗门王与约沙王(Jehoshaphat)的治下,曾在短期内开展海洋贸易;孟德斯鸠总结说,这一例外只是证明了约瑟夫斯的记述,他记录的原初的犹太国族有着非贸易的、农业的基础(21.6)。另参《思考录》第215条(OC 2.1043),此条讨论了"希伯来共和国"的宪制结构。

德斯鸠在引证亚伯拉罕时透露出的惊人论点,表明早期希伯来人在一定意义上是共和公民。孟德斯鸠评论道,希伯来人"摧毁了迦南",因为迦南是"一些小君主国"——而这种政体的"性质"决定了它们"不宜组成联邦"(9.2)。此处暗中对比的对象显而易见:由大获全胜的希伯来征服者组成的部落联盟(tribal confederacy)(还)不是君主制的;它是共和制的,或者类似共和制。不过,我们也被提醒——正如亚伯拉罕的例子提醒我们的——在征服迦南之前,希伯来人并没有自己的土地。征服迦南的早期希伯来人或许有着原始的共和主义与一定的平等主义特征,但他们(还)不是以农为本的。或者说,早期希伯来人还不适于被共和国的那些管理土地继承的法律治理。

　　之后一次对圣经的明确论及,大大丰满了这个孵化出犹太律法(Judaic laws)的社会的图景。它一开始说"摩西律法非常残酷(bien rude)"(15.17)。这里的语境是在讨论,在对待共和国中的奴隶这个问题上,法律可以且应当引入一些"人道"。孟德斯鸠引证了一条不人道的摩西律法,它允许主人打死自己的奴隶,只要这个奴隶被打后还能存活一两天(《出埃及记》21:20-21)。通过将之与一些更为人道的古希腊罗马共和国法律相对比,孟德斯鸠慨叹:

　　　　这是个什么样的民族啊!公民法背离自然法,对他们来说竟然是必要的!(15.17)

　　然而在下一节,孟德斯鸠却正面地引述了《出埃及记》中同一节的其他经文,因为这些经文表明,摩西律法将希伯来人受奴役的期限限定为六年。孟德斯鸠解释说,这种良好的"方式不知不觉地增加了共和国的新公民"(15.18)。下一次论及《圣经》时,他再次引用了《出埃及记》的这一节。他注意到,摩西立法规定,一夫多妻的公民对待多位妻子时，要有合于情理的平等性（16.7）。三章之后我们发现，孟德斯鸠在摩西法典与"初代罗马人"（first Romans）的法典中找到了极为相近之处——摩西之为立法者具有"单质性"（singular），因为他"为法律与宗教确立了同一部法典"，而后者同样"将古老的习俗与法律相混合"（19.16；比较19.21）。而我们早前已被告知，罗马原初的法律虽属君主制，但它因为下述事实而赋有自身的特点，即这些法律是"为一个由逃亡者、奴隶和匪徒所组成的民族而制定的"——这也就解释了为何它们"极为严酷"（6.15）。

早前，在讨论宗教的姊妹篇章的后一章里（25.3），我们看到摩西律法精神与古希腊罗马法律精神的另一个相似之处。这一段如此开篇："摩西律法极为明智。"在此，孟德斯鸠称赞的是《民数记》第35章的一条规定，它允许为非意愿杀人者提供庇护所，而禁止其适用于"重犯"——与之相对比的是，古希腊罗马法更为一视同仁地提供庙宇庇护所。就这一点关联，孟德斯鸠提示道，尽管"据信他们之后有了一座庙宇"，但在摩西律法时期，"犹太人只有流动的帐篷，不断地迁徙驻地；因此，说它是一个庇护所，就是无稽之谈"。而在同一节的不远之前，孟德斯鸠宣称，"没有庙宇的民族对自己的宗教没什么依恋"——在此，他给出的例证是游牧的鞑靼人以及征服罗马帝国的蛮族。在讨论"神职人员"的下一节（25.4），孟德斯鸠称，起初，宗教只是一种"简单的祭仪"，对于这样的宗教，"每个人都可以在自己家里成为祭司（pontiff）"；然而，

> 想要取悦神明的自然欲望使得祭礼变得繁复：这就导致忙于耕种的平民没有能力再执行所有礼仪，并且完成所有的细节。一些特选的地方被献给神明；因此，就有必要在那里设立神职人员来照看它们……那些被献给神的人应当得到

尊荣,对于某些民族来说尤其如此;他们为自己设定了某种关于肉体洁净的观念,认为肉体的洁净需要一些特定的做法,而且要接近诸神最喜爱的地方,肉体的洁净是必需的。因为对神的祭拜需要持续的关注,于是,大多数民族就让祭司发展为独立的团体。因此,在埃及人、犹太人以及波斯人中,就有某些家族被献给神;他们代代相传,进行服侍。①

我们考察的上述段落为我们描述了一个多少有些粗野的原始共和政体,它产生自一个由逃亡者(这些最初的游牧民后来定居于他们征服的土地之上)组成的部落联盟。这些段落展现出一种正在演进的希伯来律法精神。然而,这一精神却有悖于另一组对犹太律法的引述所展现的极为不同的图景。另一番不同的描画始于对《圣经》的第一次也是最为显著的引用(我们已然对此予以注意),那里孟德斯鸠征引了《以斯帖记》。而后,在论"自由是法律的最佳目的"的这一章,孟德斯鸠评论道,"宗教"作为"犹太律法"的"特殊目的",使之有别于所有其他法律(11.5)。随后一章的主题是公民自由。在其中,有一节的标题出现了"启示"(revelation)一词,这是《论法的精神》全书中的唯一一例(12.17)。在这一节,孟德斯鸠引用了《申命记》(*Deuteronomy*)中的法条。它规定,如果"有如我们自己的灵魂"的最亲近的家属秘密地(即,没有任何见证者)说,"我们不如去侍奉别的神",那么,我们就要谴责他,并且带头用石头砸死他。孟德斯鸠毫不隐讳地对此作了评论,他将这条法律视为非理性的恶法,认为就其无视家庭的隐私

---

① 在题为"论法律应对神职人员的财富设定的限制"的下一节(25.5)中,孟德斯鸠感叹道,在基督教欧洲,"我们保留了《利未记》中关于神职人员财产的一些规定,可唯独没有保留那些限制他们财产的规定;实际上,我们一直忽略了什么是一个宗教团体获取财富时不得超过的界限"。

和安全而言，它是专制政体精神的极端展现。①

在第 26 章第 7 节，其主题是各种法律的不同规定之间的关系，孟德斯鸠提出，"宗教的戒律"不应指导那些受"自然法"的规定管辖的问题。而他用以说明问题的是安息日法规的"愚蠢"：这条法律"命令犹太人"，"如果敌人选择这一天发动攻击，禁止国族进行自卫"。"谁能不知道，"孟德斯鸠告诫道，"自然的防卫高于任何戒律的命令？"②

犹太人的法律体系以一种极为矛盾的方式混合了两种政体——它在一种简陋的甚至类似罗马的原始共和政体(proto-republicanism)之上叠加了一种极端的、非理性的、以上帝为中心的专制政体。如果我们费心去琢磨推动这一法律体系的可能的基本精神，那么，我们迟早会注意到孟德斯鸠就他所引用的唯一一则圣经上帝的原话所作的评论。这一评论以赞许(favorable)的口吻说出：

> 当神圣智慧对犹太民族说——"我给予你们的训诫并不好"(《以西结书》20：25)，这表明这些训诫只有相对的善；这句话有如海绵(sponge)，可以抹去人们就摩西律法所提出的一切困难。(19.21，强调后加)

孟德斯鸠由此邀请我们设想，如何使用这块"海绵"抹去我们在试图理解其对犹太律法的矛盾描述时所遇到的"一切困难"。

---

① 这条法律即使是在专制政体下也非常极端，这在孟德斯鸠之后(25.15)所作的评论中体现出来："除了穆斯林以外，东方所有的民族都认为各种宗教的差异无足轻重。如果他们害怕设立另一种宗教，不过是因为[它意味着]政体的变革。"

② 然而随后，在同一章中，在他对犹太律法的最后一次重要论及中(26.14)，孟德斯鸠通过表明摩西律法如何理性地表达调控乱伦的"自然法"的"不可变易"，"解释了"摩西律法准许姻亲(in-laws)间通婚的条文。

　　圣经律法与记录在圣经中的故事一样,应相对于或基于那一为其所制定的政治社会(它们之被视为可理解的表达,乃是相对于这一社会而言的)来阅读,这样才能显出其"道理"与"益处"。然而,孟德斯鸠所展示的圣经律法却表现出一种根本的冲突:一种推崇简单自由的原初精神与一种后来出现的、卑小的、有着宗教狂热的奴役精神相冲突。因此,我们看到的圣经乃是对这样一个社会及其法律体系的记录——它在演进中造就了圣经信仰所表达的那种扭曲的精神。如果我们在这一解经学的指导下,回到最初两次对圣经耐人寻味的引述,即第 3 章第 10 节与第 5 章第 5 节,那么在回顾中,我们将发现下述隐含论点的根基:这一民族原本是独立的,甚至带有一定程度和形态(在东方气候允许的范围内)的共和主义,但自从被囚亚述(Assyrian captivity),这一民族的法律精神发生了一次严重的堕落。我们看到的圣经文本可视为对这一国族蜕化的长期记录。希伯来人起初是一个相当粗野而自由的游牧民族,他们(与罗马人一样)发迹于由逃亡奴隶与盗匪构成的部落支派的联合。在征服迦南之后,这一部落联盟曾一度生活于一个半等主义的农业社会。然而,这一社会最终相继被亚述、巴比伦−波斯的专制帝国征服,并随之在他们的战车下四分五裂。这个被征服的国族为了可以作为一个民族存活下去,就开始追随自己的祭司,接受了一种想象的宗教。这一宗教完全献身于这样一位神祇:他要求人们"勇于受奴役",并允诺回报以一场慰人的最终正名(vindication,关于此,《以斯帖记》昭示了潜在希望的达成——另参《波斯人信札》第 119 封信)。

　　关于这一在《论法的精神》中暗中展开的渎神假说,我们可以在一篇未出版的(夏克尔顿称之为《论法的精神》的"思想库")文章中找到更为明确的证据。这篇文章写就于孟德斯鸠创作其鸿

篇巨制的某些年：①

　　道德因素相较物理因素更能塑造一个国族的普遍性格，并决定其精神的品质。关于这一点，我们可以在犹太人身上找到重要的证明。犹太人散布于世界各地，在所有时代、所有国家抚育生养，出现过为数众多的作家。在这些作家里，我们很难找出两个有常识的人……在这一堆写作的拉比里，没有一人的天赋不是卑琐的。这出自一个自然的原因：从亚述返回的犹太人几乎与那些被从阿尔及利亚遣送过来、曾被游街示众的俘虏无异，只不过他们更加粗野，因为他们与他们的父辈一样都生而为奴。尽管他们对自己的圣典有着无限的崇敬，但是他们对圣典的理解少得可怜；写作这些圣典的语言他们几乎不通；他们有的只是关于上帝曾为护佑其父辈而施行伟大奇迹的圣传（traditions）。无知是圣传之母，也就是说是那些流行的、奇迹般的圣传之母，无知创造了新的圣传；这些圣传自产生以来就具有一种精神品质，正是这种精神制造了它们，并且它们继续沾染上它们所经历的各种精神的印迹。那些学者，也就是那些满脑子都是这些粗陋传说的人将圣传收集起来。由于所有国族的第一批作者，无论好坏，总是享有无尽的声誉，因为他们总是在一段时期内高于那些阅读它们的人，所以，这些最初的、可悲的作品就被犹太

---

① 《论影响精神与品质的原因》（"Essay on the Causes Which Can Affect the Spirits and the Characters", OC 2.60-61）；见夏克尔顿，《孟德斯鸠》，第314-315页，他补充说，"这篇短小的作品在孟德斯鸠的思想中有着举足轻重的地位"。在我引用的文句后，孟德斯鸠立即作了如下补充，这一补充带有审慎的辩护意味，且有些许含混："我说的并不是被掳之后写就的神圣篇章；这些篇章的品味不同于拉比的创作。它们是被神圣地激发的，而且即使并非如此，在这些纯然历史性的作品中，那些作者也几乎不可能插入任何自己的东西。"比较在《社会契约论》4.8"公民宗教"一节中，卢梭对犹太人及其神的观念的演进的解读。

人当成了完美典范。他们在这些作品的基础上形成了自己
的品味与气质，并且自此以后始终如此。

孟德斯鸠的隐秘断言是，他已经通过科学的政治心理学充分
地解释了人类对圣经中上帝的幻想体验之源起。不过，这一断言
的基础奠定在对希伯来圣经及其传达的一切所作的一种彻底的
还原式（reductive）解读。孟德斯鸠的政治科学不关心也听不到人
类对救赎性的精神净化的渴求——这种净化通过被神圣地激发
的公义与爱而达成，在大卫的诗篇与戏剧中，在先知们殷切的责
难与允诺中，在基督的山上宝训中，我们都能找到这种公义与爱
的表达。孟德斯鸠不会严肃地考虑这样的可能性——在经文的
这些段落里，在他们发出的渴求以及他们对之所作的回应中，我
们可以发现理解人心的关键钥匙，以及人心对神的指向性（direct-
edness）。

将上述假说应用于伊斯兰教

对伊斯兰教历史的阐述，集中出现于《论法的精神》后面的几
章。从这些论述中，我们可以拼凑出孟德斯鸠对基督教的这一强
大敌手的起源的解释。正是在孟德斯鸠为我们提供了关于圣经
宗教的希伯来源头的思考材料之后，我们才开始急切地搜寻对于
伊斯兰教的考察（尤其见 3.10）。简言之，我们可以说，孟德斯鸠
在伊斯兰教中看到了对上帝以及神法的再造。这一上帝与神法
原本由犹太人所发明，伊斯兰教将它们改造为一种新形式。它之
所以一开始就能成燎原之势，是因为它点燃了一个原本和平安
宁，甚至从事商贸的民族的想象力。

在孟德斯鸠对穆罕默德的成就所作的一个最为重要的评判
里，他说道，罗马的历史学家们的证言表明，他们发现"阿拉伯诸

民族"都是"闲散、和平而不尚武的"。在加鲁斯(Aelius Gallus)的统领下,罗马人试图征服他们。尽管阿拉伯人的军事力量弱小得可怜,可是各种天灾人祸盖过了战斗本身,这一企图最终流于失败。然而,在尚武的帕提亚人(Parthians)与罗马人的威逼之下,阿拉伯人最终还是被迫屈从,相继沦为二者的附属。正是从背负起这段屈辱的历史开始,阿拉伯人才在穆罕默德的召唤下,带着复仇的怒火,响应一种新的专制政体类型:

> 自然原本命定阿拉伯人从事商业,她没有命定他们打仗;然而,当这些温和的民族发现他们与帕提亚人和罗马人为邻时,他们已经相继成为二者的附属。加鲁斯发现他们是一个经商的民族:穆罕默德则发现他们是战士;他赋予阿拉伯人以激情——瞧,他们成了征服者!(21.16)

*   *   *

> 当一种理智的(intellectual)宗教额外为我们提供这样一些观念:神的选民、信教者与不信者截然有别,它就会让我们对这种宗教大为依恋。如果既没有偶像崇拜者,也没有基督徒,伊斯兰教徒就不可能成为这么好的穆斯林。偶像崇拜的民族使穆斯林认为他们是上帝的统一性的复仇者;而基督徒则让他们以为,自己才是上帝偏爱的对象。(25.2)

然而,下述事实仅仅部分地解释了伊斯兰教的吸引力,即,伊斯兰教的律法所包含的规则能够使信徒很好地适应,并使这些信徒能够在蛮横专制且骄奢淫逸的近东地区共享统治(尤见13.16;14.10;16.2、7、12;24.3、17)。在孟德斯鸠的理解中,界定伊斯兰教精的更为重要的因素在于,这一宗教与犹太教、基督教一样,在其核心始终保持着对专制政体下绵绵不绝的悲惨境况的回应。它们为这种境况提供慰藉,以免人们陷于绝望。在题为"庙宇"的一节中(25.3),孟德斯鸠凸显了穆斯林对清真寺的依恋,以及对他们而言去至圣之地麦加朝圣的重要性——而在此孟德斯鸠刚刚作了如下的一般性反思:

> 事实上,对人类而言,还有哪里会比这种地方更令人宽慰呢? 在这里,他们可以更为强烈地感受到神的临在;在这里,他们可以将其弱小与不幸尽情宣露……神明是不幸者的避难所。

而在前一节中,孟德斯鸠曾有言:

> 与礼仪较少的宗教相比,负担更多礼仪的宗教更能拴住人心:人对于自己持续从事的事业往往非常关心;看看穆斯林与犹太人的那种顽固不化吧……庙宇与神职人员的财富能够强烈地触动我们。因此,不同民族的不幸本身就是一种将他们引向宗教的动因,而这些宗教实则是那些造成这种不幸的人的挡箭牌。

伊斯兰教之所以能为其信众提供独为强大的慰藉,是因为它给他们提供了一种救赎的希望;而要获得这种救赎,需要艰苦而自我牺牲地超越对此世富足与野心抱负的要求:

> 穆斯林因习惯而有了思辨性;他们一天祷告五次,而且每次都要求他们将与此世有关的一切抛诸脑后,以便投入这一活动:这塑造了他们的思辨性。除此之外,另一原因是他们对所有事物都持冷漠态度,这是天意已定的教条所导致的。
> 此外,如果还有其他因素促使他们脱离此世,例如苛政

或者有关土地所有权的法律,使得这一精神岌岌可危,那么一切就都完了。①

针对基督教再述同一假说

只有在对所有形式的基督教(包括新教与天主教)作专门讨论时,孟德斯鸠才最终敢于更清楚地阐明他的一般假说:

> 在一个国家内诞生并形塑自身的宗教,通常会紧跟这个国家的政府体制:因为无论是接受这一宗教的人还是传播这一宗教的人,除去他们出生的这一国家外,他们对其他规制(regulation)的理念所知甚少。(24.5)

如果我们反思这一观点对原始基督教意味着什么,那么我们就能理解孟德斯鸠将皇帝图密善(Domitian)作为首个暴君的历史例证(回想3.9)这一做法的宗教意涵。众所周知,图密善因为迫害基督徒以及犹太人而臭名远扬。他向他们征收一种压迫性的特殊税款,"毫无仁念"。② 孟德斯鸠不动声色地提醒我们,基督教乃是作为一种简单宗教(cult)而发迹的,它所由源起的民族作为罗马专制政体的受害者,经受过极度恐怖的处境。

---

① 24.11;另见《波斯人信札》第119封信,以及《思考录》第2186条(OC 1.1568):
"穆斯林每天都会看到这样一些例子——十分出乎意料的事件、十分不同寻常的事实以及任意武断的权力所导致的各种后果,所以,他们一定会自然而然地倾向于相信关于天命难违的教义,相信天命主导一切。"

② 孟德斯鸠引证了苏埃托尼乌斯(Suetonius)的《罗马十二帝王传》(Lives of the Twelve Caesars),"图密善":参12—13章;圣奥古斯丁认为,图密善是那些迫害过基督徒的罗马帝王中"最为残暴的"君主(《上帝之城》5.21;另参18.52)。在此,值得注意的是,图密善在神化帝王方面也最为极端:用苏埃托尼乌斯的话说,"'主人神'(the Lord God)成了他的惯常头衔,无论在书写中还是交谈中"。

不过,犹太人和基督徒遭受的迫害,与所有人在罗马人的铁蹄下经受的长期政治磨难相比,仅仅是程度上的差别而已。首先登场的是罗马共和国,它"严酷而暴虐的政府"建立起一个极端的"专制政体",统治着除罗马公民之外的整个世界:

> 在罗马世界,正如在斯巴达,自由民享有极度的自由,奴隶则遭受极度的奴役。(12.19,21.14;另参 10.3)①

这个巨大躯体的统一依靠的是欧洲、亚洲和非洲诸民族的软弱,以及统治民族的僭政(21.15)。罗马共和治下的奴役是如此损毁人心,以至于那些惨遭践踏、原本自由的帝国臣民事实上欢迎皇帝们的出现,乐见这些皇帝对罗马公民的奴役。他们将之视为一种相对的解脱,"在诸行省看来,罗马丧失自由之日,就是它们自己建立自由时代之时"(12.19)。②

孟德斯鸠强调,基督教扎根其中的世界,乃是一个遭受普遍奴役的世界,是一个公民退化的世界(Schaub,《爱欲的自由主义》,63)。普通民众的政治和社会处境备受贬损,基督教通过为他们提供一种精神逃离和慰藉,赢得了他们的心。③ 上层阶级同样被基督教俘获,一个重要原因是,在古希腊罗马的诸哲学宗派影响下,一种否定此世的弃世精神已经在堕落的精英阶层中广为流布,基督教则顺水推舟。到了君士坦丁(Constantine)时代,

> 诸哲学宗派已经将一种从公共事务中抽身的风气带进帝国。这种风气在共和时期是不可能达到这种程度的。那

---

① ［译注］此处 12.19 应为 11.19。

② 同上。

③ 《思考录》第 307 条(OC 2.1072):"被解放的奴隶。一群新的乞丐,他们本不属于那里。这就是催生基督教的那场革命。"

时,所有人都投身于战争与和平的技艺。由这一风气产生了一种至善境界与沉思的生活密不可分的想法;此外,这一风气也导致逃离关照家庭及其负担的想法。在哲学之后出现的基督教,可以说把前者所准备好的思想固定了下来。(23.21, p. 705)

当然,在君士坦丁治下,基督教最终成了专制政体的官方宗教手段——而教会则发挥着宗教在专制政体下的典型作用:支持但同时限制皇帝的统治。此后,

> 基督教将其特性赋予法律体系(jurisprudence),因为帝国始终与教士保持着某种关系。我们可以在狄奥多西(Theodosian)法典中看到这一点。这部法典只不过是几位信奉基督教的皇帝的法令汇编而已。(23.21)

基督教官方地位的确立,与东方专制政体的习俗日益占据主导携手并进,尽管这些习俗从未占据完全或绝对的主导地位:在狄奥多西之后,孟德斯鸠注意到,那些待妇女如"自由人"的"习俗已经发生变化"。

> 东方的习惯取代了欧洲的习惯。据历史记载,查士丁尼(Justinian)的第二个妻子,也即皇后,曾遭到她的首席太监威胁,说要像惩罚学童那样惩罚她。(19.26)

孟德斯鸠关注到修院的慈善传统。这一传统曾在教会的历史中有着相当重要的作用:

> 修士——一个懒惰的团体,而且它还助长了其他人的懒

惰,因为他们对好客精神的践行带来了数不清的游手好闲的人,既有绅士,也有市侩;这些人在一个又一个修道院间奔走,并以此度过一生。(23.29)

孟德斯鸠提出,修道院制度,

　　起源于东方的炎热国度,那里的人更倾向于沉思而非行动。在亚洲,苦行僧或僧侣的数量,似乎随气候的炎热程度而增长;因为酷热难当,印度地区僧侣人满为患:同样的差异也可以见诸欧洲。

　　要想战胜气候导致的怠惰,法律应当设法取缔所有可以不劳而获的手段;但是在欧洲南部,他们却与此背道而驰:他们为那些向往悠闲的人提供了适于过沉思生活的地方,还赋予他们巨大的财富。这些生活在丰裕之中的人,实则以丰裕为负担,于是,他们就有理由把自己的富余分给下层人民:后者丧失了土地的所有权,所以,僧侣们就让他们安享怠惰,并以此作为补偿;人民则开始喜欢上自己的悲惨境地。(14.7;另参7.6)

孟德斯鸠看到,基督教关怀彼世的慈善戒律带来了物质条件恶化的后果。这一戒律也表现在教会对有息贷款的谴责上——教会认为这犯了不仁的"掠夺"之罪。孟德斯鸠写道,这是基督教和伊斯兰教共有的一种宗教立法形式,正是它毁坏了欧洲与亚洲的商业和商业精神。①

在讨论人口增长问题的第 23 章(此章是通向讨论宗教的第 6

---

① 21.20,22.19-22;在他的《辩护》一文中(2.1151-1160),孟德斯鸠不得不对下述问题作出辩解:审查者认为,他企图放宽基督教关于有息贷款的禁令。

部分的过渡），孟德斯鸠尤其关注那些他认为教会在家庭方面所提倡的极为有害的关注彼世、否定生命的教诲。"教会的神父们谴责"那些更为古老、意在促进生育的罗马法律；在这么做时，"他们对彼岸事物的热情固然可嘉，但对此世的事务却缺乏了解"。孟德斯鸠引用了教会史家索佐梅诺斯（Sozomen）对早前罗马帝国法律的批评，作为基督教精神在此方面的例证。针对早前帝国的法律意图强化父亲的责任和家庭的纽带，这位虔诚的史家抱怨道：

> 这样一些法律被制定出来，就好像说人类的繁衍增长可以被我们的意图所左右，而没有看到人口数量的增减遵循神意（Providence）的秩序。

孟德斯鸠评论道，

> 宗教原则曾对人类的繁衍有过极其重大的影响：有时它们起到激励作用，这见诸犹太人、穆斯林、袄教徒和中国人；有时它们起打击作用，这见诸成为基督徒的罗马人。（23.21）

原本"异教徒罗马人根据婚姻以及子女的数量规定特权和荣誉"，基督徒"却不停地宣扬节欲（continence）——这意味着，一种德性之所以更为完善，乃是因为就其性质而言，它只应由极少数人实践"。孟德斯鸠作了一个更为普遍的判断："如果独身享有优越地位，那么婚姻自然就失去了荣耀。"（23.21）孟德斯鸠随即基于类似的立场提出异议，并且举了大量实例：

> "当基督教诞生时，新的律法也随之而生"——

它们规定了夫妻的角色，配偶的法定离异，离婚与婚姻的解

除,通奸以及其他罪行

　　——"这些法律对风尚普遍良善的关注少于对婚姻神圣
性的关注;它们在考虑两性结合时,更多把它放在精神之国,
而非放在世俗之国。"(26.9;另参 26.8 以及 16.5)

[原注]正如《波斯人信札》(尤见第 112、114、117 封信)所清楚表明的,
孟德斯鸠认为自己时代的欧洲正在遭遇一场可怕而持久的人口减少的浪
潮,其中最为重要的原因正是基督教谴责离婚、支持独身("这种对节欲的宣
誓[profession],比瘟疫和最血腥的战争消灭的人还要多。"——第 117 封信;
更完整的讨论,参 Schaub,《爱欲的自由主义》,第 4 章)。在《论法的精神》
中,孟德斯鸠说得更为谨慎,因此也更为模糊。他将人口减少的危机归根于
欧洲"被宗教从世界的其余部分分离开来",这一宗教导致"教士相较世人有
着过度的权势",尤其在土地所有权方面:他建议,在这一状况下,应该学习
古罗马促进生育的法律,其中涉及排除教士、对土地进行激进的重新分配
(23.25-28;另参《思考录》,第 2053-2059 条,OC 1.1529-1535)。孟德斯鸠
原本就人口减少这一危机还写了另外三节,题为"在其他时代诸民族的损耗
更为罕见";"因宗教原因而导致的诸民族损耗";"对基督教和穆罕默德教
的热情如何具有破坏性";但是,他审慎地将这几节从《论法的精神》最后的
稿样中撤回了,其文本见 Masson 编,3.618-619。

　　孟德斯鸠记述了罗马专制政体的基督教化所导致的人性扭
曲。他一方面指引我们回到过去那些不那么反常的、前基督教的
古希腊罗马共和国;另一方面,他也向我们指明此后那些后专制
主义的、已被驯化但仍信奉基督教的君主国(它们诞生于神圣罗
马帝国的废墟之上)。孟德斯鸠由此促使我们反思,宗教性(reli-
giosity)在这些非专制类型的公民社会中所具有的极为不同的地
位和性质。现在,我们应当着手这一反思,看看孟德斯鸠究竟如
何通过描述宗教性在那些政体生活所塑造的人类灵魂中的地位
与性质,来进一步证明他的神学假说的正确性。

第三章 共和制与君主制的神学意涵

正如对专制政体及其原则的分析,向我们揭示了人性如何遭受宗教方面的病变(pathology);考察对宽和政体及其原则的分析,可以帮助我们发现人性如何能够获得宗教方面的健康。在宽和政体的原则中,最为突出的是令人肃然起敬的德性,它推动了民主政体。然而,孟德斯鸠所说的"德性",其确切的含义究竟是什么?在《论法的精神》第一页的"作者声明"中,孟德斯鸠提醒自己的读者,如果想要紧跟他对德性的分析,那么他们就必须把继承来的德性概念抛诸脑后。那种德性概念与"一种伦理德性"或"一种基督教德性"相连,而孟德斯鸠宣称,"我有了一些新观念","所以非常有必要寻找一些新词,或者赋予一些旧词以新义"。

不过,孟德斯鸠在将自己的读者引向这些"新观念"之前,让他们经历了一番困难险阻。孟德斯鸠拖延了相当长的时间,才最终交待他所谓的德性是什么。而他的德性意涵也相当丰富。① 在

---

① "必须承认,"编者 Brethe de la Gresaye 说(1.4-5),"孟德斯鸠的政治德性概念模糊不清,他在不同地方用不同的话语对之作了定义。而且,这一德性有时与伦理德性相混淆,尽管他否认这一指控"。不过编者承认,的确"在此产生了新观念"。但孟德斯鸠只是"用只言片语逐步展开它,它并非一目了然"。

专用于介绍"民主政体原则"的那一节(3.3),孟德斯鸠有意回避对他所谓的"德性"进行解释或定义。与此同时,他却对德性大加颂扬,并对邪恶或者邪恶的追求(这些德性的反面)加以挞伐——它们包括"野心""派系精神""制造业、商业、财政、财富和奢侈""贪婪"或"占有欲""掠夺公共财库""放纵"(license)、"奴役""废除军备"和"逸乐"(3.3)。因此,孟德斯鸠开始时有意诱使那些粗心的读者认为,他对古典德性的定义与传统的理解可能并没有什么大的差别,或者没有什么重要的区分。不过由此,他也把一个疑难摆在了那些严苛的读者面前。孟德斯鸠迫使他们好奇,究竟是什么让他如此确信,自己对古典共和主义精神的理解是全新的;以及为什么他在标榜自己的创见之后,又希望或需要对之含糊其辞?他的新阐释究竟有什么大胆的或惊世骇俗的面向与意涵,以至于需要为它戴上(撩人的)面纱?孟德斯鸠促使那些被这些问题迷住的读者,去比较他对古典共和政体及其德性的论述与古典(苏格拉底式的)理论家的文本中的相关论述。只有对这一比较以及由此浮现的深刻差异进行思索,我们才能慢慢看清,孟德斯鸠对古典世界的戏剧性(并且富有争议的)重释的完整轮廓,尤其是它的神学意涵。

孟德斯鸠对古典政治理论最为明显的偏离在于,他用彻底的民主制话语来构想古典共和政体的最佳形态。这一话语是非贵族制的,甚至反贵族制的。在《论法的精神》中,"贵族制"作为一种较差甚至有缺陷的共和政体形式而出现。贵族制的"性质"奠基于"建立最令人不悦的等差"(2.3);贵族制的"原则"则在于"一种层次较低的德性,也就是某种节制(moderation)",这一节制针对"贵族,他们在那里形成一个集团,出于自身利益,用特权压迫民众"(3.4;另参4.5)。亚里士多德以及其他古典理论家将寡头制和贵族制的性质差别视为基本的区分,孟德斯鸠则拒绝承认这一区分的有效性。他鲜有论及古典政治哲学伟大的实践事业

(project)，即它追求一种折中的"混合政体"，将民主制与寡头制、贵族制的关键要素相混合，也就是亚里士多德所称的"共和政体"（polity）（参 11.11 结尾）。与古典理论家相左，孟德斯鸠事实上主张应当根据一种朝向民主与公民间平等状态的持久渴望与动力，来理解共和制在现实中所能达到的最佳政治生活。

　　然而，这根本不意味着，孟德斯鸠颂扬的民主政体不被一些关键的混合因素缓和，古典派（有时孟德斯鸠本人）称这些因素为"贵族制"。实际上，孟德斯鸠描述的完善的民主制，在细节上（2.2）与亚里士多德标举的良好的混合政体极为相像。不过，这种相像却使这一事实令人更为惊异——孟德斯鸠并不认为那一模板得到了"良好的混合"：关键在于，他并不认为一个健康的共和国的原则，即德性，凭借另一种更高的独立原则，对民主制献身于自由状态下的平等的原则形成了制衡。另一种更高的原则所传达的是献身于不平等的、根本上超政治的个体德性。这种献身体现在"绅士"身上：这些骄傲的 kaloskagathos［既美且好的人］，他们展现出高贵或美尚的（kalon）伦理德性，这包含但超越那种致力于自由状态下的公民平等的公共服务。与此相反，对孟德斯鸠而言，

　　　　在共和国中，爱平等将雄心限定在唯一一种热望、唯一一种幸福，那就是在为父邦服务这一点上超过其他公民。所有公民为国家提供的服务不可能相等；但是，每个公民应该平等地为国家服务。自出生起，公民就向父邦欠下巨债，永远不可能清偿。
　　　　因此，共和国中的等差就源自平等原则，甚至当平等看似被幸福的功业或更高的天赋移除时亦是如此。（5.3）

的确，在民主政体中不可避免会形成一个更高的阶层，他们

有着更高的"自足性",更丰富的政治经验以及过人的天赋。但是,这一"团体"需要借由"一种高尚的德性"来"克制自己"——这种德性"使贵族认识到自己在某种意义上与他们的民众平等——这可以造就一个伟大的共和国"(3.4)。

换言之,关键的差别在于:孟德斯鸠不再从更高的古典标准的视角(即"纯粹的最佳政体"的视角)出发,来看待古典共和德性,鉴于最佳政体下繁荣的理智生活,即使是混合政体及其"德性",也远远无法满足人之为理性动物所赋有的最深切渴求。孟德斯鸠借以评价共和政体的人性标准,乃是次政治的(subpolitical)、次理性的(subintellectual),而非超政治的、理性的:自然设定的标准乃是自然状态下的平等与自由,这种自然状态的特点是焦虑不安的个体主义、渴求安全与近乎兽性。这一标准最终将古典城邦及其德性置于成问题的境地,对此,我们会在下一节专门探讨。现在需要强调的是,孟德斯鸠关于德性的新奇教诲隐含着一个重大而富有争议的论点:对古典政治生活及其德性的最好理解,乃是看到它并不指向或要求任何超公民的(transcivic)完善——无论这种完善是通过哲学的沉思生活,抑或通过一种圣经式的(biblical)虔敬来达成。

在第四章讨论共和国教育的一节里(4.5),孟德斯鸠终于就德性提出了一个备选定义。他说,"我们可以把这一德性定义为爱法律和爱父邦"。他补充道,这是一种"始终要求将公共利益置于自身利益之上的爱"。而这种"对民主政体的爱"植根于集体所有制下强烈的参与感。孟德斯鸠提示我们,德性作为一种对自身财产的政治性的爱,类似于君主对自己王国(君主视之为己有)的爱——而且(更令人震惊的是),它也与专制者对其专制统治的爱相似。对法律以及父邦的"这种爱"之所以"在民主政体中独为强大",原因在于"没人听说过君主不爱君主制,或专制者痛恨专制政体"。德性之为"爱平等"(5.3),其第一要义乃是热爱一种平等享有政府所有权的感觉(sense)。尽管我们设想，对平等享有政府所有权的爱必然会在一定程度上扩展或转化为对同胞公民(整个公共团体，如果不是个体的话)的强烈情感，但是孟德斯鸠事实上并没有这么说。不同于卢梭，孟德斯鸠在讨论德性以及民主政体下的公民生活时，并没有将"友爱"(fraternity)或对同胞公民的爱作为主题。

不过，古典共和政体的德性仍然特别强调"自我牺牲"。当我们了解个体热情地将其首要目标等同于全体公民(即共同所有者之团体)的善好意味着什么时，这一要求的具体含义就变得更为清楚了——这种等同预设并且要求一种通过法律强制推行的经济平等，它建立在排斥占有欲的"爱节俭"之上，也就是建立在"简单而艰苦的生活方式"之上。此外，平等的政治参与还要求一种文化同质性，它植根于那些表达精神与情感一致性的强大风俗："每个人应当有同样的幸福、同样的好处，在那里品尝同样的快感，并形成同样的希望。"

作此理解的德性将盛行于这样一些公民之中——他们的个人天赋与理智如同他们的财富一样"平庸"(mediocre)："个人的明智与幸福很大程度上就在于他们天赋与财富的平庸。一个以其法律培养出众多平庸之辈的共和国，如果由明智的人组成，那么，他们就会明智地统治自己；如果它由幸福的人组成，那么，这个共和国肯定会相当幸福。"因此，"野心在共和国里是有害的"；"当美德沦落时，野心便侵入那些能接受它的人的心中"(3.3、7；4.5；5.2-4、6、7)。

因此，德性定然不是算计(calculation)的产物，也不是出于有着自我意识的反思：

> 德性在共和国里是一种非常简单的东西：它就是爱共和国。这是一种情感，而不是认知的结果；下至国家的底层，上

至头等人,都可以怀有这种情感。①

孟德斯鸠由此表明,在共和国公民的想象中,共和制"父邦"必然要求达到这样的地位——将国家的利益提升到个体公民的利益总和之上:也就是说,"父邦"要求一种(我们受诱称之为)类宗教性的献身。最后,孟德斯鸠甚至宣称,在共和国中,"公民生活、行动、思想都应当是为了父邦,除此之外别无他求";"德性要求公民不断为国家做出牺牲,既牺牲自己,也牺牲自己的不满(repugnancies)"(5.19)。但是,不同于修昔底德的伯利克里(Pericles),孟德斯鸠没有说公民的爱欲式的希望将因其献身于青史不泯的雅典之荣誉而分有不朽。孟德斯鸠拒斥了亚里士多德在《政治学》和《尼各马可伦理学》中持守的对"公民德性"(civic virtue)的著名解释——公民德性本质上指向自身之外的事物,指向一种贵族性的"伦理德性"(moral virtue)。这种伦理德性以作为守法之正当(lawful righteousness)的正义为核心,投身于对公民同胞的精神良善的关注;它在一种恢弘大气(magnificent)、胸怀广阔(magnanimous)的自我欣赏(self-admiration)中臻于顶点。然而,这种自我欣赏仍不过是哲人自足的理智德性的一种预表(adumbration)。理智德性被认为反映着并在某种意义上分有着神性,因此也反映并分有着永恒。孟德斯鸠实际上提出,古典城邦中展示出来的德性,恰当地说来,所指向的不曾超出此世的安全、自由以及公民团体(他们一致献身于共有的父邦)的现世荣耀。与古典政治哲人的教导相左,孟德斯鸠坚信,真实的古典共和生活提供了令人信服的证据,证明人性一旦从备受扭曲的压迫中解脱,就不再需要超尘世(ultramundane)或超政治的慰藉,也不再感受到

① 5.2;另参《罗马盛衰原因论》第四章:"如果某一共和国的人们遵守法律并非出于恐惧,也不是出于理性,而是出于激情,就像罗马和斯巴达那样,那么,就不可能有比它更为强大的共和国了。"

对此的渴求。

共和政体的宗教性

因此,下一点也就不足为怪了:在孟德斯鸠最初对共和德性的展现中,伴随这一德性的宗教始终在背景中隐而不显——尽管他不止一次引证柏拉图的《法义》。① 孟德斯鸠漫不经心地评论道,宗教仪式提供了公开展示"恢弘大气"的场合,而这种"恢弘大气"其实与个体公民的节俭相反相成。② 在第6章第5节,孟德斯鸠写道,"罗马的立法者"为了保护"个体的安全"(即,并非出于任何虔敬的动机),"想要将被定罪公民的财产献给神明;这样一来,人民就不会热衷于没收财产"。几页之后(6.12),孟德斯鸠引用普鲁塔克的话:

> 阿尔戈斯人(Argives)处死了他们的一千五百名公民后,雅典人举行了赎罪献祭,以祈求众神让雅典人的心灵摆脱如此残酷的想法。

关于古代共和国的宗教性,孟德斯鸠最为显著的评论完全是消极的——他强调古典德性与基督宗教区别甚远,尤其在两性道德方面(7.9)。

---

① 第4章第6节极为含混。在此,孟德斯鸠讨论一些由"古希腊人"创立的"独特制度",这些制度意在"激发德性"。柏拉图也包括在这些古希腊人中。"柏拉图的法律"是对莱库古法律的"修正"。"那些想要建立相似制度的人",孟德斯鸠说,"应当建立柏拉图的共和国中的财产共有制",而且"确立他要求的对诸神的敬畏"(强调后加)。

② 5.3;另参7.4。虔敬促进了古人的公民德性,后文中对此的涉及,参9.1注,10.14,12.3结尾,15.18结尾,21.9和12开头,23.19和21,24.2结尾、15、18、24,25.3、7。

直到第 8 章,当孟德斯鸠开始讨论"三种政体原则的腐化",尤其是在讨论共和政体的德性原则的腐化时,共和政体的宗教才最终更加凸显出来。我们也得以看到,在孟德斯鸠看来,宗教在共和国生活中的意义几乎仅在于一点:它可以充当防止公民德性腐化的堤坝或闸门。在描述元老院在一个完善的共和国中所应具有的道德影响时,孟德斯鸠预先提示了共和国宗教这一纯然政治的、消极的或抑制性的作用:

> 如果要建立一个独立的监管道德的永久机构——即元老院,入选其中的资质包括年龄、德性、庄重、功业——那么,这些在公众看来有如诸神之影像的元老们将激发人们的情感,深深影响每一个家庭(5.7,注意:孟德斯鸠这话说得让人觉得,好像在一个健康的共和国里,元老们对人民的道德影响,大过诸神之影像的影响)。

在讨论政体腐化的这一章,孟德斯鸠诉诸李维的权威来支持这一论点(8.13):"与其他民族相比,罗马人在衰亡前维持得最久,他们以节俭和贫困为荣的时间也最长"——他立即补充道,

> 宗教性的誓言在这个民族中威力极大,比任何别的东西都更能让他们遵守法律。为了信守他们的宗教性誓言,他们在许多场合做出了为了光荣和祖国所不能做的事。

孟德斯鸠提点读者注意一个著名的案例:罗马的军事统帅能够利用宗教性誓言诱使民众,甚至令他们做出违背保民官(民众在制度上的派别领袖)的行为。随后,孟德斯鸠作出了一个意味深长的论断:"民众比那些费心领导他们的人更具宗教性。"正如孟德斯鸠在后文中所强调的,在罗马共和国,"掌管占卜"的是贵

族而非祭司。

[原注]11.14;以及11.12,另回看2.4:"教士的权力在共和国中十分危险;但在君主国中,尤其是在滑向专制政体的君主国中,教士的权力却非常适当。"另参《罗马盛衰原因论》,第8章:在民众与元老院的阶级斗争中,"元老院用自己的智慧、公正和它激起的对祖国的爱,用它的善行和对共和国财富的合理分配,用民众对主要家族的光荣和伟大人物的德性的尊敬,以及用宗教本身,用古老的制度,用在卜兆不吉利的借口下废除大众集会的日子,来自卫"。在他早期的(有人会说,青年马基雅维利式的)作品《论罗马人的宗教政策》(孟德斯鸠从未发表这篇文章,他在27岁时将这篇文章呈交给波尔多学院)一文中,孟德斯鸠远为直接且莽撞:"如果宗教崇拜更为合理,理智的人就会像民众中的盲从者一样多;这样一来,任何人都会失去妄图从这种崇拜中取得的特权;其中需要的是各种祭祀,这些祭祀维持着民众的迷信,同时成为其他阶层的计谋;以上就是我们在占卜(divinations)活动中发现的一切。上天的戒律借由首要的元老之口说出,而这些元老本是思想开明(enlightened)的人,他们既知道占卜的荒唐,也知道它的功用。"不过,值得注意的是,孟德斯鸠远远没有将宗教方面的"启蒙"等同于无神论:"虽然统治者没有掉入民众的宗教,但我们不能说他们不信任何宗教。卡德沃思(M. Cudworth)已经证明,异教徒中的开明者崇拜一种更高的神;相较这种神,民众的各种神不过是它的片段影像"(OC 1. 83,87;参88-90,可见罗马宗教的特征乃是"宽容"和"温和",与圣经宗教有别)。

最终,孟德斯鸠以如下格言作结:民众

　　对于违背誓言的恐惧超过其他一切恐惧。罗马如同狂风暴雨中的一艘船只,维持它的是两支锚:宗教和习俗。

[原注]8.13;另参《罗马盛衰原因论》,第9章:罗马的衰落源于"民众不再有同样的统治者、同样的[城邦]城墙、同样的诸神、同样的庙宇、同样的墓茔;人们不再以同样的眼光看待罗马,不再对祖国抱有同样的爱,对罗马的依恋之情也不复曾经"。以及第10章:"宗教永远是人们可以用来维系人的道德的最好保证,但除去这一点,在罗马人当中,还有一点尤为真实,他们将

对宗教的情感掺入了对祖国的爱。"（比较《论法的精神》24.8："宗教，即使是虚假的宗教，乃是人们可以用来维系人的正直的最好保证。"不过，关于古代史家所述的罗马共和公民的虚假虔敬，孟德斯鸠并没有完全接受：参他在16.16对离婚法的讨论。）

　　按照孟德斯鸠对古典经验的解释，在一个健康的共和国中，只要共和原则维持不堕，那么民众从诸神（即他们所畏惧的、也需要畏惧的诸神）那里听到的，将是服务于共和国集体的、现世的安全的戒律。① 借孟德斯鸠的后继者卢梭的话来说，古典共和政体的宗教完全是"公民宗教"。根据孟德斯鸠的类似马基雅维利的解读，古代的共和世界教导我们，一旦人民或人民中的多数以及人民的领袖被赋予政治自由、安全和尊严，并由此从根本上脱离压抑人性的恐惧（它属于或类似于专制政体），那么，教士将鲜有什么独立影响力；进而，可能也不会再有什么受到敬重或瞩目的人，宣称自己经历了什么宗教体验或有了什么宗教意愿——它们会将人引离此世的政治关切，或至少不能显著地加强这些关切。如果"迷信"依然残存，那么，那些所谓的"奇迹"将被明智的立法防范措施限制，并失去效力。

　　[原注]参例如24.15："对古代事物的崇敬、头脑简单或迷信，这些有时会导致人们建立一些秘仪，其中的祭礼可能有伤风化。这样的事情，世界上不乏其例。亚里士多德说，在这种情况下，法律准许家长代表自己的子女和妻子前去神庙参加祭礼。这项政治法律多么值得赞颂！它通过对抗宗教，保存了道德。奥古斯都禁止男女青年参加任何夜间的祭礼，除非有年长的亲属陪同；他恢复牧神（Lupercalian）节后，不希望年轻人裸体奔跑。"

---

① 19.4清楚表明，斯巴达和罗马的宗教都从属于政治德性。另参，尤其是24.2结尾、15、18、24结尾；25.7；有一个例外，见25.3。在《思考录》第588条（OC 1.1080），孟德斯鸠感叹道："古希腊和罗马时代的气象在当今世界已经不复存在。当时的宗教是柔和的，并且永远与自然相契合。"（强调后加）

在孟德斯鸠看来,这正是研究古典共和政体为我们理解宗教经验的真实性质所提供的重大助益。宗教和宗教经验可以变得完全与审慎的、世俗的人类立法相一致,或者完全从属于它(在古典共和政体中,我们找到了历史证据,证明它们确实曾经如此,并且维持数世纪之久);公民团体也因此变得令人钦慕、充满活力、明辨睿智、自足自立。① 我认为,这一神学政治经验正是孟德斯鸠(或许卢梭亦然②)颂扬古代民主政体及其德性的最根本原因。

然而,孟德斯鸠(以及其后的卢梭)在提取这一重大经验的同时,却遮蔽了古希腊罗马宗教性的另一面向。或者说,正是通过这一遮蔽,他才得以提取出上述经验。这一面向是出于对(神秘而可怕但同时也令人欣喜的)神法的虔诚遵守,古希腊罗马的宗教曾号召不惜一切地抵抗政治审慎(civic prudence);与之相伴的是,它持续不断地指出政治家罪恶的肆心(hybris)——他们因过分自信于自己属人的、太属人的实践智慧而变得不可一世。古希腊罗马的宗教经验的这一面向可见诸古典史家的著作,甚至——作为一项重大挑战——也可见诸古典哲人的作品;而伟大的肃剧家们则将它作为自己的主题(在此,只需提及古希腊肃剧中最伟大的男女主角,俄狄浦斯与安提戈涅)。

---

① 这一点是真实的,尽管,或者说恰恰是因为"一种事物越与人的理性相违背,在民众看来它就越神圣"(《论罗马人的宗教政策》,OC 1. 83)。普通的罗马公民不可能完全理性,但他们对非理性或迷信的倾向,并没有被那些有违其公民德性的宗教经验所严重诱导:即便是他们的迷信或非理性,也将他们导向那些世俗理性所支持的行为和信念。

② 在卢梭的友人 Jean Vincent Capperonnier de Gauffecourt 于 1764 年 12 月 9 日写给卢梭的信中,他添上了如下附言:"庭长孟德斯鸠先生曾多次对我说,除了你之外,没有人能够做好(capable de travailler sur)《论法的精神》的研究"(卢梭,《通信全集》[Correspondance complète] 22. 204,第 3728 封)。——Se non è vero, è bene trovato:参 Rahe,《被指控的启蒙》("The Enlightment Indicted")以及《柔性专制》,第 96-100 和 136-140 页(尤见注 51);Launay,《让-雅克·卢梭与他的时代》(Jean-Jacques Rousseau et son temps),第 93-103 页,以及《让-雅克·卢梭:政治作家》(Jean-Jacques Rousseau: Ecrivain politique),第 158-162 页。

[原注]请思考普鲁塔克所描述的全盛时期的罗马共和国法律的宗教精神，当时正值第二次布匿战争；在关于战争与和平的一系列具体案例中，他写道："因此，罗马人将所有实践事务诉诸众神。他们绝不会忽视预言和祖传的仪式，即便由此能在实践事务中取得最大的成功。因为他们相信，相较于战胜敌人，更能拯救城邦的是统治者表现出的对神圣事物的崇敬。"见《马尔策路斯》(*Life of Marcellus*)第 4 章及上下文。

君主政体及其宗教性

在孟德斯鸠对专制政体的最初呈现中，君主政体与之形成了最为尖锐的对比。君主制统治的独特"性质"，由"中间的、从属（与依附）①的各种权力"所"构成"。其中首要的是拥有封地的世袭贵族，即"佩剑贵族"。次之是土地贵族(les seigneurs)，以及教士、本地自治的城市。最后，但绝非不重要的是"穿袍贵族"。"穿袍贵族"（一般通过买官）掌握着司法官职，并由此成为法律的守护者。尽管孟德斯鸠乐意承认"君主是所有政治权力与公民权力的源头"，②不过实际上，上述中间力量（其权力并非由君主的意志赋予，而是有着独立的、传统的、合法的和惯例的根基）对最高权力构成了限制，迫使君主按照"固定和确立的法律"施行统治。

推动君主政体的"原则"是"荣誉"：这是一种全然自私且傲慢的"偏见"，它促使个体严格根据"每个人与每种境况"的传统"等级"，要求公共的"等差"(distinction)与"优先性"(preference)。在等级制下的每个拥有荣耀的阶层里，"人们都被要求品德要高尚，作风要坦诚，举止要礼貌"。荣誉的"首要规则"之一，

---

① "与依附"这几个字是孟德斯鸠在第一版的最后一刻添上的，总共有两处。当时印版原本已经被设定好了，因此在一些已经印刷出来的版本上出现了更改的痕迹（有学者曾认为，这是国家审查者干涉的印迹）。孟德斯鸠为了避免政治审查，轻微修改了他关于君主制的几处论述，这是其中之一。

② 这是孟德斯鸠为了提防审查者，在最后一刻增加的另一句。

乃是"当我们被置于某一等级时,我们就决不能做或者经受任何让人觉得我们配不上这一等级的事"。在荣誉的"世界"里,"判断人们的行为所依据的,不是好坏,而是美丑;不是正义与否,而是伟大与否;不是合理与否,而是非凡与否"。因此,战争"实际上是一项煊赫的事业,因为它的风险、它的胜利甚至它的惨烈都能带来尊荣"。面临危难,傲然自立,勇于抗争——荣誉与此密不可分(3.6-7,4.2,5.12)。

因此,在灵魂学层面上,君主政体的原则与专制政体的原则针锋相对。孟德斯鸠介绍专制政体原则的那一节,题为"荣誉绝非专制国家的原则"(3.8)。"在专制政体中,德性完全没有必要,荣誉则是危险的。"[1] "专制政体怎么可能容许荣誉呢?——荣誉甚至以轻蔑自己的生命为荣";"荣誉又怎么可能容忍专制君主呢?——荣誉有着一定之规,又有坚守这些规则的任性(caprices)"。"荣誉有自己的法律和规则,从不知曲意逢迎";荣誉"依据自己的任性,而不取决于其他任何人"(3.8-9)。这意味着,尽管君主制的"荣誉"因其传统的要求而显得"古怪",但它(与共和制的德性相反)"为激情所认同,反之也支持激情"(4.5)。我们看到,一种无与伦比的华彩在君主制的荣誉世界中完全展现出来,它来自那恢弘大气但或许道德存疑的、相互竞争的人类个体性——他们夸耀自我,甚或说尤其夸耀自己的怪诞癖性。[2] 荣誉的养成教育教导的"德性,施惠于人的成分总是少于自我完善的成分:它们与其说是把我们引向自己的同胞公民,不如

---

[1] 另参 Krause,《差等与不服从的政治》("Politics of Distinction and Disobedience")。

[2] 另参《思考录》,第 69 条(OC 1.993),它是孟德斯鸠写给自己的儿子的。从后来的发展看,他的儿子是法国君主制下的一个小贵族:"高贵的野心如果受到正确的引导,就是一种对社会有用的情感。正如物质世界之维系,不过是在于物质的每一部分都倾向于脱离中心;因此,政治世界之维系自身,也是通过每个人的这种内在的、不安分的欲望,它意图超越他被归置的地位。所有工匠中的最伟大者将此置于我们的灵魂中,如果有某种禁欲的道德想要将之抹除,一定会徒劳无功。"

说是让我们从他们之中脱颖而出"(4.2)。

君主制原则带来的宗教后果是,虔敬——尤其是那种要求谦卑的自我克制的虔敬——成了被嘲笑的对象。正如我们已经看到的,在上述极为关键的小节里,孟德斯鸠解释了宗教法在专制政体中的重要性,并且表明专制政体尤其与圣经宗教有着深刻的亲缘性;也正是在这一节,他表明宗教(尤其是圣经宗教)的律法与君主制原则有着极为不同的关系,进而使得这两种关系形成了尖锐对比:

> 在君主制的宽和国家中,权力受到政体动力的限制;我想说的是荣誉,它就如同君主一样,既主宰王公,也主宰百姓。人们绝不会援引宗教法;如果有人这么做,朝臣会认为此人在向他开玩笑。(3.10)
>
> [原注]另参孟德斯鸠的《思考录》,第 219 条(OC 2.1044):在君主制下,"义务是反思的产物,因此是冷淡的;而荣誉则是鲜活的激情,是自发促动的,而且与所有他者有关联。如果你告诉臣民他们应当服从自己的君主,因为宗教和法律如此规定,那么你会发现人民反应冷淡。但是,如果你告诉他们应当对君主有信,因为他们曾对君主许下诺言,你就会看见他们会激励自己做到。"

同样,荣誉也免疫于基督教带有迫害倾向的狂热:关于荣誉所产生的"宏伟而豪迈的勇气",孟德斯鸠给出的最为光辉的案例是奥尔泰子爵的故事——在圣巴托勒缪之夜来临前,查理九世"下书命令所有省督屠杀胡格诺派新教徒",奥尔泰子爵作为巴约讷的司令,雄辩地拒绝了服从查理九世的命令(4.2)。孟德斯鸠在对君主制教育的讨论中对此作了概述:

> 这种怪异的荣誉做到了依照自己的愿望界定德性,而且

如其所愿：它根据自己的权威，为我们按规定必须做的一切
制定了规则；荣誉依照自己的奇思怪想，扩展或限制了我们
的义务——无论这些义务源于宗教、政治抑或道德。(4.2)

孟德斯鸠表明，基督教与骄傲的君主制的反专制原则相互龃
龉。这正是他的书遭索邦神学院审查的主要原因。索邦神学院
甚至将《论法的精神》定性为"对君主制的怨恨"的展现，因为书
中对君主制原则的描述带有反基督教特征(OC 2.1180-83)。拉
罗什教甫曾抗议道，按照孟德斯鸠对君主制原则的分析，基督
教——因其虔诚地申斥傲慢的虚荣，坚守谦卑的德性——应当被
从所有君主国中赶出去。①

不过，最后的这一批评凸显了孟德斯鸠关于君主制原则及其
与宗教关系的分析中存在的重大疑难。随着我们看到孟德斯鸠
对于君主制及其原则的分析如何帮助支撑起他的基本神学设想，
这一疑难也愈显重大。如果符合人的自然激情的君主制原则与
专制原则——这种专制原则被假定存在于基督教的核心与根
基——如此水火不容，那么，教会为何会在欧洲君主国中占有如
此举足轻重的地位呢？因为在欧洲，基督教的教士阶层显然与贵
族阶层站在一起，甚至与他们打成一片。它们是"构成"君主制之
"本性"的众多特殊且影响广泛的中间权力之一。此外，正如孟德
斯鸠随即强调的(4.4)，教士控制着绝大多数正规的教育机构，尤
其是那些服务于上层阶级青年的机构。那么，孟德斯鸠如何解释
欧洲君主制的这一重大特征呢？根据他关于君主制反基督教的
原则的分析，二者似乎完全矛盾。

---

① 《批判的审查》("Examen critique", Laboulaye 6.122)："有谁会相信，为了完善君
主制统治，需要使国家成员毫无德性、充满虚荣？由此，我们应当在所有君主国中
驱逐基督教。因为，基督教憎恶自负之人；而我们被告知，君主制的重大源泉正是
虚荣和虚假的荣誉。"

孟德斯鸠几乎确切地表明,他发现,教会在欧洲君主国中扮演的角色是根本成问题的。在君主制原则支配的环境下,教会的实际作用并不合理、自然——甚至是"邪恶的"。"最为自然的附属性①中间权力,"孟德斯鸠强调,"是贵族阶层。它在一定意义上构成了君主制的本质。"反之,他称,"我完全没有被神职人员的特权所迷惑。""不过,"孟德斯鸠(以一种自相矛盾的方式)接着说,

> 我希望他们的司法权(jurisdiction)能一劳永逸地固定下来。现在要考虑的不是过去设立这样的司法权是否合理;而是要弄明白,这种司法权是否已经确立起来;它是否已经成为这个国家法律的一部分,以及它是否存在于与法律相关的所有地方;在公认的两种彼此独立的权力之间,是否不应当存在相互支援的情况;以及,是否它并不同样属于一个好臣民捍卫君主司法特权的一部分——或者说,它并不同样属于君主司法特权一直以来为自己设立的诸多限制的一部分。

孟德斯鸠确实承认,在那些专制浪潮日盛的君主国中,教士可以起到堤坝的作用:

> 教士的权力对共和政体而言十分危险,但在君主政体中,尤其在那些滑向专制政体的君主政体中,教士的权力却非常适宜。自从西班牙和葡萄牙失去自己的法度,如果没有这一权力单单来阻挡专断的势力,它们会走向何处呢?**当没有其他任何屏障时,这样的屏障永远是好的。**因为专制政体

---

① "附属性"(subordinate)一词,是在最后时刻被添上第一次印刷版本的。见此节第一个注释。

会给人性带来恐怖的祸害,所以,只要能遏制专制政体,即便
是恶,亦足称善。(2.4,强调后加;另参11.8)

　　不过,关于孟德斯鸠在此所举的具体案例(西班牙与葡萄
牙),我们随后将从他对西哥特人(Visigoths)的法的精神的分析
中得知,这两个君主国的历史精神一直与基督教及其教士的精神
相互纠缠。因此,教士在欧洲君主国中阻遏专制主义的作用根本
上有待澄清;虽然教士遏制了专制主义的倾向,但是我们可以推
测,被遏制的这一倾向本身正是从遏制它的这一宗教及其教士中
汲取灵感的。孟德斯鸠反复提示,法兰西面临的最为重大的专制
主义威胁之一,正是精英逐渐被黎塞留(Richelieu,这个教会伟大
的枢机主教或王者)的榜样和教诲所迷惑的倾向:"专制主义若非
在此公心中,就必定在他脑中。"[1] 而且,为了防止有人认为黎塞
留的政治举措与他所受的基督教教育毫无关系,孟德斯鸠指出了
黎塞留(乍看起来非常像马基雅维利主义)的政治教诲中如下的
基督教-亚里士多德主义面向(见黎塞留著名的《临终遗嘱》):

　　　　枢机主教黎塞留可能发觉自己在贬损国家的各个等级
　　(orders)方面过了头,为了维持国家,他求助于君主及其臣属
　　的美德。不过,他对他们的要求太多了;事实上,只有天使才
　　可能拥有那么多的专注,那么多的智慧,那么多的坚定,那么
　　多的知识。我们很难自欺欺人地认为,从现在直到君主政体
　　消失之前,天下有可能诞生这样的君主和大臣。(5.11)

---

[1]　3.5,5.10;另参29.16,以及《波斯人信札》第37封信。关于法国绝对主义政治思
　　想在17世纪(《论法的精神》出版之前的世纪)的兴衰,Keohane 的《法国的哲学与
　　国家》(*Philosophy and the State in France*)作了有益的介绍,见第3部分,以及第
　　401-403页(将孟德斯鸠置于这一语境)。

黎塞留所受的基督教-亚里士多德主义教育使得他过于信任统治者的德性,因此无法理解孟德斯鸠的政治科学根据其对人之原初本性的认识所展现的君主制的根本事实:

> 相比于那些既没有规矩也没有领袖、在森林中游荡的民族,生活在良好治理之下的民族更为幸福;因此,相比于那些对民心和己心无所限制的专制君主,那些生活在国家的基本法之下的君主更为幸福。
> [原注]5.11;参孟德斯鸠之后对亚里士多德的驳斥(11.9)。亚里士多德强调,德性是君主制相反于僭主制的根本特征:"亚里士多德在处理君主制时,他的困难是显然的(《政治学》,卷3,第14章)。他创立了五种类型:他没有根据政制的形式来区分君主制,而是根据偶然的事物,比如君主的德性或邪恶;或是根据外在事物,例如僭政(tyranny)的夺权,或是僭政的继承。"

上述所有这些考虑,都使得解决下述重大疑难的需要变得更为迫切:如果说基督教的原则与非专制的君主政体的原则如此互不相容,那么,这两者为何会在欧洲君主国中变得纠缠不清呢?由此带来的精神后果又是什么呢?孟德斯鸠的读者将困惑于他将如何解释或者说如何消解这一现象:基督教会恰恰出现于骄傲的君主制的核心,而且它的存在无疑令人印象深刻且影响深远(一个虔敬的学者可能会说,教会的出现是被奇迹地或神圣地预定的)。然而,在激起读者强烈的困惑之后,孟德斯鸠只是逐渐地(甚至挑逗般地)向我们提供了一些零碎的历史事实。借由它们,我们得以发掘他如何解决这一谜团。

为何基督教在君主制欧洲大行其道

在第11章,我们得知,君主制的完美形态并不存在于法国,而存在于英国宪政(它既绝少倚赖荣誉原则,也绝少倚赖基督教)。这与起初赋予我们的印象相反。而后,我们又从这个爱开玩笑的导师处习得,这一"美妙的体制"源自……"丛林!"换言之,它源自那些"非常自由"同时又非常质朴的异教日耳曼人,正是他们征服了罗马帝国(11.6结尾,11.8)。这些日耳曼人当然是"野蛮人";不过,孟德斯鸠在之后解释道(见题为"神职人员在初代种族[First Race]中的权威"的一节):"在蛮族之中,祭司通常享有权力,因为他们既有能够从宗教中获得的权威,同时也有这些民族因迷信赋予他们的权力。"尤其在日耳曼人中间(孟德斯鸠强调,正如我们在塔西佗的《日耳曼尼亚志》中所见),正是武装的先知负责通过责打、绑缚那些在会议中脱离管控的自由贵族(peers),以在公民集会中建立秩序;祭司践行的这一管制举措"有如出自神的启发,永远向那些发起战争的人显现"(18.31;另参24.17)。然而,因为(正如我们已然获知的)"没有庙宇的民族对自己的宗教没什么依恋",同样,这些"野蛮民族出于这个原因毫不迟疑地接受了基督教"(25.3)——得益于君士坦丁的新政,基督教的那些未武装的先知已然在罗马帝国全境有力地盘踞下来。[①] 这些无知且缺乏想象力的日耳曼征服者,对自己传统的、严厉的、非专制的异教神灵与祭司弃之如敝屣,转而代之以温和的基督教教士。其实,他们对于自己正在"接受"的事物一无所知。"在罗马人的时代,欧洲北部的诸民族既没有艺术也没有教育,甚至几乎没有法律";"然而,单单凭着与这种气候下的粗大纤维相伴生的良好理智,他们就能以令人赞叹的智慧抗击罗马政权、维系自身,并且一直坚持到他们走出森林、毁灭罗马的那一刻"(14.3;强调后加)。"我们的祖先古日耳曼人居住在情感极为平静的

---

① 参23.21:"可以肯定,君士坦丁进行了许多变革,它们或是出于与基督教建立有关的观念,或是出于来自基督教式完善境界的观念。第一个目标促成了一些法律,它们赋予主教极大的权威,并成为神职人员司法权的基础。"

气候之下。他们的法律只对那些看得到的东西作规定,其余一概不做幻想"(14.14)。随后,日耳曼的统治者才逐渐意识到,他们需要做出多少努力才能"控制住教士阶层,这个群体有自己的组织形式,也就是说,他们在征服者之下建立了自己的特权"(28.9及上下文)。

这也就解释了基督教教士在欧洲君主制下获得权力的偶然根源。不过,为了完全理解这些根源导致的后果及其原由,我们必须注意其他因素。首先需要注意孟德斯鸠所指出的下层阶级十分不幸的历史——对他们而言,生活在君主制下,尤其在封建君主制下,可能与生活在专制政体下一样不安全,甚至更不安全。早先,孟德斯鸠在探讨不同政体原则与刑法的关系时,曾突然插入极为短小的一节,题为"法国古代的法律"(正如他的脚注所表明的,这一标题指中世纪晚期的法律)。这一节(6.10)全文如下:

> 在法国古代的法律中,我们尤其能够看到君主制的精神。凡是处以罚金的案件,非贵族所受的惩罚较贵族轻。而在刑事案件中,情况恰恰相反;贵族将失去荣誉以及在法庭上答辩的权利,而原本就没有什么荣誉的农奴所受的则是体罚。(强调后加)

的确,正如孟德斯鸠在几页之后所说的,起初"我们的祖先日耳曼人基本上只采用罚金这一刑罚。这些战士和自由民相信,他们的血只能流在手持武器的战斗中"(6.18;另参28.36以及30.19)。不过,这些自由的游牧部落确实拥有农奴;而且在他们征服罗马帝国的居民之后,他们从罗马法中采纳了一种相对温和但仍然是压迫性的奴隶制度——农奴制(11.8;13.3、5;15.10、15;30.10)。孟德斯鸠推测,农奴制之所以能扩展以至成为主导,是因为墨洛温王朝与加洛林王朝期间发生的内战以及随之而来的俘虏事件(prisoner-taking)。他在历史记载中发现,民众因此沦为奴隶,而唯一一个致力于缓解黎民困苦的重大机构就是教会:

> 我可以引证数不清的权威著作。在这些惨剧中,慈悲之心被促动了;一些神圣的主教看到俘虏们被成双成对地锁在一起后,便用教会的钱,甚至变卖圣器,尽其所能地为这些囚徒赎身;许多圣洁的僧侣为此竭尽全力,在圣徒传的生平传记中对此有着最为清楚的记述。尽管,我们可以责难这些传记作者有时在一些事情上过于轻信——他们相信在上帝计划之内的事定然完成;不过,我们仍然可以从他们身上汲取大量的启示,了解那些时代的道德与习俗。(30.11)

然而,尽管教会确实在努力减轻农奴的困苦,并取得了一定的成效,而且它也曾正式地站出来反对奴隶制(15.7-8),但是根据孟德斯鸠的研究,事实上,教会在古代奴隶制向封建农奴制转变的过程中,扮演着极为含混的角色。基督教精神对受苦的奴隶和农奴表现出同情;然而,也正是这同一精神,在抗击日耳曼自由民军团的(骄傲战士的)自由精神时虚弱不堪。教会同时也是罗马法最大的支持者,而罗马法在精神品性上显然比日耳曼法更不自由——尽管后者包含农奴制,并将之作为其传统的一部分(15.10;另参11.8,15.15)。对绝大部分法兰克人而言(与占据伊比利亚半岛的西哥特人相反),"罗马法之所以被弃之不用,是因为生活在萨利克法之下的法兰克人、野蛮人或普通人享有巨大的好处";罗马法"只留存于神职人员之中,因为变更法律对他们而言没有好处";罗马法曾促成农奴制法律的确立,它"是几位基督徒皇帝的作品"(28.2以及4;另参28.9)。此外,教会本身也成了一个庞大的地主和农奴主,这得益于主教们驯服的品性以及战斗精神的缺乏:"查理大帝与他最初的几位继承人担心那些被他们安置在边远地区的人可能会反叛；他们认为，还是教会人士比较听话，所以他们在日耳曼设置了大量主教，并赋予他们大量封地”；“这样的臣属，远不会利用臣服的诸民族来对抗他们[国王们]，反而需要国王们的帮助来对付属民，以便巩固自身”（31.19）。概而言之，“自由民开发的无数土地，沦为了依附于领主的土地”，此后，这些地方再也看不到“曾经居住于此的自由民”。下述做法变成“惯例：地主们将土地交给教会，以此来保有土地并从农奴身上征收税款——他们相信，通过自己的服役，他们为教会的神圣事业做了贡献”（30.11结尾以及30.15）。由此，教士阶层一时间跃升为封建统治阶级的主要成员，并同时成为被统治阶级唯一长期的保护者。

孟德斯鸠的研究使他确信，至少在法国，农奴制是在“第三”或加佩（Capetian）王朝时逐渐消失的（28.45；30.11，30.15）。尽管他颂扬由此而来的“人民的公民自由”（11.8），但他同时认为，人民依然在君主政体下经受着持续且极为典型的“苦难”，甚至在他自己的时代也是如此：“封地赋有的特权导致了一种权力，对生活在这一权力之下的人来说，它是一个沉重的负担。”[1] 不幸的是，贵族阶层“认为，与民众分享权力是莫大的耻辱”（8.9；另参《思考录》第631条，OC 1.1152）。在孟德斯鸠的相识、较他年长的同代人布兰维利耶（Marquis de Boulainvilliers）的笔下，传统贵族对民众的态度得到相当极端的展现。孟德斯鸠在《论法的精神》的末尾几章（30.10）所做的卷帙浩繁的历史研究，部分正是出于驳斥布兰维利耶对法国宪政历史所作的过度的甚至带有压迫性的贵族性解释。事实上，我们可以说孟德斯鸠全书（尤其最后冗长的史述部分）的一个重要的政治修辞性目的，乃是他试图向

---

[1]　5.9；另参12.13：君主国的惯常做法是，禁止那些讽刺当权者的作品，但不将之视为犯罪。因为这些作品有其功用，其中重要的一点在于，它们“赋予人民忍受的耐性，使他们笑对自己的苦难”。

担纲的"佩剑贵族"教导某种审慎的人道与责任意识。在他看来，这些佩剑贵族正因其对待普通民众的一贯傲慢，不知不觉地毁坏着君主政体的根基(并同时强化教士的角色)。孟德斯鸠教导道，在君主政体下，一个重大的施政理念是尽可能地给予民众这样的印象，或促使他们认为：他们的政府尊重他们，并且宽柔待人。在题为"君主国的统治之道"的那节中(12.25)，孟德斯鸠写道："在我们的君主国中，一切幸福皆在于民众认为施政柔和。"

由此我们容易理解，为什么君主制下的民众乐意结成团体(constituency)，一同渴求专制的神圣保护者，这一保护者的律法及其教士与贵族及其荣誉精神相左，并因此可以对之形成制约。孟德斯鸠对封建体制作长篇的历史分析(他将之作为《论法的精神》的结尾)的关键用意在于，它能使读者由之间接体会到那个赋予基督教在欧洲君主国中(尤其是在普通民众之中)以有力立足点的社会与文化的可怕之处：

> 图尔的格里高利(Gregory of Tours)所记述的历史与其他史述，一方面让我们看到一个残忍而野蛮的国族，另一方面也让我们看到那些有过之而无不及的国王。这些王公个个嗜杀成性，不义而残忍，因为整个国族都是如此。如果说基督教有时似乎柔化了他们，那只能是因为基督教在罪人心中灌输的恐惧。教会通过圣徒的奇迹与圣行来抵抗他们。①

孟德斯鸠附于第 28 章的题词，是奥维德《变形记》(*Metamorphoses*)的起首："思想被引领着去讲述，形式(forms)如何变为新

---

① 31.2；在讨论"司法决斗这种野蛮的习俗"(28.22-23)时，孟德斯鸠穿插论述了"奇异的骑士制度"的心理根源，并罗列了关于它的各种幻想。在此，他写道："恐惧据说发明出许多事物，正是它创造了那些各式各样、幻想出来的魔力(prestige)。"

的实体"——随后是省略号。在奥维德那里，紧接着的显然不是省略号，而是一个祝祷（invocation），他祝祷神圣的力量与智慧，正是它们带来了即将被讲述的那些变化："你们诸神——正是你们带来了各种变化——请佑护我的尝试。"通过显著地遗漏奥维德的次句，孟德斯鸠不仅表明他不同于诗人，无需神的协助；而且表明，他开创了一种历史分析——这种历史分析能证明，在欧洲的中世纪历史（包括基督教在现代君主制中的社会和政治权力之起源的历史）中，完全没有任何必要赋予神圣机构（divine agency）以任何原因性（causal）的角色或意义。由此，孟德斯鸠的历史政治科学宣告解决了基督教何以在与其本质相异的君主政体中具有强大地位之谜。

孟德斯鸠的施教策略

不过，孟德斯鸠并未由此彻底澄清另一问题。这一问题始终萦绕于他对推动君主政体之原则的宗教意涵的分析中。因为，他不得不承认，在欧洲上层阶级的灵魂中，荣誉作为"对灵魂的修正"，正与一个强劲的基督教对手角力。基督教的普及以及教士对绝大部分教育机构的掌控（尤其后者），发挥着足以颠覆荣誉的精神影响力，"荣誉是一种偏见，宗教有时会努力破坏它，有时会制约它"（4.3 注）。这导致在青年的教育中出现了巨大的"矛盾"。在孟德斯鸠对自己时代的社会精神所作的最具揭示性的评断里，他为上述矛盾扼腕叹息。这一关键的小节（4.4）题为"古今教育效果的差异"，原文如下：

> 大多数古代民族生活在以美德为原则的政体之下；当它如日中天时，人们完成了一些如今无法看到的功业，这些功业令我们渺小的灵魂惊诧。

　　古人的教育还有一点优于我们：它从来不会自相矛盾。**厄帕弥浓达斯**（Epaminondas）晚年时所说、所闻、所见、所行之事，与他开始接受教育时没有差别。

　　今天，我们接受三种不同或相反的教育：分别来自我们的父辈、教师与社会。社会向我们教导的内容推翻了前二者的全部观念，这在一定程度上源自我们当下的宗教约束与社会约束之间的冲突。古人对此闻所未闻。

与古代共和制灵魂极为不同，现代欧洲的君主制灵魂被这一现实束缚：首要塑造这一灵魂的"社会"教育，即荣誉原则，与它早前在童年时期从（宗教）学校或教师那里习得的教导相冲突，也与父母或家庭的教育相冲突；"社会"教育因此不同程度地受到后两者的质疑、阻碍或削弱。

　　［原注］对这一冲突的后果的描述，参《波斯人信札》，第 61 封信，尤其是第 2 段，以及第 75 封信（"因此，他们的信仰与不信仰同样不坚定；他们生活在时涨时落的潮流中，不断地被潮流时而推向信仰，时而推向不信仰"）；在第 107 封信中，里加对郁斯贝克说："据说西方国王在经受情妇和告解神父这两大考验之前，人们根本无从了解其品性。人们很快就会看到，情妇和告解神父都极力俘获国王的精神：为此将上演激烈的斗争。"另参《思考录》，第 607、643 以及 1905 条（OC 1. 1121, 1155-1156, 1458），Pierre Bayle 的《彗星来临之际的随想》（*Various Thoughts on the Occasion of a Comet*），第 172 节。Saint-Simon 为我们鲜活描述了这一精神困惑的极端案例，见他对其友人、年轻的勃艮第（Burgundy）公爵的评论（《回忆录》[*Memoirs*] 1707-1710, 225, 315, 814-820）。勃艮第公爵是 Grand Dauphin 的长子，是路易十四王位的假定继承人，也是费奈隆（François Fénelon）这位基督教教育方面伟大的寂静主义理论家的爱徒（费奈隆为这位年轻的公爵写了著名的《忒勒马科斯历险记》[*Telemachus*]）。另参 J. H. M. Salmon 对 Cardinal de Retz（莱茨主教）这个暴脾气（frondeur）的家庭氛围的评价。莱茨主教在历史上最为突出地诠释了孟德斯鸠所谓的君主制荣誉原则（参《思考录》第 897 条，OC 1. 1246）：

"在莱茨家中常见的那种放荡态度,往往喜怒无常、浮夸浅薄……在罪与献身之间,常常有着一种奇特的游移不定。"在评价莱茨主教晚年著名的公开悔罪改信(conversion)时,Salmon 顺势讨论了法国君主制的精神:"莱茨、圣-埃弗雷芒(Saint-Evremond)以及拉罗什福科(La Rochefoucauld)这一代人遭遇过一次抉择:要么选择高乃依(Corneille)关于最高意志的超人的自我主义,要么选择詹森派的教义、信奉恩宠的全能以及人性因罪而来的堕落……选择前者的人会被后者所迷惑,这并不奇怪。同样,有人在二者之间做不安的更替,也不足为奇"(《莱茨主教》[*Cardinal de Ratz*],72-73,361-362,364;另见 134;另参马南,《人的城邦》[*La Cité de l'homme*],38,41)。法国上层阶级妇女的教育一般被交付给女修道院——注意费奈隆的说法,在他的《致一位关心女儿教育的优秀女士的建议》("Advice to a Lady of Quality concerning the Education of Her Daughter")中,他写道:"如果一个女修道院没有良好的秩序,那么她所听闻的世界就会像一个勾魂摄魄的地方。这种关于世界的错误观念会造成最为有害的印象。她们会对那个远处的世界抱有爱慕之心。那个世界的快乐被夸大了,但其中的失望与痛苦却被隐瞒着……与此相反,如果这个修道院充斥着宗教热情,并且依照信仰维持着秩序的统治……那么,一旦这个女孩离开修道院,在一定年岁回到父亲的家庭,她就会遭遇这个世界,并受到震惊。对于她的鲜活幻想而言,没有什么比这种震惊更可怕的了。"参 Barnard,《费奈隆论教育》(*Fénelon on Education*),第98 页。

从后两者那里,青年们听到的是一种属于圣经宗教的不同道德。这一道德要求谦卑的自我克制,要求超越此世的各种热望与满足。

孟德斯鸠当然拒绝接受这样一种可能性,即,上述情形透露出,人心对恣心纵欲的傲慢有着自然的抗拒,并且对基督教的良知召唤有着自然的倾向。孟德斯鸠坚信,上述事实表明,必须将基督教及其教育影响解释为某种异常的、偶然的或在历史中产生的侵扰;它侵入到君主制的人格之中,使之无法成为更和谐、更强健的存在。而他发现,自己作为一个教师,被迫通过自己的书来试图削弱这个外来侵入者的力量——来帮助自己年轻的读者克服这一撕裂他们心灵的冲突。

　　要理解孟德斯鸠的教育修辞策略,我们必须牢牢记住在其历史语境下的这一基本的灵魂学维度——如他本人所理解的那样。《论法的精神》一开始就不得不处理这一维度上的冲突。

　　[原注]孟德斯鸠本人对这一冲突有着切身的体验。他的母亲即强势的佩斯内(Marie-Françoise de Pesnel;她在一次分娩中丧命,当时年幼的孟德斯鸠才七岁)因恪守虔敬而闻名:在她死的时候,比她更为世俗的丈夫发现她经常鞭打自己,而且会定期穿一种铁制的妇女紧身褡(girdle)。孟德斯鸠总共有四个姨母、两个幸免夭折的姐妹,其中三个姨母和两个姐妹都成了修女。此外,他有四个叔父去了教会,他唯一的兄弟也在教会。在十一岁之前,孟德斯鸠一直在家里接受教育。此后,他(他的兄弟很快也一道)被送往巴黎旁边著名的朱伊(Juilly)天主教学校。据 Bernard Lamy 权威的《论科学》(*Entretiens sur les sciences*, 1683)记述,对那些掌控这所学校的奥莱托利会友(Oratorians)而言,教育的主要目标是虔诚与宗教信仰。尽管奥莱托利会在教学方法和教学科目方面相对进步和持中,据说,孟德斯鸠在后来依然对他在朱伊受到的教育的质量颇有微词(Shackleton,《孟德斯鸠评传》,第 3–7 页;Schaub,《爱欲的自由主义》,第四章注 1)。

　　《论法的精神》首要的宣教意图乃是:克服或减轻这一冲突的后果,帮助君主制下某些最有前途的青年,调和他们内在冲突的灵魂,使之更为强大。这一实践意图与他试图回应启示宗教向理性主义提出的挑战这一理论意图相糅合。现在我们可以指明,孟德斯鸠呈现君主制时的编排,与他为君主制下那些最优秀的青年读者量身打造的再教育步骤是如何关联的。

　　当我们注意到孟德斯鸠在开始论述推动君主政体之荣誉时,如何迎合乃至于助长青年人对这一"社会"原则可能产生的道德不满,我们就能看到这一精神改造、解放或重整过程的起点。介绍君主制原则的首节有一个批评性的标题——"德性绝非君主政体的原则"(3.5)。在这一节里,孟德斯鸠对"佞臣的卑劣品性"的抨击如此激烈,以至于他不得不在中间停下来向自己的(君主制)读者道歉:"我请求你们不要因为我这番话感到冒犯;我有所有的历史做支撑。"就这样,一开始孟德斯鸠(一反常态地)把自己表现得好像仅仅是在重复一些老生常谈,他(暂时)为自己所选取的立场可见于"我们读过的各个时代史家关于王廷的记述"。

在下一节的开场,孟德斯鸠稍稍撤下自己的加图(Cato)面具,来表达担忧——他害怕有些读者(也就是那些他青睐的读者)可能会觉得他在写"君主制的讽刺录"。(他严肃地声明)"绝非如此!"接着,他发表了一通令人印象深刻的颂词,来致敬君主制及其荣誉原则下模棱两可的道德上的宏伟(magnificence)(3.6)。由此,孟德斯鸠开始进入君主制下年轻读者所面临的道德矛盾,并且表明他自己也分有这一矛盾。

但是,孟德斯鸠将这一矛盾置于一个大大不同于读者从父母、老师那里所听闻或习得的框架之中。孟德斯鸠清楚展现出他并没有真正依循"所有的历史":他表明,自己据以申斥君主制风尚的道德评判立场,全然不同于传统基督教的立场。正如他在一个脚注里强调的,

> 我在这里说的是政治美德,就其将自身导向公共善而言,它是一种道德德性;我极少谈论个体的道德德性,也完全没有谈过任何与启示真理有关的德性。(3.5注,强调后加)

孟德斯鸠在此担心的是,他的下述评论可能会冒犯君主制下的读者:在君主国中,

> 国家不依赖对父邦的爱、对真正荣耀的渴求、对自我的

舍弃、对自身最宝贵利益的牺牲,以及所有那些我们仅仅有所耳闻的古人的英雄德性。(强调后加)

孟德斯鸠寻求纯洁与升华,并引导自己的读者一同寻求它们;但他没有向教会和圣经寻求,而是转向了共和制的罗马和希腊。① 只有在异教的古代世界,我们才能发现值得尊崇和追求的目标:它们要求牺牲自我但无比荣光、充满公益精神;它们一举将我们拔离出骄傲、雍容、自我吹嘘的君主制的道德视野。在对古典共和政体进行光彩夺目的介绍后,孟德斯鸠引出了君主制及其原则。古典共和制使君主制相形见绌;事实上,它使得整个现代生活——"我们现代的渣滓与腐化"(4.6)——相形见绌:②

> 生活在平民政体的古希腊政治家很明白,除了美德之外,没有任何其他力量可以支撑他们。当今的政治家向我们宣讲的,只是制造业、商贸、财政、财富以至奢华。当美德沦落时,野心便侵入那些能够接受它的人的心中,而贪婪则渗入所有人的心中。(3.3;另参《思考录》第 598 条,OC 1.1127)

正如孟德斯鸠显然期望的,最先对《论法的精神》有所回应的

① 有人可能会说,孟德斯鸠很好地利用了这一情形——波舒哀的《论普遍历史》对此作了最为鲜活的展现——宗教性的教育权威同时教导两种相互排斥的伟绩,一种来自圣经历史,一种来自古希腊罗马历史。二者甚至完全同步进行。另参 Keohane 的《法国的哲学与国家》(*Philosophy and the State in France*),页 12。

② 它尤其使现代英国相形见绌。英国在此曾有一个惹人注目的登场,展现了一出荒谬的奇观(3.3):"英国人在上个世纪为我们上演了一出好戏,他们想建立民主政体,却徒劳无功。那些参与国事的人毫无德性,那位最有魄力的人 [克伦威尔] 的成功激起了他们的野心,宗派精神此起彼伏,于是乎,政府不断更迭;惊诧不已的民众寻求民主,却不见其踪迹。最终,在经历多次暴乱、多次震荡之后,他们不得不回归那个曾被废止的政体。"

君主制读者——他们困惑的心灵受到启发,开始设想能否在孟德斯鸠对古典共和政体的描述中,找到它的标准、启迪与安宁——正是饮用孟德斯鸠这位医生给出的解毒剂的读者。这一解毒剂针对基督教或圣经的道德观念,以及它对君主制荣誉的虔敬批评。① 与马基雅维利一样,在孟德斯鸠和卢梭笔下,古典共和政体及其所激起的崇敬之情成为一种最为有效的工具,来为现代西方读者断奶,使他们脱离这些哲学家所认为的人类由来已久的、最为令人羸弱且令人沉溺的道德与政治误解。在他们看来,这一误解由古典哲学与政治哲学的某些"宗派"所开启,并为基督教所加强。然而,我们很快就会发现,对德性古典共和政体的崇敬本身并非目的,而只是为孟德斯鸠所希望提供的教育铺路的垫脚石。

---

① 参孟德斯鸠在《拾遗》(*spicilège*)第 509 条为自己作的注释(p. 469;OC 2. 1351 - 1352):"基督教并未对我们做出很大的矫正,证据之一是,我们依然钦慕古人用以描述恶的那些言辞和见解。可见,这些描述一定是真实的,因为我们感觉到了它。因此,我们并未被改变。基督教只改变了某些个体,并未改变大众。"

第四章　从古典公民宗教到现代自由宗教

　　一个坦率真诚的读者(尤其是一个拥护君主制的读者)将要经历的教育转化的第一个重要阶段乃是逐渐倾心于美德民主制,并深深有感于这一政体下宗教的纯然政治特征。但孟德斯鸠很快又驱使这一读者作更多疑窦丛生的反思和不安的重读,这种疑惑和不安随着他们遭遇本书中的重大疑难而大大强化:古典共和主义的劲敌以自由但道德松懈的英格兰宪制及其带来的商业化生活方式这一面目登场。孟德斯鸠期望的最终结果是,这一读者将经历一番如饮醍醐的祛魅,并在这一过程中从忠于美德共和制转而勉为其难、半心半意地支持商业共和制,或者说从忠于共和制转而支持君主制———一种以全新而多义的语言构想的君主制。

　　对于美德共和制的巨大疑虑逐渐浮出水面,并且愈发显著地凸显出来,即:共和制美德取得的绝然辉煌的成就——诸如集体安全与自由,廉洁正直,灵魂的力量,尊严或荣耀,以及宗教解放——是否以非自然地扭曲公民们的灵魂为代价? 以爱国奉献的形式出现并在最初吸引着读者的东西,开始愈发令人不悦;因为他们看到,美德要求压制自我表达的人道激情,而这些激情不仅是自然的,而且对生活在社会中的人类而言是幸福的基础。正如孟德斯鸠最后所说(第27章,独节,第786页),在共和国中:

> 立法者不得不制定法律打击人的天然感情本身,对人的境况来说这是一种不幸(un malheur)……这是因为立法者立法时,对社会的考虑多于对公民的考虑,对公民的考虑多于对人的考虑;与人相较,他们更多地是为着公民。他们的法律牺牲公民和人,只想到共和国。

在这一语境中,孟德斯鸠主要或具体意指的,是那些管制妇女行为和生活(因此势必涉及男子和妇女的关系)的共和国法律。先前,孟德斯鸠指出,罗马共和国的法律"震慑了妇女,也震慑了那些负有监督妇女之责的人"(5.7);"在共和国里,妇女在法律上是自由的,但就风俗而言却是囚徒"(7.9;参考上下文:7.8 - 7.12)。

不光是妇女,时刻生活在监察视线之下的男性公民同样如此。严厉的节俭法和对奢侈的禁止,对雄心和骄傲的压制,对"平庸"的培养(为此乃至借助放逐杰出之士这一手段,我们最后将在26.17 和29.7 中看到),这一切都必须通过无休止的相互监视来贯彻。道德必须由"元老院"或由长老组成的委员会来监管,他们经过选举后终身任职。这些长老也要受另外一个或多个不同机构监督,它们由更高一级的道德护卫者组成——在罗马即"监察官"(the Censors),"他们密切监督着人民和元老院";在雅典即"法律保护官"(the Guardians of Laws)以及"道德保护官"(the Guardians of Morals)。这些机关"应该在共和国重建一切业已腐化的东西,它们应当警惕懈怠,评判玩忽职守,纠正错误"(5.7)。

> 败坏美德的不仅是罪行,还有疏忽、过失、爱国心的降温、危险的先例和腐化的苗头等等;那些虽不动摇法律却规避法律的事物;以及那些虽不摧毁法律却削弱法律的事物:所有这一切都应由监察官加以纠正。(5.19)

　　监察官监察之下的生活沉重不堪,这将一种不稳定因素引入政制:公民倾向于希望剥夺负责监察的元老院的权力。第 8 章第 14 节给出的种种例证,描绘了这种危险。该节名为"政制中最细小的变化如何导致原则的毁损":这个标题令我们期待孟德斯鸠将会讨论发生在共和政体、君主政体和专制政体中的各种例证,以展示细小的变化如何毁掉这些政体的原则;事实上,他只谈到共和国中德性的丧失,而这正是负责监察的元老院丧失权威的后果。

　　对于如此高强度、严酷、持续但却实属脆弱的道德监管的需求,人们不禁发问:所谓的"腐化",真的不比所谓的美德更为自然吗? 在他对共和制美德所作的最为热情洋溢的赞辞里,孟德斯鸠曾强调:"为了爱节俭,必须以节俭为乐",而后他却补充了一则让人心绪不宁的评论:如果节俭是"自然的",那么"阿尔喀比亚德(Alcibiades)就不会成为普遍钦慕的对象"(5.4,强调后加)。最引人注目的内容出现在"何为政治国家中的美德"这一节(5.2)。在此,孟德斯鸠揭示了共和政体的美德与修士制度中的禁欲主义之间存在的类同关系,即便只是令人震惊的一瞬:

> 　　对父邦的爱有助于风俗良善,而风俗良善又导向对父邦的爱。个人情感得到满足的程度越低,对公众感情的投入便越高。修道士为什么如此热爱他们的修会? 恰恰因为修会令修道士无法忍受。他们的教规剥夺了常人情感依赖的所有事物,唯一余下的便是对折磨他们的那些教规的感情。教规越是严酷,也就是说,他们被教规剥夺的喜好越多,残存的喜好就越强烈。

　　当然,孟德斯鸠在此并未有一丝暗示,认为异教共和公民体验到了一种对彼世慰藉未曾满足的自然渴望。实际上,他在此暗示的是,即便是修士,也并非真正被这种渴望促动!

在讨论共和政体的监察制度之后的两章中,孟德斯鸠提出并探讨了如下问题:在不同的政体形式中,如何"让公民的财产和生命变得安全和稳固",以及"公民的荣誉、财富、生命和自由"——即公民之为个体及其在私人家庭生活中享有的"自由与安全"——得到了多少照顾(6.1-2)。孟德斯鸠将美德民主制与荣誉君主制对上述问题的回应方式并置,借此让我们看到,与共和国相较,君主国对个体公民的要求没有那么极端,而且至少同等地关心个体公民的福祉(公民指的是居民中的少数,即分有"荣誉"的那些人)。

正如我们业已观察到的,孟德斯鸠让我们深刻意识到,相较于美德,荣誉原则更为符合人类精神中天然的自我彰显的活力,并因此也强烈地为这一活力所支持。当孟德斯鸠通过并置君主制原则与共和制原则、以借此引介君主制的原则时,他将荣誉所产生的政治效用比喻为"最精美的机器"。在这些机器中,"工艺尽其可能地精减运动、推力和齿轮":在君主政体中,"法律取代了一切美德,美德也没有任何用武之地"(3.5)。野心对共和政体来说如此危险,"在君主政体下却能产生良好的效果,赋予这一政体以生命"。荣誉"使政治体的所有部分都运作起来,以其作用把它们连接起来。这样一来,各部分自以为在追求各自的特殊利益,实际上却都向着公共利益汇聚"。孟德斯鸠狡黠地补充道:"逼迫人们去做各种困难而费力的事情,除了行动带来的名声之外,不给予任何报偿,这难道不是让人为难吗?"在君主政体下,共和政体的那些繁重义务和风险都变得不必要,甚至恰好相反:在能够影响整个社会的宫廷里,"自由精神近乎是唯一被容许的精神"(7.9;同时参4.2和11.7)。

在第8章为我们介绍"三种政体原则的腐化"时,孟德斯鸠很快就促使我们发问:威胁着民主政体的各种"腐化",是否本身表明,甚至或者说尤其对于积极效忠的共和国公民来说,最强烈(实际上也最令人羡求)的仍然是那些更为自然的、关注自我的目的,这些目的颇为隐蔽地内含于主导的共和政治激情之中。在追求美德的过程中,共和国的公民们不也渴盼着自由吗? 这种自由的内容包括每个公民个人的政治权力、显要地位以及安全。显然,如今我们获知,相较于热爱荣誉的君主政体,唯一能够防止美德共和制腐化的,就是来自外敌持续不断的威胁和遏制压力:

> 君主政体需要一定程度的自信,才能获得光荣和安全;反之,共和国则必须有所畏惧才行。对波斯人的畏惧维系了希腊人的法律。迦太基和罗马因彼此威胁而各自得到加强。真是怪事! 这些国家越是安全,就越像死水一样倾向于自我腐化。(8.5)

来之不易的克敌制胜,释放了公民狂妄的政治野心:

> 巨大的成功,尤其是人民为之作出巨大贡献的成功,赋予人民一种巨大的傲气,致使人民再也不接受领导。他们对一些官吏的嫉恨,变成对整个官吏体制的嫉恨;对某些统治者的敌视,也很快地变成对整个政制的敌视。就这样,萨拉米斯海战中对波斯人的胜利腐化了雅典共和国;同样地,对雅典人的胜利也摧毁了叙拉古共和国。(8.4)

正是考虑到政治野心带来的上述危险,孟德斯鸠在数节之后总结说:"共和国的自然特性要求只拥有一小块领土,不这样的话,它就很难存活。"大型共和国面临的危险,来自个体公民的统治激情;与之相比,威胁着小共和国的外部危险则相形失色。或者,用孟德斯鸠的话来说:

大型共和国里有巨大的财富,因而节制精神较少;有些东西太过庞大,而无法交由某个公民个人掌管;利益变得特殊化;起先,个人觉得没有祖国也可以达至幸福、伟大和显赫;不久,他就会以为,凭靠自己就能在父邦的废墟上变得伟大。(8.16,同时参10.6)

孟德斯鸠迫使我们忖度,历史证据是否表明:归根结底,积极有为的公民所体验到的对个人卓越的热望,与推动着君主制臣民的荣誉之心的激情,两者在种类上并非全然不同。这并非要否认,与荣誉相较,美德更能促成一致的行动,并且不那么虚荣和娇弱。不过,美德相较荣誉起初所具有的那种毋庸置疑的道德优越性,变得成问题了。

美德必然以自我腐化告终,乃是《罗马盛衰原因论》(尤其该书的第9章)绝对的(unqualified)主题(孟德斯鸠在《论法的精神》的脚注中不断指引我们参阅第9章——见2.2,2.3,6.15)。在《罗马盛衰原因论》的第9章,我们发现如下吊诡的结论:

> 这是我们**一再看到**的事情:使一个小共和国变成大国的好法律,在它的规模扩大的时候,就成为了它的负担。因为这些法律的自然作用是造就一个伟大的民族,而不是统治这个伟大的民族。好法律和适用的法律大有区别——好法律是要使一个民族成为其他民族的主人,而适用的法律则是要维持一个民族所取得的权力。(强调后加)

共和制下的奴役

在人道方面,共和政体最终也变得可疑起来。在卷一对古希腊罗马共和政体的最初颂扬中,孟德斯鸠在大部分时候耻于言及构成共和政体的经济基础的奴隶。尽管"奴役"（slavery）这个词在第一卷被反复提及，但它几乎总是指臣民对政治上的专制者或僭主的臣服。① 孟德斯鸠确实说过，斯巴达混合了"最严苛的奴役与极端的自由，最残暴的感情与最大的节制"（4.6，同时参4.8、8.2）。在谈论司法过程中的刑讯的章节里（6.17），他写道："我还想说希腊人和罗马人中的奴隶……但是，我听到自然在高声斥责我"（省略号为原文所有）。

当孟德斯鸠在很长篇幅之后专门讨论人类的奴役制度（chattel slavery）时，他一开始就郑重地宣称（这或可视为他的"正式"教义）："在民主政体下，人人平等；在贵族政体下，法律应尽其所能，使所有人获得其政府性质所允许的最大程度的平等。在这两种政体中，奴隶制度都有违其政制精神。奴隶的用处只在于为公民提供一种他们不应有的权力和奢华。"（15.1）然而，孟德斯鸠惹人注意地没有像在前一句中谈论君主制中的奴隶制那样，提出"最要紧的是，绝对不能有奴隶制"（强调后加）；他就君主制之精神所说的内容也没有应用于共和制之精神：荣誉原则（而非美德原则）规定"至关重要的是，人类本性不得遭受任何压制或贬损"。

在讨论奴隶制的同一章的12个小节之后，孟德斯鸠在关于共和政体的"正式"教义上退了一大步，他说，"在宽和国家中，极为重要的是，不能有过多的奴隶"，因为，"这类人是这种社会的天敌"。孟德斯鸠接着说（以一种更出人意料的方式），这也是为什么"我们不应感到意外：在宽和政体中，国家总是被奴隶的反叛弄得焦头烂额"（强调后加，15.13）。两节之后，孟德斯鸠补充道："在大多数共和国里，人们总是试图挫灭奴隶的勇气。"（强调后加，15.15）孟德斯鸠如此分析共和国中奴隶的感受：

---

① 2.3、4、5；3.3、8；4.3；同时参5.14；6.1；7.4、9、15；8.12；孟德斯鸠仅仅在一个突兀的脚注中才透露，当雅典处于美德（以及前商业的）巅峰时，即波斯战争期间，"城邦共有公民两万一千人，外邦人一万人，奴隶四十万人"（3.3脚注）。

　　　　他眼睁睁看着一个幸福的社会,而他甚至不是其中的一员;他意识到,安全不是为他而是为别人确立的;他感觉到,自己的主人有着一个能够不断自我扩充的灵魂,而他自己的灵魂却不得不一直自我贬损。目之所及皆是自由人,而自己却不在其中,没有什么比这更能让人感到自己的境地形同牲畜了。(15.13)

　　由此,在论述奴役制的这一章,古典共和制的德性生活的脆弱之处出现在我们眼前,与君主制的荣誉原则所规定的更多的人道相比,它黯然失色。同时,当古典民主国家存在大量非公民(noncitizens)这一丑陋事实暴露出来,民主共和政体与贵族共和政体之间迄今看起来清晰的区分也开始变得有些模糊。我们现在听到,在民主政体中,必须花大力气为数量众多的自由的非公民提供法律保护,同时又要阻止他们"在政治国家中"的任何参与;在共和制的"民治政体中,一定不能允许权力落入下层民众手中"。孟德斯鸠就"民主政体"中的公民等级结构所作的最后评论是:

　　　　因此,在由多数人统治的政体下,让被释奴的地位只是略低于自由民,并让法律消除被释奴对自己境况的不满,这样做往往很有好处。(15.19)

　　事实迫使我们看到,当孟德斯鸠最初将"民主政体"勾勒为"人民的统治"时,他有意隐瞒了多少。

　　尽管如此,孟德斯鸠在此仍坚持认为,"在宽和的国家里,给予奴隶以人道待遇,可以防止由奴隶数量过多带来的令人不安的危险。"(15.16)他以雅典人为证:雅典人"对奴隶十分温和,所以,虽然斯巴达被奴隶搅得天翻地覆,雅典却平安无事"。原因是,

"淳朴的国族和那些自己从事劳动的人,在对待自己的奴隶时,通常比自己不从事劳动的人要温和些。"至于该如何处理共和国中由于奴隶和被释奴的存在而带来的大量非公民人口这一严峻问题,孟德斯鸠补充了这条激进但乐观的评论:

> 我们甚至可以从根本上消除这一弊端:大量奴隶的存在与需使用奴隶完成的大量工作分不开。如果把奴隶承担的某些工作,例如经商和航海,交由自由民去做,就可减少奴隶的数量。(15.18)

商业共和国及其宗教性

上述惊人评论指明,鼓励经商和航海将带来重大人道进步。它和其他一系列评论一脉相承,共同构成一道逆流,搅浑了孟德斯鸠在展现美德古典共和政体时所凸显的、可谓"斯巴达"主流(再次参4.6-8及12.3以下)。我们在第5章首次遭遇这道逆流。在反复强调商业和美德的对立后(3.3,4.6),孟德斯鸠突然以下述论断搅乱我们的头绪——此时他正在论述对古典共和德性而言看似极其不可或缺的严苛节俭(5.6):

> 民主政体的基础如果是商业,那么,很有可能一些人拥有巨额财产,而民风并不因此而败坏,这是真实可信的。因为,商业精神会一同带来俭朴、节约、节制、勤劳、聪慧、安定、秩序和守法精神。因此,只要商业精神继续存在,它所产生的财富就不会有任何恶果。

孟德斯鸠在此并没有将这些由商业精神带来的道德品质归为"美德"。不过,如果我们运用孟德斯鸠最为清醒而广博的学生托克维尔(Alexis de Tocqueville)的道德语言,将这些品质称为"正确理解的自利"之德的话,那我们并未偏离孟德斯鸠的思想目标。① 然而,我们又应如何理解上述美德与我们迄今为止一直仰慕的公民美德之间的关系呢? 当孟德斯鸠继续谈论"商业精神"这一话题时,他加深了这一疑难:

> 想要保持商业精神,必须具备以下条件:主要公民都亲自经商;独尊商业精神,不受其他精神干扰;所有的法律都应激励商业精神;法律应根据商业的发展程度,对财富进行分配,俾使每个贫穷的公民都能过上宽裕的日子,从而使他能和别人一样劳动;同时使每个富裕的公民生活在小康之中,因此必须凭借自己的劳动方能守业或创业。

> 在商业共和国里,把父亲的财产均分给每一个子女,这诚为一项优良法律。这样一来,无论父亲如何富甲天下,子女们必然不如父亲富有,他们因而就不会恣意奢华,而会像他们的父亲当年那样勤奋经营。(强调后加)

"我在这里说的,"孟德斯鸠精炼地补充道,"仅仅是商业共和国。因为,在非商业的共和国中,立法者应制订的法规大为不同。"但他随即扩大了上述斯芬克斯般的(针对商业共和国的优良品质所作的)评论的意涵,它超出了我们对古典世界已有的理解:

> 希腊有两类共和国,一类是军事的,如斯巴达;另一类是商业的,如雅典。前者希望公民无所事事,后者则设法激励公民热爱劳动。梭伦使游手好闲成为罪过,并且希望每个公

---

① 参由 J.-P. Mayer 出版并且被 Derathé 引用(1.546—547)的一个片段,在此片段中,托克维尔精彩地讨论了孟德斯鸠共和主义美德教导的深层意图如何被延伸和应用在得到充分理解的美国人之自我利益上。

民都说明自己的谋生手段。事实上,在优良的民主国家里,个人的花费应该以生活必需为限,所以,每个人的财产也应以生活必需为限;因为不然的话,谁能提供?①

先前,孟德斯鸠给我们的印象是,他以古典公民美德,即斯巴达范式为自己的指针,当时他对希腊的描述极为不同:

> 所以,应该把希腊看作一个运动员和战士的社会。这些训练极其容易使人变得严酷和粗野,它们需要其他能够柔化风气的训练加以调节。音乐能通过身体的感官达至精神,于此再合适不过……事实上,希腊人的训练只能激发他们的某一类激情,即粗野、愤怒和残暴。而音乐却能唤起他们的所有激情,因此能让他们的心灵感受到温和、怜悯、柔情与温和的愉悦。(4.8)

美德共和政体的光辉逐渐黯淡,这一趋势起初细微难察,而后愈发明显;同时,商业共和政体这颗新星则出人意料地闪现,而后缓慢但稳定地变得越发明亮。雅典毫无疑问有着相当高的商业化水平,但是,被萨拉米斯海战的胜利腐化了的雅典,很难称得上是一个"独尊商业精神"、不受与之冲突的精神"干扰"的共和国。② 这表明,还存在另一个值得被视为典范的古代共和国未被抬出,它就是古代的马赛(Marseilles)。

---

① 这一相当讽刺性的诘问,与如下事实相符:在这本书的起始阶段,孟德斯鸠很大程度上无视了美德共和国需要大量奴隶的丑陋事实。

② 参见21.7:"满怀追求光荣之心的雅典人,其嫉妒增加而影响却未见扩大的雅典人,更关心扩大海上霸权,而不大关心如何享用它;在这样一种政治体制下,下层人民分享公共收入,富人反而受到压迫——雅典人有矿业,有大量奴隶,有许多以航海为生的人,有对于希腊各个城市的权威,更有梭伦创建的美妙制度,却从未实现这些条件应许的大规模商贸。"

孟德斯鸠在其对诸政体的讨论中很晚才提到马赛,而且最不显眼。在第七章接近结尾处的一个脚注中,他评论道,马赛"是其时代最明智的共和国"(7.15 脚注),但他没有给出进一步的解释或描述。下一章分析了各种政体原则"腐化"的原因,其中一节(前文已引用过)指出,"巨大的成功"会导致平民堕落,进而导致伟大的共和国衰落——雅典就是最显著的例证——在这里,孟德斯鸠突然插话道:

> 马赛共和国从未有过从默默无闻到声名显赫的重大转变,所以她始终以智慧统治着自身,并且维持了自己的原则。(8.4)

起先,我们可能会轻易地认为,马赛的"原则"与其他(美德)共和国的"原则"相同;一直到若干章之后,在孟德斯鸠特意停下来介绍英国商业政体的伟大之处时,他才公布马赛是(一心一意)致力于商业和自我保存的唯一的古代共和国典范(11.5)。许久之后,在讨论商业的这 章的开头,孟德斯鸠通过引用凯撒的证言,表明马赛绝好地展现了商业社会所具有的难以抵抗的隐性力量,它能够"柔化"也即"腐化"邻国的战士美德(20.1 脚注)。在同一章的第 5 节,马赛因其精明的(shrewd)美德而受到称赞,这些美德包括"勤奋工作"、根据贸易关系"公正"对待邻国、为了"安宁"而保持"节制",以及"民风节俭"——维持节俭"乃是为了长久地依赖一种利少而可靠的贸易维持生计"。① 在这一语境中,孟德斯鸠将马赛与历史上最伟大的商业共和国相提并论——包括蒂尔(Tyre)、迦太基、佛罗伦萨、现代威尼斯以及荷兰的许多现

---

① 20.5;节俭和勤勉的马赛避免了奢侈逸乐的腐化症候,而科林多(Corinth)则被奢侈逸乐俘获(归咎于它那表面看来更成功的商业:21.7);基于奢侈品的商业更适合君主国,而非共和国(5.7,7.4,20.4-5,21.16)。

代城市。

[原注]孟德斯鸠对迦太基的讨论最为启发性地令人好奇。在 8.14 中，汉尼拔时期的迦太基被展示成这样一个出众的例子：它先前是一个"治理良好的共和国"（孟德斯鸠援引了亚里士多德的证词），之后逐渐腐化并随之没落，这是因为它的元老院失去了监察的权威，同时也因为官吏和士绅开始"把公共收入攫为己有，而且滥用他们的权力"。然而，在 10.6 中，正是同一时期（即汉尼拔时期）的迦太基元老院，被称为是"智慧的"，"正如亚里士多德告诉我们的那样"；但智慧的标志却是"那个共和国的繁荣"，"繁荣向我们极好地证明了这一智慧"；而且，被"嫉妒的"汉诺所领导的元老院，完全不信任得胜的将军汉尼拔的美德，拒绝提供他征服罗马所需要的支援。孟德斯鸠评论道，精明的元老院看得很清楚，"汉尼拔当年倘若攻取了罗马，迦太基共和国将会处于何种危险的境地"。美德自身也需要被限制——被精明的、互相竞争的自我利益限制。

随后一章的主题为商业史。在名为"希腊人的商业"这一节（21.7），我们认识到公民宗教（civil religion）在希腊商业共和国中所起的作用，科林多是最突出的代表：

> 没有一个城邦的工艺能达到这种程度。富裕败坏它的习俗，宗教则使幸免的习俗全然腐化。它为维纳斯修建了一座神庙，并在其中奉献了千余名妓女。亚忒奈乌斯（Athenaeus）斗胆为之作传的著名美女，大多出自这所神庙……
>
> 是什么造就了希腊的繁荣呢？是她那可说是为全世界举办的运动会，是所有君王前来献祭的神庙，是各方人民汇聚的宗教节日，是完全俘获人类好奇心的神谕；简而言之，她的品味和艺术已经发展到绝高点，以至于谁若认为它们已然被超越，只能是因为他对其无知。

在商业共和国中，虔敬失去了传统德性的道德锚点，而变得全然导向精致奢侈的(即使不说是放纵的)商业主义和奢华。传统的宗教崇拜及其关注重点被转化成了精致娱乐的契机。

在论商业史的这一章,我们进一步获知,细究而言,作为典范的马赛在其早期历史中也曾(就渔业问题)与其强大的对手迦太基多次交战,但自从其精神彻底商业化之后,她就在别处找到了自己温和的(moderate)荣耀,即成为罗马帝国的"货栈":

> 迦太基和科林多的覆灭增添了马赛的荣耀。倘若没有那场马赛被迫盲目地支持一方的内战,她本来能在罗马人的庇护下获得幸福,因为罗马人毫不嫉妒她的商业。(21.11 末尾,21.14 开头)

马赛展现的这一属于商业共和国的更为平和的爱国主义,因下述事实而锦上添花:我们看到,相较于一种更富激情,因而也更为排外的爱国情感,这种温和态度更有益于其成为由代议制政府统治的联邦共和国的成员。在《论法的精神》第二卷的开头,孟德斯鸠突然推出代议制联邦这种制度架构,将之奉为解决困扰所有独立共和国的致命外政困局的唯一办法:"规模小的共和国毁于外敌,规模大的共和国则毁于内弊。"在孟德斯鸠举出的成功的代议制联邦中,商业共和国荷兰独领风骚(9.1-3,同时参 10.6-8 和 11.6 的第 26、28 段)。

自由宪政及其宗教性

读者一旦觉察出这位作者-教师的自由教育方案,迟早会回到第一卷再做搜寻,以把握这一方案的推进过程。随之他将发现,孟德斯鸠之所以唤起读者对于古代美德共和制及其自由概念的热忱,乃是为了帮助他们透彻地认识这一热忱,进而超越它。

但他将同时看到,孟德斯鸠的意图并非简单将读者带回到对君主制荣誉的信奉。自由在第一卷中逐渐显现为完善的政治生活的最合理的一种(如果不是唯一的)目的和标准。但是,这一自由并不首要地被理解为参与共和自治,或君主制下的尊严,而是被理解为社会内个体的安全;它涵盖所有人,并源自所有人。作此般理解的自由,乃是对假想的"自然状态"所展现的根本人类问题的解答;这一"自由"乃是我们现今称为"现代自由派"意义上的自由。

[原注]第一位提及现代意义上的"自由共和国"的作者似乎是亚当斯(John Adams)。在《捍卫美国宪法》("Defense of the Constitution of the United States",《著作集》,卷四,页309)的一个段落中,他抨击圣马力诺共和国,因为它仍抱有那种早已过时的关于共和国必须是什么的传统概念;亚当斯坚持认为,这是一种完全没有给予个体的人类自由以充足之放任的共和主义概念。《牛津英语词典》(*Oxford English Dictionary*)指出了"自由主义"这个单词在英语中的第二种使用方法,引用如下(1829):"宗教正是义务,而自由主义正是义务的缺失。"

在第二卷中,自由的这一"现代"意涵被反复昭示出来:

> 公民的政治自由是一种心境的平静状态,它源自人人都享有安全这一想法;为了使人享有这种自由,就必须有这样一个政府,在它的治理下,一个公民无需惧怕另一个公民。(11.6,第三段;12.1 及 12.2)

此种意义的自由事实上同时为共和国和君主国所追求,但它们对这一自由的理解都是模糊的,因为对美德和荣誉压倒一切的关注遮蔽和扭曲了这一自由。

开启《论法的精神》第二卷的前两章(第9章和第10章)正如

其名,致力于研究在国际问题中法与防御力、攻击力之间的关系。它们显然将我们带回最初关于前社会的"自然状态"以及随之而来的人与人、国与国之间相互交战的社会状态的理论构想之中(它在中间的行文中曾隐而不见)。这一理论设想被视为理解下述问题的合理基础和框架,即在对社会福祉的追求中,对人之本性而言,最根本的是什么,它最根本的需求是什么(10.2-3)。任何国家,一旦对自己的根本处境有更好的认识,便会首先在国际社会中尽可能为其生存寻求最大的安全。因为在国际社会,所有国家,究其本质而言,都一样匮乏、焦虑和野心勃勃,因此互相威胁。国家对安全的追求,与每一个体在公民社会中追寻自身安全的最大化,有着同样的自然驱动力和理由。

通过让我们重温自然状态观念,孟德斯鸠将我们带回到这样一个立足点,由之我们可以保持一定距离、不偏不倚地审视共和制与君主制针锋相对的原则。我们看待这些原则的方式,不同于生活于这些政体下的忠诚公民或臣民。他们首要地将之视为生活中最重要的事物,而我们则带着批判的眼光看待这些原则。在我们看来,这些原则对于实现所有政府终极的"自然的"或理性的目标,即个体的安全或自由而言,仍然不够完善。由此,孟德斯鸠使我们准备好欣然接受他对此种自由的专门讨论,并进而迎接他引出这个他如此描述的国家:"世界上还有一个国家,其政治体制的直接目标就是政治自由。"(11.5)这个国家显然就是英格兰。它在起初的(第一卷)传统的共和国和君主国背景下,曾给人留下极为糟糕的印象(2.4,3.3)。

在英格兰,我们发现一种新型的君主制。其中,关键性的宪政权力被交与人民,(然而)其行使则需经过议院的冷静过滤。我们发现,其实孟德斯鸠早前已然评论过"一个将共和制度隐藏在君主制形式之下的国家"(5.19;当我们读到12.19时,英格兰已被理所当然地视为共和国的首要典范)。可是,英格兰所代表的共和国类型,其精神中分有的美德(传统的共和原则),甚至少于它所分有的君主制荣誉(正如我们在一开始时清晰所见——2.4与3.3)。

[原注]荣誉和出身确实在英格兰上议院(English House of Lords)中得到了代表,但仅仅与财富并列(11.6,第30、34段)。在他的英格兰旅行笔记中,孟德斯鸠评论道:"在这里,财富被给予至高无上的尊敬地位;而荣誉和美德则几乎得不到什么尊敬……在我看来,许多非凡的举动发生在英国,但这些举动都是为着攫取财富。这里不仅缺乏荣誉或美德,甚至也缺乏它们的概念;在法国,非凡的举动为的是挥霍财富,而在这里,则是为了获取财富。我并不以这些人来评判英格兰,但我以英格兰对这些人的赞许来评判它"(OC 1. 878、880)。在《论法的精神》中(19.27,第55段),孟德斯鸠提到同样的现象,其表达更符合英格兰人自身的观念和精神:"那里的人不大看重虚浮的才华和质量,重视的是实实在在的资格;而所谓资格,无非就是两种,其一是财富,其二是个人业绩。"这不是要否认,英格兰展示了一种平等主义的、个人主义的尊严意识,以及随之对个人自由和安全的强烈而渴切的热爱以及为之奋战的意愿(19.27,第8-23及62段)。孟德斯鸠在答复多明维尔(Willian Domville)的草稿中,说英国"人民比那些议员代表更有美德";更确切地说,他提到:"人民",尤其是财富来自"商业和工业"的"中产阶级"(l'état moyen),"热爱英国的法律和自由";至于议会,"虽然缺乏廉洁正直,却不缺乏开明(enlightenment)","几乎没有骗子不全心全意希望自己是一个骗子,同时却假装成一个好人"。这封信写于《论法的精神》出版的第二年(《思考录》第1883条,载于 OC 1.1447-1450;多明维尔1749年6月4日的来信及孟德斯鸠6月22日的回信,参 Masson 编,3. 1235-1237 及 1244-1245;一个有助益的探讨,可参 Rahe"政府的诸形式",页94-97)。

在英国的宪政体制下实现的自由乃是个体的自由。这一自由映照出,在由"灵魂修正"(即美德)所推动的共和政体下个体的自由或安全岌岌可危。孟德斯鸠准备就英国宪制的性质与意义做一番详述,现在他直言不讳道:

由于民主政体下的人民仿佛几乎可以为所欲为,自由因此被与此类政体相联系,而人民的权力被与人民的自由混为一谈。(11.2;同时参 11.6 第 46 段提及的"一个不自由的共和国")

就本性而言,民主国家和贵族国家都不是自由国家。政治自由仅存在于宽和的政体下。可是,政治自由并不始终存在于宽和的国家里。只有权力未被滥用时,政治宽和的国家里才有政治自由。然而,自古以来的经验表明,一切拥有权力的人都倾向于滥用权力,而且不用到极限绝不罢休。谁能想到,美德本身也需要限制! 为了防止滥用权力,必须通过事物的统筹安排,让权力制止权力。(11.4)

个体的自由或安全要求权力不被滥用,这一保障远非美德所能提供。英格兰政制通过国王、贵族和平民相互制衡的体制,为之提供了最好的保障。其中,国王、贵族和平民分别由分立的机构体现或代表,这三个机构根据不同(但可能重叠)的政府职能而设立——值得注意,其中设置了一个以陪审团为基础的(jury-based)司法机构,作为保护个体的关键所在。第 11 章第 6 节以极大的篇幅详述了英国体制的运行机制,并将之与其他体制作对比。在此,孟德斯鸠一次也不曾论及美德。而尤为令人惊愕的是,在大量讨论那些被认为由美德推动的共和国(我们在先前曾被如此教导)的段落中,孟德斯鸠对美德闭口不提。① 这些共和国如今被以一种全然不同的视角审视。孟德斯鸠确实谈到"恶"(vice)和"邪恶的"(vicious),但它们针对的都是失当的制度安排(第 28、43 段;同时参 6.12 的开端)。在随后几节里,孟德斯鸠只

---

① 参 11.6 第 8 到 12 段、第 21 段(主题是贵族制的"意大利诸共和国");以及第 24、28、43、51、54、58、61 段,尤参第 68 段(主题是古代诸共和国)。

在批评亚里士多德看重"美德"时提到了美德(11.9)。虽然在结束对英格兰体制的说明之后,孟德斯鸠又回到罗马共和国,将之视为一个粗犷或粗野甚至浪漫之伟业的典范:

> 我们永远离不开罗马人。直到今天,人们在罗马人的首都,依然会撇下新建的宫殿,重访残垣断壁:正如看惯草绿花红的双眼,喜欢一睹险崖高山。(11.13)

孟德斯鸠接着细致研究了罗马共和政体的演变(11.12-11.19)。他关注的焦点已经不再是罗马的德性,[①] 而是"国家的诸种原则",以及它们的"腐化"、保存或"未经腐化的变更"(11.13)。孟德斯鸠对这一切的理解都基于对如下这一复杂问题的考量:罗马政制在多大程度上体现了制度性权力的分立制衡,以疏导和缓和极为自私的各阶级和个体之间发生的冲突。

[原注]在孟德斯鸠的《思考录》第1798条中(OC 1.1430),我们发现一个富有启发的比喻,它表达了古代和现代在公民自由概念上的一处重要区别:"古人会把法律比作一张蜘蛛网,它的力量只能捕获飞虫,但却被鸟儿冲破。至于我,我会把好的法律比作一张巨网,鱼儿被约束在网中,却认为自己是自由的;而坏的法律则是牢牢捆住鱼儿的网,以至于哪怕在外面看,它们都觉得自己被困其中。"

先前,孟德斯鸠赞颂美德,将之视为灵魂的品质、共和政体的"动力"(spring);而现今,在一个或可被称为马基雅维利主义甚或原初尼采主义(Proto-Nietzschean)的段落中,我们看到,激烈的竞争取代了美德,为孟德斯鸠所颂扬。这种激烈的竞争有时出现于

---

① 美德只被提到了一次——在孟德斯鸠说起斯凯沃拉(Mucius Scaevola)的天真愚蠢之处时;后者想要"恢复古代的习俗",以处理格拉古(Tiberius Graccus)在变革司法权力分配上犯下的严重错误(11.18)。

国家陷入"从一种政制转为另一种政制"的深刻的政治转型阶段：

> 那时，政府的所有发条都被上紧，所有公民竞相标榜功绩；人们要么相互攻击，要么彼此安抚。一场高尚的竞争在两种人之间展开：一种人维护日益衰落的旧政体，另一种人推崇正在兴起的新政体。（11.3）

在之前几章，我们受到的教导是，要将美德视为罗马"政府的共和形式"的"原则"；而现在我们却被告知，"图里乌斯（Servius Tullius）的等级划分，可以说是这一政制的根本原则"（11.19）。

罗马共和政体现在必须依照孟德斯鸠描述的英国宪政所设立的标准以及其中体现的政治生活观念来评判。而在孟德斯鸠所描述的英国宪制中，最令人讶异，或者说最令人讶异地"理想化"的，乃是宗教建制的完全阙如。即使，或者说恰恰是在介绍上议院（The House of Lords）时，他也惹人注意地闭口不谈其中占有一席之地的神职贵族（The Lords Spiritual）或任何现存宗教的神职人员。在他对英格兰所代表或允诺的新政制的憧憬中，孟德斯鸠宣称，"因此，立法权将同时交付给贵族集团和一个经遴选产生以代表人民的集团"；并且，"贵族集团的成员应该世袭"。而英国教会，作为英国宪政的一大支柱，却消失得无影无踪。① 我们一时不

---

① 11.6，第31和33段；同时参19.27，第50-53段。请对比孟德斯鸠的头号英国宪法信徒们对上议院（包括神职贵族）的描述，参布莱克斯通的《英国法释义》（*Commentaries on the Laws of England*，发表于1765-1769年），1.2，页151-152；德洛姆（Jean Louis De Lolme）的《英国宪法》（*English Constitution*，发表于1781年），1.4，页55-56；以及柏克的《反思法国大革命》（*Reflections on the Revolution in France*，发表于1790年），载于OC 2.363-364（柏克在这个段落的开头就诉诸西塞罗《论法律》1.2的权威，来支持英国国教的宪法力量）；同时参柏克的"致布莱斯托尔首长的信"（发表于1777年），以及"关于释放新教徒抗议者的法案二读的演说"（1773），载于《全集》6.112-113。

解,在孟德斯鸠的理解里,宗教究竟在这一政体统治下的人民生活方式中占据何种位置。毋庸置疑,就其完全缺乏任何形式的宗教成分而言,孟德斯鸠所描述的英国政制不同于以往人类历史中的任何一种政制(在随后几节——11.11 开头和 11.12,孟德斯鸠不动声色地提醒我们宗教在罗马政制中起到的政治作用)。

孟德斯鸠起初之所以对英国国教保持沉默的完整意涵,在很久之后才得以显明。它出现在第 19 章最后一个很长的小节里。在此,孟德斯鸠细致描绘了英国政制所带来的生活方式,以此作为第三卷的结尾。和他早前对英国政制的长节论述一样,孟德斯鸠在这一节通篇用的都是条件语态(conditional tense)。正如在第 11 章,孟德斯鸠展现了一个略微理想化但意义重大的英国政制,或者说,描绘了他从现存的英国政体中看到的(但未完全实现的)全部潜能(11.6 结尾,第 69 段);现在,在第 19 章的结尾,孟德斯鸠根据自己在英国观察和体验到的生活方式,推测在这一政体达至历史成熟之后可合理期待的生活方式。

首先我们看到,孟德斯鸠坚持认为,英国人那初看起来——尤其在那些接受过古典教育的人眼中——物质主义和个人主义的竞争狂热,其实恰恰表明英国具有人类社会健康的自发性和自然性:

> 在那里,所有激情都被解放出来;因此,仇恨、羡慕、嫉妒、发财致富和出人头地的热情,都毫无保留地显现出来:倘若不是这样,国家就会变得如同沉疴缠身的病人,因极度乏力而毫无激情。(19.27,第 6 段)

于是,"那个因和平、自由而安逸舒适的国家,如果从毁灭性的偏见中解放出来,将会成为一个商业国家"(19.27,第 29 段)。如孟德斯鸠在下一章所说,"别的国家使商业利益让位于政治利益,这个国家却一向使政治利益让位于商业利益"(20.7)。在这样一个"极为富裕"但"赋税繁重"的国家,一个人"如果不工作而仅靠一份有限的财产,几乎不可能生存下来"。"由于人们将始终为自己的利益奔忙,没有人会有那种建立于无所事事之上的礼节,而且他们确实也没那个时间。"从更深的层面说,"这个国家的人,与其说是同胞,毋宁说是同盟者"(19.27,第 31、58、62 段)。

在对英国的自由生活方式的讨论中,孟德斯鸠几乎花了与描述其商业特征相等的篇幅,来描述它那非同寻常的宗教特征。正如他很快将会强调的,英格兰独树一帜的自由和商业主义与它那独树一帜的宗教性携手并进:英国人是"世界上最善于充分利用宗教、贸易和自由这三种伟大事物来为自己谋好处的人民"(20.7)。① 英格兰的宗教性很大程度上是它那彻底自由化和商业化的生活方式的可预见结果。但是,正如上一段的引文所表明的,在英格兰,"从毁灭性偏见中"得到一定关键程度的"解放"之后,商业精神才得以充分解放,前者是后者的前提。正如我们最后得知的,促发英格兰商业主义的关键事件,是一个逼近僭政的世俗政权所做的一项野蛮措施,它捣毁了数世纪之久、已成建制的基督教:"为改革英国教会,② 亨利八世毁灭了僧侣";"亨利八世同样废止了济贫院,下层民众本可从中找到生计,正如绅士在修道院里找到了饭碗。在这些改革之后,商业和工业在英国确立起来。"③

---

① 同时参《思考录》第 1903 条(OC 1.1458):"英格兰民族""对宗教只有一种开明的尊重";以及第 818 条(OC 1.1224):"弥尔顿的叙事诗以基督教为根据,只有当基督教在英国被认为是一种虚构后,这本书才开始受到英国人的赏识。"以及第 23 条(OC 1.982):"这正是一个人在原则上保持的适度(moderate in one's principles)! 在法国,人们认为我的宗教信仰不够强烈;在英国,人们认为我的宗教信仰过于强烈。"

② 我相信,这是整本《论法的精神》中孟德斯鸠对英国教会的唯一一次重要提及。

③ 23.29;在孟德斯鸠描述英国宗教的段落之前,他简短地预示了这段稍后出现的、披露内情的话(19.27,第 45 段):"如果这个国家由于曾受制于专横权力,在若干情况下,它将仍然保留这种专横的作风;所以,我们常常在自由政体的基础上看到一种绝对统治的形式。"

被奉为样板的英格兰宗教在自由和商业的塑造之下,已然显著地成熟起来,那么,它具有什么特征?

> 在宗教方面,这个国家的每一个公民都有自己的意志,因此,每个人都由自己的理智或臆想引领;由此而引出的结果是,或是人人都对所有类型的宗教满不在乎,因而倾向于接受占据主导地位的宗教,或是大家普遍都对宗教有一种狂热,因而宗派横生。

当他描述在英格兰这样的社会中教士将会具有的地位和相应的言行举止时,孟德斯鸠进一步阐明了他如何理解这种由派别狂热而衍生出的宗派多样性:

> 有成百上千种情况可能导致教士信誉全失,以至于任何一个公民都比他要强得多。所以,教士就宁可承担与俗人相同的负担,在这方面与他们混同一体,而不愿意隔离自己。不过,教士始终希望获得民众的尊敬,于是就以隐居的生活、更矜持的行为和更纯净的风尚来显示与常人的区别。

然而,对教士的蔑视可能发展到这一地步,"人们甚至会希望禁止教士纠正自己的弊病;出于自由狂热,人们宁可让教会的改革半途而废,也不愿意让教士成为改革者"。在此般困境中,"教士无力保护他们的宗教,他们的宗教也无力保护他们;即,他们没有强迫的力量,因而只能试图劝服:人们将读到他们撰写的、用以证实启示与伟大存在(great Being)之旨意的优秀作品"。

教士被迫像神学家一样竭力说服俗众,以赢得那些看不起他们的俗人的尊敬。由此,他们将发现自己不得不进入公开的辩论。这场辩论建立在哲人认为唯一稳固的基础之上,即建立在理性和理性的证明之上,而它面向的听众是那些依循自己的商业头脑、不屑于全然顺服教士权威的人。宗教议题,甚或尤其是在教士的立场上提出的宗教议题,将在自然宗教——即理性宗教或关于伟大存在的宗教——的基础上进行。孟德斯鸠狡黠地评论道:"这个国家里也许有什么教都不信的人,这并非不可能。""不过,倘若他们信奉一种宗教,就不能容忍有人强迫他们改宗。"与这种对宗教的疏离齐头并进的,是对最大限度的思想自由及宗教信仰自由的强烈依赖。而这种依赖与其说是为了自由本身,不如说是因为他们感到思想自由与对安全和财产的保护休戚与共:思想自主的自由公民的"生命和财产并不比他们的思考方式更切己;任何能够剥夺他们的思考方式的人,自然能够更轻易地剥夺他们的生命和财产"。

[原注]19.27,第46—47段和第50—52段;在25.11("论改换宗教")手稿的倒数第二版草稿中,有一段话孟德斯鸠决定在最终的草稿中删除,他在这段话里写道:"我甚至假定,这个国家中的精英不会信仰任何宗教。但是,如果他们当中存在一些自由精神,假使他们本身信仰某种宗教,他们不会容忍有人意图从他们那里夺走他们的宗教,因为他们会觉得,既然君主有能力夺走他们的宗教,当然也更有能力夺走他们的生命和财产。"(OC 2.1000)

英格兰标准的应用

孟德斯鸠称,在英国宪制的"诸原则"中,"自由一如镜像显现"(11.5)。然而,尽管英国宪制在一定意义上可称"典范"(11.7),但孟德斯鸠的政治科学也传达了一个警示,即特定的英国制度绝少可能被应用于其他国家;也应绝少被应用于其他国家,如果要应用的话,必须加以实质性的修正(参11.6的倒数第二段)。即便是欧洲,即自由在此可谓土生土长的欧洲,应鼓励和寻求的至多不过是大体相似的制度机制和实践,而且这些机制和实践应当根植于该国特殊的历史精神，因而才能与之适应。孟德斯鸠不断反思法国的历史发展，从而也思考自由在其母国所具有的特殊源泉和威胁，这些反思在第六卷（同时是整部作品的尾声）的细致研究中达到顶峰，这为每个不同国家所需的艰苦研究树立了标准。①

　　这种一丝不苟的科学研究典范，探究的正是构成本国"普遍精神"的独特历史发展的深刻根源，即其"本性"。而同时，这一典范也展现了受到寰宇之雄志所激发的首个纯理性主义的政治理论。在《论法的精神》出现之前，这类雄志绝非政治哲学的特征，而毋宁属于受启示指引或匍匐于启示之下（如伊本·赫勒敦［Ibn Khaldun］）的政治神学。圣奥古斯丁的《上帝之城：驳异教徒》是其经典表述，而波舒哀的《论普遍历史》（1681）则是其伟大的现代回响。② 为了恰当地理解贯穿于《论法的精神》全书的这一雄志的全部意涵，我们需要辨清它意图击败并取代的那些敌手。《论法的精神》是在这一层面上与对手竞争的首次严格意义上的理性主义尝试，因为它为一种真正关于世界历史的系统性政治科学提供了起码的蓝图和框架。③ 更重要的是，这套最早的全球性政治科学服务于一个全球化的、因而也是前所未有的启蒙抱负或改革抱负："启蒙人民不是一件无关紧要的事"（前言）。孟德斯鸠对英国政体之世界性意义的呈现过程循序渐进而又错综复杂，如果

---

① 《思考录》第 398-399 条（OC 2.1102-1103）以及 OC 2.1029（在为《论法的精神》准备的笔记材料中的第七号段落），能帮助我们进一步理解孟德斯鸠在这些章节中的意图。

② 波舒哀这部大作的要旨出现在第三部分第三章的标题中，"诸帝国的更迭由天意控制，它的作用是让君主们谦卑"。

③ 参阿尔都塞在《孟德斯鸠：政治与历史》（*Montesquieu, la politique et l'histoire*）第一章开头处的讨论。在此，孟德斯鸠与波舒哀二人的普世主义雄心形成鲜明对比——波舒哀的历史"当然希望自己是普世的：但它的所有普世性在于说明《圣经》已经说明一切，一切历史都存在于其中，就像橡树在橡果之中"（页 14）。

我们能够牢记这一宏大的雄志,看到它构成的更为广泛的框架性的语境,那么,我们将能更好地理解孟德斯鸠的这一呈现过程。

要将权力分立的教诲应用于其他国家,几乎当即明晰的一点是,政治自由的制度性基石乃是一个独立的司法系统——在最佳情形下,它基于一些组织得当的陪审团,陪审员则选自与被告地位相同的人。一部刑事与民事法典以及一套密切关注个人安全和财产的司法程序也有着同等的重要性,后者在同时代欧洲的大多数君主国中正得到显著的发展(尽管在共和国中还不太明显。11.6 第 7-9 段,第 13 段,第 47-51 段;11.11)。第 12 章,即论述自由的第二个章节,描述并阐明了当时这一发展的意义:

> 关于在刑事审判中所能持守的最确定的规则,某些国家已经获得一些知识,今后还将有其他国家获得这些知识,人类对这些知识的关心远胜对世界上其他事情的关心。只有在实际应用此类知识的基础上,自由才可能扎根。(12.2)

第 12 章始于区分"与政制相关的政治自由"和"与公民相关的政治自由":一旦人懂得"自由是享有安全或者自认为享有安全",那么,他就会明白,"可能有这种情况,政制是自由的"(只要它拥有一套制约与平衡的健全体制),但"公民却一点也不自由"——因为法律体系的精神,尤其是刑法这一部分,对保护个体漠不关心。然而(更为悖谬的是),与此相反,也存在着这样一些国家,在其中"公民能够获得自由,尽管政制并不自由"。"在这些情况下,"孟德斯鸠补充道,"公民在事实上是自由的,但在权利(right)方面并不自由:"

> 就自由与政制的关系而言,唯有通过法律甚至是基本法的安排,自由方能得以确立。可是,就自由与公民的关系而

言,习俗、风尚以及惯例都可带来自由;本章将要谈及,某些
支持自由的公民法也可能促成自由。(12.1)

　　因此,个人自由或安全并不全然有赖于制度性的保护。自由
甚至可以在显然极为不利的政制体系中诞生,只要"习俗和风尚"
提供了对自由的保护。然而,不论如何,法律仍是保护自由的关
键——尽管不一定是宪法(constitutional law)。孟德斯鸠在第12
章里长篇讨论的首批案例,几乎都涉及处理关于各种不虔敬控告
的温和刑法。他总括性地强调,需要清楚区分针对"四类罪行"的
惩罚:"第一类有伤宗教,第二类有伤风化,第三类有伤安宁,第四
类有伤公民的安全";"如果刑法对每一种刑罚的确定都以罪行的
特殊性质为依据,那就是自由的胜利"。最值得注意的是,如果罪
行仅限于渎神,刑罚就应仅仅"包括剥夺宗教所给予的一切好
处——将之赶出庙宇,并从信徒的社团中排除"一类(12.4;同时
参12.5-6和11.12,11.17)。一个国家如果以这样的方式区分对
不虔敬的刑罚与对违反道德正派、妨害公共和平、侵犯个人安全
的刑罚,这个国家就向着自由迈进了一大步——无论它的政制是
否自由。正如巴特莱特(Bartlett)所说(《启蒙的理念》,页30),
"在一些精妙的段落中,孟德斯鸠勾勒的,无非就是教会与国家的
(自由化)分离"。正是在这一语境下,孟德斯鸠就司法暴行给出
了一些最可怖的例证,这些暴行以替上帝复仇的基督教热情为名
义施行;即使在欧洲,或者说尤其在欧洲,它们甚至仍存在于生者
的记忆中。

　　更宽泛地说,孟德斯鸠接着在第12章罗列诸种建议,以避免
陷阱、开展适度改革。这些建议阐明了如何迅速使刑法程序和刑
罚变得更人道和高效,以促进统治者及其臣属共同的和平、安全
与繁荣。他所阐明的原则可以应用于许多国家——包括那些没
有"宽和"政体,甚或没有独立司法体系的国家。一方面,孟德斯

鸠举出大量历史案例,描绘专制国家在执行法律时所陷入的"无以复加的愚蠢"(12.5),并将这些案例视为君主国需要加以避免的实际教训;但另一方面,孟德斯鸠又满怀希望地指出,一些专制者出于精明的自我关切,能够学会大幅缓解愚蠢的非人道。在这里,孟德斯鸠面向那些"希望减缓(moderating)专制主义"(12.12)的人发言。① 他指出,一些专制者能够意识到"专制主义可怕到这种地步,它甚至转过头来对付那些施行专制的人"(12.10;同时参12.28)。突然间,似乎在专制政体和"宽和"政体之间的鸿沟上架起了一座桥。第 12 章的结尾两节致力于研究"适合为专制政体注入少许自由的民事法",并且又一次提及"减缓"专制主义的可能性。

　　在专论自由的这几章的最后一章,即第 13 章("税收和国库收入额与自由的关系"),这份小心谨慎的改革精神得到进一步强化。孟德斯鸠在此表明,当"国家收入"的性质被理解为"每个公民为了确保自己其余财产的安全而上交的一部分"时(13.1),所有政体中的统治者和被统治者都能够在物质繁荣方面收获诸多好处。第一批具体例证探讨的是奴隶社会和专制政体:孟德斯鸠表明,如果要创立法律措施来保护农奴的经济利益(虽然微小但极为关键),那么,就必须增加能够根据地主的收益而征收的那部分税赋(13.3-6)。更宽泛地说,孟德斯鸠声称要论证为何"专制政体下的赋税应该很轻。否则,有谁愿意自找苦吃在那里种地?再则,在一个臣民的付出得不到任何补偿的政体下,臣民拿什么去缴纳沉重的赋税?"(13.10)所以,这个论点被证明不只是一种"应该",还是一种出于不变之必然性的"必须":

---

①　孟德斯鸠此前曾谈及"减缓专制主义"的可能,同时称赞征服并进行统治的鞑靼人的"优良实践"(10.15)。参随后的 13.12 注释和 21.20 结尾;尤参 18.6,在这里,孟德斯鸠甚至说"中国的江南和浙江这两个美丽的省份"展现了"宽和的政府"。

通则：税收可因臣民享有的自由增多而加重；反之，奴役增大时，税收必然随之减轻。这一规律过去始终如此，将来也始终如此。这是一条源自永恒不变的自然的规律，所有国家概莫能外，诸如英国、荷兰以及所有自由行将退化的国家，下至土耳其亦是如此。（13.12；同时参13.13-15）

在这一语境下，孟德斯鸠将一些亚洲的专制者称为"亚洲的君王"（13.15）。① 这一之前未出现过的术语或可归因于这一事实，即当下考察的这一段落几乎照搬了孟德斯鸠1734年的一篇未发表的短文的最后一部分（25），这篇文章的名字是《对欧洲的普遍君主政体的反思》（"Reflections on Universal Monarchy in Europe"）。但事实上，在1734年的文章中出现的同一段话并没有使用这同一个术语。② 其实，《论法的精神》此处的语境已经为这个新术语提供了一个实质性理由：这些"君主式的"专制者的敕令表明，他们意识到自己受到经济规律的迫使，不得不制定保护臣民财产的税收政策；这些税收政策相较非专制国家，即欧洲的有限君主国，有过之而无不及。欧洲君主的臣民相对而言享有的法律

---

① 在10.17，孟德斯鸠轻蔑地提到"专制君王"，这里他指的是一个征服了其他国家（也正是由于他征服了其他国家）的君王。在8.6以及10.15，孟德斯鸠含蓄地将中国的早期王朝视作君主政体而非专制政体。在6.9的一个注释中，孟德斯鸠说，他稍后会表明，就刑罚的严重程度而言，中国"与共和政体和君主政体情况一致"。最重要也最有先兆意义的是，孟德斯鸠后来将（合法的）波斯皇帝大流士和亚历山大大帝相对比。大流士的宗教偏见阻止他鼓励商业，而且仅仅把他引向"愚昧"和"一个希望展示其力量的君主的奇想"；而亚历山大则绝佳地示范了"一个君主安排得当的计划"，在无情地征服波斯后，他发起一项"计划"，即意在联结西方和印度的巨大的"商业革命"（21.8）。

② 参考OC 2.37-38：孟德斯鸠在这篇早期论文中并没有使用"亚洲的君王"这个术语，他使用的是"东方的君王"和"东方的国王（kings）"（用"亚洲"取代"东方"，可能是与《论法的精神》中阐释的气候影响法律的理论保持一致）；在措辞上还有其他一些更显著的变化，这至少能够表明孟德斯鸠并没有机械地转抄和插入这段来自早期未发表论文的段落。

自由和安全,反而容许税收政策更少顾及臣民的财产,因此也更少顾及总体的经济福祉(13.15;同时参13.16)。孟德斯鸠尤其为"在欧洲蔓延的一种新疾病"而痛心:君主们正陷于一场日趋激烈的竞争,他们竞相通过挥霍由不断增长的赋税聚敛而来的资金,比拼谁在和平时期能建立起可能的最大军事力量。东方却没有出现这种不节制的行为(13.17)。孟德斯鸠甚至提出,在这一方面和其他方面,欧洲的君主应当学习某些东方专制者更为精明的税收政策,"东方各大帝国免除受灾省份赋税的准则,显然应当被移植到君主国"(13.18)。

另一个属于某些专制政体的特殊优势体现于下述问题:"包税和直接征税,何者对君主和人民更为有利"(第19节的标题)。因为,"在实行直接征税制的专制国家里,人民要远为幸福,中国和波斯就是明证"——而"在各个君主国的历史上,包税人造成的祸害比比皆是"(13.19)。在专制国家中,税收不仅需要相对更轻,而且必须一清二楚、固定不变;否则,政府征税官的掠夺就会令从事生产的臣民倾家荡产——从而最终也令专制者本人倾家荡产。

再者,就商业来说,"在专制政体下,商人应该享有人身安全保障,习俗也应令这一点得到尊重。否则,当他们与君主的官吏打交道时,就会过于弱势"(13.10)。事实上,孟德斯鸠观察到,保护商业的需要已经迫使当时一些主要的亚洲专制者减轻对违反海关规定的惩罚;在欧洲君主国,同类惩罚则要重得多——由此而来的结果是,在几个庞大的东方专制国家,跨境贸易实际上要比在欧洲自由得多:

> 在欧洲,商品被没收,有时连船只和运货车辆也被没收;在亚洲,这些事情都不会发生。原因在于,欧洲的商人受法官的保护,使之不受压迫;而在亚洲,法官本身就可能是压迫

者。倘若一位帕夏［Bacha，地方官员］决定没收某个商人的商品，这个商人怎能反抗呢？

欺凌一旦过了头，官员就被迫收敛自己，显出一定的温和。土耳其只收单一的进口税，全国都向纳完此税的商人开放；对于报关不实者，既不没收，也不加税。在中国，不是商人的货包从不需开包检查。在莫卧尔，走私不处以没收，只需加倍缴税即可。驻在亚洲各城市的鞑靼王公，对过境的商品几乎什么税也不征收。

［原注］13.11；悖谬的是，它将透露出，英格兰"人民比世界任何其他民族都更善于为自己的好处而充分利用商业"；也正是因为这个原因，他们被竞争带来的猜忌冲昏头脑：他们"很少与其他国家签订关税协议，可以说，他们的关税随国会更迭而异"；出于"对在其国内经商者的极度猜忌"，英格兰"很少缔结约束自己的条约，仅以自己的法律为依据"（20.7）。一方面，暴政在商业法则的压力下逐渐柔化或者多少使自己自由化；另一方面，个人自由最大化的政体容易陷入非理性或狂热的过分行为，如果不能抵制这一倾向，最自由和最纯然商业化的国家就会遭受商业法则的制裁。

由此，我们得以谙熟公共财政和商业"规律"的"制约"力量。这些商业"规律"迫使国家在一定程度上保护私有财产，因而保护个体安全或自由。即便专制国家亦是如此，或者说，专制国家尤其如此——如果它不想陷入贫困的话。当然，正如我们在第一卷中鲜明所见，孟德斯鸠深切地知道，专制国家的自然倾向或趋势乃是愚蠢地使自己陷入贫穷，并一再出现混乱的自我毁灭（尤其回想5.13）。但是现在，孟德斯鸠却表明，有充满希望的证据显示，在正确理解的经济利益的要求下，一些主要的专制者正在学习倾听理性的声音。由此，新经济科学的发现在全世界范围内的传布，就成了孟德斯鸠为全人类带来一定程度之启蒙这一事业的主帆。

第五章　商业与非凡的神学试验

　　在第三卷,孟德斯鸠在第 13 章的教诲的发展轨迹乍一看似乎被打断了。我们先前高兴乃至欢欣鼓舞地看到,在个人自由和安全这方面人类虽发展缓慢,但绝对在进步,这很大程度是通过顺从商业的诸种限制而实现的。然而,孟德斯鸠却突然向我们甩出证据,使我们有强大的理由怀疑,是否在欧洲与北美之外,人类解放的前景黯淡无光。

　　在第三卷中,孟德斯鸠以令人沮丧的细节展开其著名教诲,即世界各地的气候与自然地理,以及与之相应的经年累月发展出来的复杂的(很大程度上也是专制的)社会制度,如何将可塑的人类区分为许许多多的民族,每一个民族都有其独特且根深蒂固的"普遍精神"。在这个过程中,他让我们看到奴隶制的分布广泛和根深蒂固,从而使我们灰心丧气——这里的奴隶制不仅限于"政治的"奴隶制或专制主义,以及"民事"(civil)或动产的奴隶制(chattel slavery),而且还包括孟德斯鸠称之为"家庭"奴役[的制度],或者说在家族与家庭中对妇女的奴役。最后一种类型的奴役有最明晰的自然基础(即使不说是正当理由)(16.2,16.4,16.8-9,16.10 的结尾,16.11,16.13)。在众多环境中,专制主义也有某种自然基础,有时候是一种必需;在少数环境中,甚至"残酷的"民事或动产的奴隶制也有一种自然基础(即使不说是一种必然性)(15.7-8 及 15.19 结尾,同时参 14.2 和 21.3 的结尾)。

几乎在一开始,我们就被迫面对炎热气候对人类"灵魂"造成的特定扭曲效果。这就是"东方各国的宗教、习俗、风尚和法律持久不变的原因"(强调后加):第 14 章第 4 节的标题如是说(同时参 21.1 的结尾);然而,奇异而又显著的是,孟德斯鸠虽给该小节起了这样一个标题,在正文里却惹眼地对宗教缄默不言。在第三卷稍后部分,我们看到对亚洲地理如何具体影响民族间交往的解释,之后,我们被告知"在亚洲行使封建专制权力"(17.3,17.6)的地形学缘由。①

然而,就在这些同样的地方,我们的耳朵捕捉到一段复调音符。孟德斯鸠反复坚称,"明智的立法者"的使命是,在每一民族内抵制且在相当大的程度上去克服气候的奴役倾向,甚至对那些由气候导致的人类传统或文化加以改变或加以理性化。几乎在卷三的开头,孟德斯鸠就宣称:

> 正如儿童比理智已经成熟的人更需要优良的教育,与此同理,这种气候下的人民也比欧洲气候下的人民更需要一个明智的立法者。越容易受到强烈影响的人,越应该以合适的方式接受这些影响,并且接受理性指导,拒不接受偏见。(14.3)

正如我们注意到的,下一节的标题极力表明"东方各国的宗教、习俗、风尚和法律"是"持久不变的"(14.4),而紧随其后的下一节标题是"不良立法者助长气候的弊病,优秀立法者与之抗争"

---

① 对比 16.9:"平民政体在东方始终难以建立"(强调后加);请回想我们之前发现的,孟德斯鸠对摩西法律起初的原始共和主义(proto-republican)精神的判断。

(14.5)。这一节正文里,孟德斯鸠集中讨论中国的古代封建专制政体所设立的模板,与之形成尖锐且富有教益性之对比的是印度的专制政体。在印度,佛教教诲与气候所导致的消极性若合符节,以至于"这套形而上学体系看似合乎自然";但恰恰出于这个原因,佛陀的"学说产生于气候所致的怠惰,反过来又助长这种怠惰,因而造成了数不清的弊害"。与此相反,"中国的立法者比较明白事理":

> 他们不是把人放在有朝一日将到达的静止状态中去看待,而是将人放在适合他们履行生命义务的行动中去观察,从而使他们的宗教、哲学和法律全都具有实用性。(强调后加)

接着,孟德斯鸠得出了一个重大结论:"物质因素越让人趋向静止,道德因素就越应让人远离这种静止状态。"(14.5;同时参24.11)

在接下来的数节中,孟德斯鸠继续坚持这一论点:由于"耕种土地是人最为重要的劳动","气候越让人逃避此项劳动,宗教和法律就越应激励人从事此项劳动"(强调后加)。"印度法律""从个人那里剥夺了私人所有权的精神",还鼓励僧侣制度(monasticism),因此,它们在这些方面是很糟糕的(孟德斯鸠还补充道,在教会的影响下,"这种现象在欧洲同样可以见到":14.6-7)。正如"中国的优良习俗"纠正了我们在印度看到的那些弊害,与如今的伊斯兰教波斯相比,前伊斯兰时期的波斯同样保持着健康(14.8;我们回想起,前伊斯兰时期的波斯乃是"世界上最勤劳的民族,其人民将垦殖土地视作他们宗教的一项原则"——10.13)。正是在这一语境下,孟德斯鸠评论道:"命运不可违的教条支配着一切,把治理者变成了若无其事的旁观者",而不是人类苦难的解救者:这种教条的后果就是,统治者倾向于"认为真主已经做了一切,因此他们什么也不必做"(14.11;同时参24.14)。在一处(16.12),孟德斯鸠甚至说:

> 当气候的物质力量践踏两性和灵智生物的自然法则时,立法者就应该制订民事法律以克服(force)气候本性(lois civiles qui forcent la nature du climate),重建原始法则(les lois primitives)。

但是,孟德斯鸠不会让我们忘记,即使一个"明智的立法者"采取上述行动时,也伴随着可怕的风险。在第三卷接近尾声的地方,他写道(19.12):

> 专制主义国家的首要准则是绝对不能改变习俗和风尚,否则就会立即引发革命。原因在于,这类国家可以说根本没有法律,只有习俗和风尚;如果你颠覆了习俗和风尚,你也就颠覆了一切。
>
> 法律是制订的(established),习俗则出于感染(inspired)。习俗与普遍精神的关系更为紧密,法律则与具体制度有更为紧密的关系。颠覆普遍精神与改变具体制度同样危险,甚至更加危险。

这段话虽然听起来主要是一种警告,但也暗示一场可能的冒险。从这一警告中,孟德斯鸠继而得出一个结论,它令人讶异地作了限定,同时有惹人注意的前后矛盾:"因此,专制国家的君主或立法者应该比任何别的国家更少触动习俗和风尚。"(强调后加)这绝没有排除由一个明智的立法者来对专制习俗施以一定程度上的"触动"。① 具体而言,这意味着什么? 当我们看到孟德斯鸠将注意力再次集中在对妇女的限制,把它作为专制习俗保持不变的关键所在,并将之与非专制国家不断变化——或者说其实是不断"腐化"——的习俗相对照时,这个问题的答案也就逐渐浮出:

> 生活在专制主义下的妇女通常幽闭深闺,对任何事情都无容置喙。在妇女与男子共同生活的其他国家里,妇女取悦他人的愿望和男人取悦妇女的愿望,促使风尚不断变化。男女两性彼此腐蚀,致使双方都丧失了自己特有的、本质的特征。以往被认为天经地义的事情,现在也被任意处置。于是乎,风尚每天都在发生变化。(19.12)

10 行后,在命名为"何为改变一个国家的习俗和风尚的自然手段"的一节中,我们发现孟德斯鸠举出了一个重要案例。在这个例子里,一位残暴的开明专制者以"专横"的立法和个人的"暴力"来对国家的习俗实施自由化改革,但遭遇失败。而后他碰巧发现一种手段,它的"温和"使其成功地对专制的亚洲风俗进行了迅速而颠覆性的改革(腐化),进而引进了更宽和也更具君主政体特点的欧洲风俗。在沙皇彼得一世治下的俄国,

> 妇女过去被幽闭深闺,在某种程度上成了奴隶。沙皇把她们请到宫廷来,让她们穿上日耳曼式的服装,还把织物送给她们。女性立即尝到一种生活方式的甜头,这种生活方式

---

① 达朗贝尔解释道(在《〈论法的精神〉解析》第 xlvi 页):"为了改变习俗和风尚,借助法律不是个好办法,只有借助褒奖和榜样方能达到目的。不过,一个民族的法律应当在不知不觉中影响习俗,或使之得到巩固,或使之发生变化,只要不直接而粗暴地违背习俗。"

有力地满足了她们的情趣、虚荣和激情，于是她们就让男性一同品尝。(19.14)

当我们回忆起之前在第 19 章的那些小节中学到的东西时，尤其是记起孟德斯鸠对其母国的勃勃生气所作的优雅致意时，这一变革的全部重要性就显而易见了：

> 妇女的社交腐化风俗，并形成了情趣；要比别人更加取悦于人的欲望促成了饰物的产生；在取悦于人方面不断改进的欲望促成了时尚的出现。时尚这件事情至关重要：通过促使人们的精神日趋浅薄轻浮，时尚贸易的各个分支日益兴旺（参［曼德维尔的］《蜜蜂的预言》）。

在彼得大帝对俄国上层妇女实行解放的影响下，改革确实变得"更容易"了。孟德斯鸠强调，这是因为：

> 现存的习俗与当地的气候关系不大，而是由于民族混合和征战而被带进来的。由于彼得一世是把欧洲的习俗和风尚搬进一个欧洲国家，因此变革比他预期中轻易得多。气候是所有因素中的首要因素。(19.14)

但是，这种妇女解放以及随之而来的商业和人道方面的转变，在真正的亚洲专制国家中是否可能发生，这依然是一个重大疑问。不过，我们稍后获悉，至少在波斯，琐罗亚斯德教"在早期曾把波斯治理得欣欣向荣，修正了专制主义的种种弊害"(24.11)；正如孟德斯鸠在《波斯人信札》中强调的（第 67 及 85 封信），琐罗亚斯德教之所以能做到这点，要部分归功于它要求实行一夫一妻制以及两性平等，部分还归功于它鼓励勤劳，尽管没有鼓励商业。

在最初描述自然环境的巨大塑造力时,孟德斯鸠曾做出一个优雅精确的概论。根据这一概论,气候对人类事务的影响力并非像一开始看起来的那样绝对。孟德斯鸠称,"政治犹如一把钝锉刀,需要慢慢地研磨,然后才能达到预定目标"(14.13)。[①] 与这幅耐人寻味的画面(让人联想到一个要顽强挣脱锁链的囚徒)相映成趣的是,孟德斯鸠提及日本精神的"残暴特征"(14.15),进而促使我们回想起他早先对日本及其极端暴烈的法律(基于孟德斯鸠所依赖的原始材料给出的报告)作出的引人注目的评论:

> 日本民族固执、任性、恣意、古怪的性格令人吃惊,他们敢于面对任何危险和苦难。乍一看,似乎确实不能责怪立法者设立严刑峻法。可是……明智的立法者会想方设法引导人们的精神:他会借助两相合宜的奖惩,借助与日本人性格相宜的哲学、道德和宗教准则,借助正确运用荣誉规则,借助羞辱的痛苦,以及享用持久幸福和温和安宁。倘若立法者担心这种精神习惯了只能以残忍的痛苦来约束,温和的疼痛已经无济于事,在这种情况下,立法者将会不事张扬,而是采取不易察觉的行动。(6.13)

读完整个第三卷,我们越来越因为两种看似互相冲突的思路之间的变换或混合而感到困惑不解:一方面,孟德斯鸠展示了在亚洲专制国家中,自由化改革面临的令人挫败甚至是看起来不可克服的障碍;另一方面,他敦促并告诉我们如何对亚洲专制主义

[①] 在孟德斯鸠为组织《论法的精神》对商业的讨论而汇编的手稿中,有如下明确表述(OC 2.1021):"我已经说过一次:审慎的政府很少以每个人都能看到或想象到的途径来达成它的目标。大多数自然的以及政治的好处都是悄然无声地产生的;即使那些感受到其影响的人,也无法切实目睹它们。"

进行谨慎、有限然而也是实质性的缓和。反复出现的"立法者"论题，恰恰是在对人性受奴役于充满敌意的自然环境这一令人沮丧的观察中才得到凸显。这一论题指示了一种始终存在的可能性，即以理性、主动的作为，来对抗并在一定程度上克服非人的自然力量。但这里有个重要问题：哪些工具或杠杆能够为明智的立法者所用？

　　当我们抵达第三卷的结尾，这个疑难开始得到解答。在那里，我们突然被带回英格兰——回到它的生活方式和"精神"，包括它的宗教精神；随后，我们看到第四卷开头在缪斯启发之下对"商业精神"的揭示（第20章）。这时候，我们开始意识到孟德斯鸠为我们作了多少精巧准备：通过逐渐增强令人不安的困惑，他使我们以克制但强烈的希望和憧憬来看待商业精神潜在的全球性后果。这种商业精神与"当今之理性"和"当今之宗教"的进展相互协作，而后者决定性地由"我们的哲学"所影响或形塑（10.3）。我们最终发现，英格兰对人类境况在世界范围内的改善做出的贡献，不仅在于，甚至不仅首要地在于它那非凡的宪制，而且在于其商业和宗教精神，它那法律体系给予这种精神以前所未有的空间与鼓励。

　　[原注]这帮助我们更好地理解孟德斯鸠对关于气候之力量的教诲的总结。孟德斯鸠在对索邦神学院的审查的回应中阐明了这一总结，初看时它让人惊讶不已（OC 2.1173）："我们可以说，《论法的精神》是道德对气候的永恒胜利，或者笼统地说，是道德对物理原因的永恒胜利。只要读一下这本书所说的道德原因对斯巴达人，希腊人和罗马人的精神的巨大作用就明白了。正是因为这个缘故，作者极度反对《教会新闻》（*Nouvelles ecclésiastiques*）[发表的攻击言论]。《教会新闻》以这部共有三十一章的著作中的两三章为依据，对作者大加斥伐，似乎他否认道德原因、政治原因和民事原因的影响，尽管这部书事实上几乎从头到尾都意在确证这些原因。"

商业作为宗教解放的引擎

随后,在第四卷的章节中,我们详细了解到,柔和的"商业精神"多多少少渗透于所有自然环境以及政体当中,甚至包括某些专制政体。在第 13 章中孟德斯鸠已经透露端倪,而今在第四卷,他更为开诚布公。商业实实在在地增进了自由或安全、人道,并且克服了"破坏性的偏见"。我们看到,这一进程在英国得到完全的展现。只要商业或商业主义能在一个国家中扎根并生长,它就能让在它影响下的所有人更好地体验到尘世的舒适及个人力量的增加和选择范围的扩大,并因而使大家开始渴求这些东西。一个极其重要的结果是促成人口的增长:不像其他所有动物,人类在这个世界上面临"成千上万种方式"使其"繁衍受阻"(23.1)。

商业不仅促使人们看到并关注个人以及整个物种最为基本的人类需求,它还使男人和女人强烈意识到:他们与其他国家的居民在这些需求上是相通的,尽管他们的信仰和习俗互相冲突。在这个因符合自然而牢固的基础之上,人们可以开展商业合作,同时(也正是因为)他们互相和平竞争。人类自然的同情心将浮现出来,进而取代各民族(peoples)因为风尚和习俗不同而对彼此产生的轻蔑之情。商业因战争而受挫,因而也倾向于反对战争;商业使各民族相互依存,这会引出对和平的共同需要和渴望(20.2,20.8;同时参 15.3)。

此外,政府一旦开始仰赖从商业中获取的税收,就不得不去保护商业以及与之相关的财产。由此,政府将不得不鼓励和保护劳动果实,维护旅行和运输安全,并且维持市场的自由交换和竞争,保证契约的依法实施。尽管最为活跃(intense)的商业类型(孟德斯鸠称之为"节俭性商业")往往存在于节俭而贪利的共和国,如荷兰和英格兰;但也存在一种"奢侈性商业",这一商业类型依靠由虚荣引发的欲望而兴盛,并且反过来促进这一欲望。虚荣,无论在专制国家还是君主制国家,都是促进商业增长、生产力提高以及使财富从游手好闲的上层阶级再分配到劳动阶级和商人阶级的因素。

[原注]20.4、9、18—22;同时参5.14和18.8,以及《波斯人信札》第106封信;郁斯贝克观察到,在君主制的法国,"这种工作的热情,这种发家致富的激情,蔓延到从工匠到达官贵人的所有阶级。谁都不愿意比眼前略高自己一筹的人更穷。你看吧,在巴黎,拥有的财产足足可以活到最后审判日的人,也还是不停工作,甚至甘冒缩短生命的风险,去积聚他所谓的糊口钱。同样的精神见之于全国,在那里我们看到的无非是劳作和勤勉"。

显然,这一切意味着,商业精神在根本上不仅反对动乱,而且反对古代共和国俭朴的公民德性,以及宗教的自我超越或彼岸性。商业灌输着它特有的那套自律——如我们所见,孟德斯鸠最初讨论商业共和国时就强调过(5.6)。

[原注]同时参 Krause,《〈论法的精神〉中的专制政体》,页 243:"商业激起大胆和野心,它激活了公众,并抵消了专制者治下的大众因其恐惧和消极而造成的麻痹。"我们或许可以补充,从广义的角度来看,商业精神由此为自然精英提供了一个宣泄其特有的野心的途径或出口——如果这种野心得不到宣泄,他们的失望将为那种想象的、狂热的、超然的避世主义提供不可或缺的动力。正如我们曾注意到的那样,圣经宗教的灵感和革新,更多来自迷失方向和受创的精英,而非来自大众。

总而言之,当商业精神渗透到一个社会中,它就起到解放人类的作用,使人热切而有节地关注自身真正的根本需求,以及渴求自尊这一现世幻想的自然倾向。

孟德斯鸠在第20章的第1节勾勒了商业带来的上述多重影

响,这一节直接被命名为"论商业":

> 以下题材需要以更大的篇幅论述,可是,本书的性质不允许这样做。我很想泛舟于一条平缓的河流中,却被卷入激流。
>
> 商业医治破坏性的偏见。正因如此,凡习俗温和的地方,必定有商业;凡有商业的地方,习俗必定温和。这几乎是一条普遍的规律。
>
> 我们的习俗不像往昔那样凶残,对此丝毫不必感到惊奇。商业使关于各国习俗的知识扩散到每个地方:人们对它们进行相互对比,从中获得巨大裨益。
>
> 我们可以说,有关商业的法律净化了习俗,而在同等程度上,这些法律也摧毁了习俗。商业腐化纯朴的习俗:这正是柏拉图曾经针对商业之控诉的主旨;我们每天看到的,则是商业改进和柔化野蛮的习俗。(20.1)

至少在孟德斯鸠的时代,商业的"柔化"(softening)作用以及对"破坏性偏见的治愈",[1] 已不仅是一种智识上的推断和精明的预测。这一柔化过程在孟德斯鸠及其读者眼中已然十分信实可见。这是一个经验性的历史事实,而不是希冀。

只有当我们读到第五卷,即《论法的精神》中最后、最高的主

---

[1] 在孟德斯鸠早期的论文《论激励我们从事科学的动机》(1725)中,他详述了笛卡尔科学"治愈破坏性偏见"的功效。这种偏见会引起(conduce to)对"一股无形力量"的信仰,这些偏见的根源在于没有成功理解"哲学的原则"。"哲学的原则"教导我们,"人类按其构成来说,是无法实现不朽的;所有机器中的弹簧都会磨损,人类这台机器也是如此;自然的影响无非就是诸法则和动作传递的后果。"(OC 1.53-54;在为《论义务》而起草的片段中可以发现同样的讨论,但形式稍微不同——参《思考录》第614条,OC 1.1134-1135)

题"法与宗教的关系",①这一事实的全部神学意义才显现出来。我们已然看到,这两章极有益于帮助我们破解贯穿整本《论法的精神》的关于专制主义之教诲中的神学意涵。现在,孟德斯鸠让我们作好充分准备,去领会这些章节里更进一步、更具革命性的信息。我们看到,商业能够治愈的那种最重要的一种"破坏性偏见"、能够柔化的那种最重要的一种"暴行"和"野蛮习俗",乃是破坏性的宗教偏见,以及凶残、野蛮或专制的宗教习俗(回想18.18:"迷信的偏见甚于任何其他偏见")。

　　尽管有关宗教的第一章(第24章),正如其标题声明的那样,关注已然"在每个国家被建立起来了的"宗教的实践和特性,而第二章(第25章)的标题则告诉我们,这一章将会处理更激进的问题,即"宗教在各个国家的建立及其外部管理"。换言之,第25章处理的是新宗教的建立,以及"立法者"对某国宗教的替换或改

---

① 这是第24章和第25章标题共有的前半部分。第26章是第五卷的适当延续和总结,它传递了孟德斯鸠在这个至高的政治问题上的教诲,即实定法与更高的法(包括且主要指神法)之间的关系。正如 Oudin 所说(《孟德斯鸠的斯宾诺莎主义》,页36):"我们在第26章看到,首先必须作出神法与人法的区分;紧接着,必须作出公民法诸原则与自然法或宗教法诸原则之间的区分。"对比 Derathé 表达的迷惑(2.525 n.1):"第五卷由论宗教的两章和单纯从技术上论述司法问题的一章不自然地组成;前两章确实构成一个整体,但是后一章与前两章却没什么关系。"Brethe de la Gressaye 在其评论中也表达了相似的迷惑,这在一般的学术作品中难得一见;他困惑的是,"在第四卷中处理经济和人口因素之后",孟德斯鸠"在涉及法律与宗教之间的关系并构成第五卷之核心的两章中,又回到已经在第19章中研究过的道德因素"(3.227)。这位编者在他的导读文章中抱怨道:"要为孟德斯鸠的谋篇布局辩护,这实在不易;他从经济因素,即物质因素,讲到既是物质因素、也是道德因素的人口因素,结果最后以宗教结束。"(1.cxv)——只有当我们领悟到宗教问题在整本《论法的精神》中的至高重要性,这一条把它从头到尾穿起来的"暗线"才会变得清晰可见。我们还可以补充道,第四卷的最后一章,即论人口(因而也论述婚姻、独身制等问题)的这一章,十分有效地让商业主题转向了宗教主题——第一节开头之所以大段引用历史上最伟大的一部宗教批判著作(卢克莱修的《物性论》),正是为了暗示这点。如果读者考虑到《波斯人信札》第114至118封信,这一点就尤为明显:论人口这章是从商业主题到宗教主题的恰当过渡,因为恰如商业大大促进了人口增长,基督教和伊斯兰教则大大遏止了这种增长。

变、"变革"。这章一开始就提出的首要问题是：何种人类激情吸引并使人们依赖这世上形形色色的宗教？反之，又是何种激情使他们厌恶这些宗教并与之脱离？

乍一看，在宗教革新这个问题上应遵循何种政策，孟德斯鸠的一般教诲显得十分保守（尽管不是很虔敬）：

> 凡是狂热地在异地寻求立足的宗教几乎都不具有容忍精神，能够容忍其他教派的宗教很少会想到自己的扩张。因此，一个国家对于已经建立的宗教倘若感到满意，① 就不应再允许建立另一种宗教；这将是一项极好的公民法。
>
> 有关宗教的政治性法律的基本原则应该是：如果有权自行决定国家是否接受新的宗教，那就应该拒绝接受；如果新的宗教已经在国内站稳脚跟，那就应该对它采取容忍态度。（25.10）

紧接着的一节名为"宗教方面的变革"，它以一个严肃的警告开篇："君主如果试图摧毁或更换本国占支配地位的宗教，他将面临极度危险。"不过我们发现，这一警告需要被进一步澄清或精确

---

① 正如孟德斯鸠在"辩护"中（OC 2.1146）中说到的，"对于这一节，有许多抗议的呼声"；索邦神学院也严厉批评这一节。在对索邦神学院的回应中（OC 2.1174）中，孟德斯鸠感到必须作出承诺，在以后的版本中他将于此处增加一个脚注，该脚注的内容如下："我在整一节里所说的都与基督教无关，因为正如我在别处所说，基督教是第一善（the first good）。参阅前章第1节的结尾以及《为〈论法的精神〉辩护》的第二部分。"我们必须注意到，事实上，孟德斯鸠并没有在前章（即第24章）第1节的结尾处说到基督教是第一善；反之，他竟大胆说："毫无疑问，要人们相亲相爱的基督教希望每个民族都有最佳政治法和最佳公民法，因为除了基督教以外，这些法律就是人类能够给予和获得的最大福祉。"（强调后加）即便在他极力夸耀基督教的段落中，孟德斯鸠也忍不住狡猾却毫不含糊地指出，基督教的宣传、接纳和随之而来的益处和其余的人类立法一样，原因也在于人类的能动性（human agency）。（在他的观点中，这当然不是自然神给予人类的最大的善。）

化。正如孟德斯鸠在下一节解释的那样,一切试图通过刑法的强制性威吓来变更宗教信仰的尝试,都容易失败:刑法"确确实实能让人产生畏惧;可是宗教也有自己的刑法,也让人产生畏惧,前一种畏惧将为后一种畏惧所抵消"(25.12)。然而,这并非唯一一种可以"从外部"或借由政治审慎来施行"宗教变革"的方式。在整本《论法的精神》中,关于宗教最为重要的探讨或许是以下段落;在此,孟德斯鸠继续说道:

> 宗教给予人的恐惧和许诺都如此之大,以至于当这些恐惧和许诺已然进入我们的心灵时,无论官吏采用何种手段迫使我们脱离宗教,结果似乎都将是这样:如果把我们信奉的宗教夺走,那就什么也不能留下;如果不把它夺走,那就不能从我们这里拿走任何东西。

> 凭借向灵魂灌输伟大的目标,让灵魂走近宗教应该变得更加重要的时刻,并不能让灵魂脱离宗教。**攻击某个宗教更为可靠的方法是:施加恩惠,提供生活方便,诱发对财富的期盼;不是通过让人想起宗教的事物,而是借助使人忘记宗教的东西;不是通过激起义愤的东西,而是通过使人温和的东西;当其他激情作用于人们的灵魂,宗教激发的激情便趋于沉寂时。**(25.12,强调后加)

随着"生活之便利"(commodities of life)得到保障,孟德斯鸠自信地断言:人类将逐渐不再听到上帝之声。

基督教的理性救赎

孟德斯鸠观察到,在现代哲学和政治学的护航下,商业以此方式有力地促进了基督教的转型。孟德斯鸠对基督教(尤其是他那个时代的基督教）的政治维度的判断，决非完全消极。他歌颂基督教信仰中那些可以与他的政治科学和谐共存的特征（Schaub，《论信徒与蛮族》）。他指出，基督教在精神上与东方专制主义截然相反，更适合那些温和气候下更自由的或"宽和的政体"中的生活，以下标志说明了这个观点：基督教坚持一夫一妻制，允许妇女隐修以及与牧师亲密交流，这便带来在精神上对妇女的尊重；此外，公共的宗教事务联合所有阶层，并使人们走出私人家庭；还有基督教教诲的"温和"——尤其是它公开或表面上反对奴隶制，至少在欧洲如此。当然，孟德斯鸠后来在基督教的宗教审查官面前为他的作品奋起辩护时，他着重提及那些他在其中表达了上述这些更偏向基督教的观点的段落。① 但是，正如孟德斯鸠在第 24 章第 3 节的那处重要说法所言，这一切意味着"基督教跟纯粹的专制主义不沾边"（强调后加）：② "因为，《福音书》既然竭力提倡温和，基督教当然反对君主以专制的愤怒来实现他的正义，施行他的暴虐。"因为"基督教禁止妻妾成群，君主因此而较少幽闭在后宫，较少与臣民隔离，因而比较有人性"。他们"没那么怯懦，因而也就不那么残忍"。"真是奇事一桩！"（孟德斯鸠大

---

① 尤参 15.7-8,19.18,24.3-4；第一版后，孟德斯鸠在 19.18 结尾处增加了一段，以便进一步增强对基督教的奉承之论。（如果我们更仔细地审视孟德斯鸠那看似将奴隶制的消减归之于基督教的评论[15.7 结尾]，我们会注意到一个非常重要的决定性限制，他之后讨论基督教对奴隶制的影响时充分地解释了这种限制，见 15.4 以及 15.3 和 10.4)

② 孟德斯鸠给予这个容易被人忽略的限定形容词以极大的重要性，在对索邦神学院的回应中，他强调了这种重要性。索邦神学院审查了他在 16.8 中的言论："有的地区在气候作用下，物理因素过于强大，道德几乎没有任何约束力。"孟德斯鸠的反驳是（OC 2.1173-1174)："这个命题有个'几乎'一词，它起到了修正的作用。既然说道德因素在这些情况下几乎没有任何力量，那就等于说它在这些情况下可以起到一定作用——事实上，作者在第 16 章第 10 节中说明，在道德成因（moral causality）所确立的某些风俗的协助下，它能发挥无限多的作用。"因此，对孟德斯鸠来说，"几乎"作为限定语可以解读为"无限"的！ 这要留待读者来发现并琢磨孟德斯鸠的每一处修饰性形容词。

呼）"基督教本来似乎只追求彼岸世界的福祉，可是它却也为今生带来了幸福。"以上我们引用的这些段落表明，与其说基督教与专制主义水火不容，不如说基督教（就像其他宗教一样，不过基督教做得更好）制约或者说减轻了专制主义（因而有益于专制主义，并且延长了它的寿命）。①

孟德斯鸠对基督教"温和"的政治效用的最高赞扬，或许出现在如下断语中：如果我们考虑到"古希腊罗马的国王和首领不断大肆屠杀"，以及帖木尔和成吉思汗的大肆屠杀，那么，"我们就会知道我们如何受益于基督教：在统治中我们享有一定的政治正义，在战争中我们享有某种万民法规定的权利（right of nations）；对此，人类的本性无论怎样表示感激都不为过"。"正是在我们当中的这种万民法，"孟德斯鸠继续说，"给被征服的人民留下以下这些重要的东西：生命、自由、法律、财产，宗教也始终得到保留——只要他们没有蒙蔽自我。"孟德斯鸠似乎一时忘了他在别处提醒读者的东西：基督教几世纪以来对异端、"巫师"和同性恋的迫害（12.5-6），在法国长达半个世纪的宗教战争（1900 万人口中有 200 万人到 400 万人因之丧生）——其中包括圣巴托罗缪日大屠杀（Saint Bartholomew's Day massacre）及随后查理九世下令的杀戮（4.2），十字军战争（尤其法国南部的阿比尔教派），1713 年教宗训谕《唯一诏书》（*Unigenitus*）致使的对詹森派的迫害（孟德斯鸠亲历此事，并且对此做出回应）②——在基督教信仰转化的名义下对美洲土著大规模的奴役和灭族（10.4；15.3-4），以及或许也是最值得注意的是，法国、西班牙和葡萄牙的宗教裁判活动——针对它们在自己时代的血腥延续，孟德斯鸠将在随后的段

---

① 请考虑基督教对埃塞俄比亚的影响这个模棱两可的例子：比较 24.3 与 26.7 的开头。

② 参《波斯人信札》第 24 和第 101 封信；"宪法备忘录"（"Memoire on the Constitution"，OC 2. 1217-1221）。

落中对之提出雄辩的抗议。① 在那里,他将借"一位犹太人"之口来发言:因为"里斯本最近的一次判决,决定对一个 18 岁的犹太女子施予火刑",这位犹太人有感而发,写了一份"对西班牙和葡萄牙宗教裁判官的谦恭忠告":

> 如果你们不愿成为基督徒,至少也应做个人:倘若你们没有可以为你们领路的宗教,没有可以教化你们的启示,而只有大自然赐予我们的那微弱的正义之光,在这种情况下,你们将会如何对待我们……
>
> 在你们生活的这个时代,理性的自然之光空前活跃,哲学启蒙了心智,你们的《福音书》所宣扬的道德得到了更好的理解,人与人之间彼此享有的权利以及某种良知相较他者的优势地位,都得到了更好的确认。所以,你们如果不抛弃过去的偏见——这种偏见一不小心就会成为你们的激情——人们必定会确证你们已经不可救药,无法接受任何启蒙和教诲了。国家若赋予你们这样的人以权威,那就太不幸了。(25.13;同时参 12.4;21.20;28.7)

许久之后,孟德斯鸠揭示,他在研究中发现,"当今的宗教裁判所"直接根源于基督教对欧洲法律最久远且持久的巨大影响,它所呈现的法国与西班牙两国法律体系之精神那根本性的、令人义愤的差异,也来源于此:

> 第一个王朝[法国墨洛温王朝]的那些国王显然废除了

---

① 在孟德斯鸠为一篇可能要"讨论世上种种破坏的论文"而收集的一份笔记材料中,他将其中一节命名为"基督教与穆罕默德教的狂热如何造成破坏",并写下一句话作为开篇语:"只有一支以血泪为墨的笔,才能描绘出这种狂热带来的可怕后果。"在此之前,在讨论一般而言宗教造成的破坏的一节中,他加了一个脚注,其中写道:"宗教导致的民族毁灭,宗教孕育的内战和对外战争,乃是一种现代的恶,古代的政治家从未对我们言及此事。"(OC 2.1019;同时参《思考录》第 2181 条,OC 1.1567)

萨利克法和里皮埃尔法中与基督教绝不兼容的部分,但保留了这两部法的整个[前基督教的、"自由和独立的"]基础。[西班牙的]西哥特法就不是这样……

在西哥特宫廷里,主教们权威无限,重大事项都在主教会议上决定。当今宗教裁判所的一切规矩、原则和观点,全都来自西哥特法典。僧侣用以对付犹太人的那一套,只是照搬当年主教制定的法律。(28.1;同时参 28.2,28.7)

当孟德斯鸠首次盛赞自己时代的欧洲万民法前所未有的人道时(10.3),他的表达方式与论宗教这一章大为不同。在这一章里,他高度赞扬督教传统做出的贡献(24.3);而回到第 10 章(与我们方才引用过的那段他借抗议的犹太人之口所说的话相一致),他写道:

在此,我们必须致敬我们当今的时代,致敬今日的理性、今日的宗教,以及我们的哲学和我们的习俗。(10.3;强调后加)

换言之,孟德斯鸠暗示,按照他的理解,他那个时代的欧洲世界在公共道德文化(尤其包括它的基督教道德文化)和对福音书之道德含义的公认理解方面,正在经历一场广泛的、促进人道的理性主义革命。

根据孟德斯鸠,基督教始终代表着某种宗教精神对君主制与共和制欧洲的感染,这种宗教精神从东方专制主义中产生,又决定性地被它塑造。但这一感染之所以如此成功,是因为基督教自一开始就表现出对东方专制主义精神相当大程度的缓和,这是为了适应欧洲气候和精神,这最为明显地体现在,基督教对一夫多妻制的拒斥,以及相伴而来的对妇女较为尊敬的态度。① 在基督

---

① 尤参 16.2,同时参 16.8-11,19.26;孟德斯鸠清楚表示,他并不认为欧洲的一夫一妻制是基督教的产物,毋宁说它是气候的产物。

教对其东方传统所不得不施加的最初改动中,孟德斯鸠指明了其进一步人道化甚至理性化的潜能。在他自己的时代,他看到这种潜能开始实现——它在"今日的宗教"的影响下,被"今日的理性"、"我们的哲学"和"我们的习俗"塑造。孟德斯鸠试图促进基督教自由化、人性化这一现代演进的进程。

但是,又该如何处理对灵性完善(spiritual perfection)的热情呢?它注视着来世,献身于修道、独身和严苛的慈爱规则。孟德斯鸠已经表明,而且马上会花更多笔墨表明这种热情对政治生活的危害。他在后文论宗教的章节中大胆提出,这些观点都建立在对"个人信奉之宗教的精神"或者说基督教"立法者"之初衷的深刻误解之上。孟德斯鸠自认比教父和传统权威更了解这种精神。他坚持认为,如果我们正确地理解基督教"立法者",那么可以说他几乎没颁布过什么"律法"(戒律)。这位"立法者"意欲将律法或戒律的领域留给"人类的法律,它们是用来指导精神的",因而其目的在于召唤人们成为好公民。几乎所有他教授的东西,都仅以"劝导"的形式传达,其意图不在精神,而在"心灵"。因此,它们只需在私人生活中遵行,或者说以私人身份(private capacity)遵行,而无须将其引入民事立法甚至教会立法的领域。事实上,基督教的"立法者"认为,如果有人误解他的劝导,将其视作训诫(律法或戒律),就会"违背他的法的精神",因为这会妨碍健全的政治和在世的福祉所需的公民道德。① 根据这一新的认识,孟德斯鸠彻底重释了他认为极为重要的号召独身的内容。他坚持认

---

① 拉罗什教甫宣称,对于孟德斯鸠在批判培尔时表达的立场(24.6),"我们一开始可能会认为,作者本人与培尔的原则大相径庭;但是……他谴责培尔,仅仅因为培尔不明白,我们可以用一种较为不让人反感的做法,来让自己从宗教给那些乐于受其管束的人所带来的麻烦中脱身。这种做法就是把宗教戒律约减为简单的劝导。通过把宗教戒律当作仅仅使人类臻至完美境界的劝告,我们可以保留偶尔说宗教的好话的自由,这比直接做出不虔敬的表白更加令人容易接受。"("批判性审视",Laboulaye 6.131;比较 Schaub,"论信徒与蛮族",页236)

为,根据"立法者"的原始意图,独身制必须被重新审视:它不是面向所有人的戒律,而仅仅是"一个劝告"。

当孟德斯鸠开始专门针对宗教的总体性讨论时,他为自己对基督教的现代化新诠释定下了调子:

> 所以,我对世界上各种宗教的审视,将仅仅着眼于它们能为生活在公民状态的人带来什么福祉,无论这些宗教源自天上还是来自人间。(24.1)

他很快就又往前跨了一步:

> 至于不同宗教的特征,我们无需详加审视,就应该接受更好的一种:因为,我们不太看得出宗教是否真实,但我们清楚地知道宗教应当柔化人类的习俗。(24.4)

[原注]在同一节的一个脚注里,孟德斯鸠引用了西西里的狄俄多儒斯(Diodorus Siculus)记载的一则轶事,借此传达在遭遇神启命令时应如何作出理性回应这一问题上的实用建议——假设我们真的接收到这种启示:"牧人之王撒巴科的历史令人赞叹。底比斯的神明出现在他的梦中,命令他杀死埃及的所有祭司。他据此断定他当国王已经不再让神明高兴,否则,神明不会让他做此类与神明通常的意愿背道而驰的事情。于是,他隐退到埃塞俄比亚去了。"

其后不久,他甚至还说,"宗教,哪怕是伪宗教,是人保有人之正直诚实的最佳保证";然后,他详论了这一观点:

> 勃固人所信奉的宗教的主要教义是:不杀、不偷、远离羞耻、不做任何让邻人不快之事;反之,要竭尽全力为邻人做一切好事。他们相信,能做到这些的人,不论信奉什么宗教,都

能得到拯救。正因如此,勃固人民尽管既贫且傲,却都以温和与同情之心对待不幸的人。(24.8)

但是,为了使基督教的"温和"与"人性"所具有的"温和"相结合,也就是使之与受命于理性的宗教相结合,孟德斯鸠必须付出巨大的,即便不说是天大的努力;因为正统的基督教,与正统的伊斯兰教和犹太教一样,比起关于神的教义的真理以及人们对这些教义的忠诚,它们绝少看重自身的(由理性来衡量的)社会功效。正如孟德斯鸠提醒我们的,从古到今的种种迫害,表明基督徒的热情容易转化为或者融入到替上帝复仇的渴望(这位上帝的统治遭到某些人的拒斥,因而看起来像是冒犯了)(12.4-5,25.2)。从过去直至他的时代,正统的基督教所展示出的劝人改宗的热情,是孟德斯鸠力图在全世界促成"温和化"的另一大障碍。"凡狂热地在异地寻求立足的宗教,几乎都不具有容忍精神";"能够容忍其他教派的宗教很少会想到向外扩张"(25.10)。

　　宗教赋予信教者以奴役不信教者的权力,为的是便于传教。
　　正是这种思想鼓励那些破坏者在美洲犯下种种罪行。正是在这个思想的基础上,他们确立了把许许多多民族贬为奴隶的权力;这些死心塌地要做强盗兼基督徒的强盗,是一些非常虔诚的信徒。
　　路易十三为把法国殖民地的黑人贬为奴隶的法律而深感痛苦,可是他被完全说服并且相信这是让那些黑人皈依基督教的最佳途径时,他就同意了。(15.4;同时参15.3)

　　西班牙人有什么好事不能对墨西哥人做? 他们本来能够向墨西哥人传布一种温和的宗教,可是他们带去的却是狂热的迷信。他们可以把奴隶变为自由民，但他们却把自由民变成奴隶。他们本应让墨西哥人明白，以人作牺牲是一种恶习，可是他们却屠戮墨西哥人。（10.4）

　　孟德斯鸠所赞扬和希望扶助扩散的"温和"，关心的是提高人类的物质福祉及其"温和的愉悦"（4.8）、和平的共存、普遍的同情以及对此世安全与尊严的精神意识（5.15）。[①] 根据正统和习传的理解，基督徒的同情、宽恕、温顺以及和平主义，全部都与严厉的教规和对此世关切的轻视共存，前者甚至要受到后两者的规定，并通过威胁或恐惧来推行——如果不能努力恪守这些标准，就会因为这有罪的失败而遭到惩罚（考虑5.2和6.9）。孟德斯鸠期冀的基督教改良，或者说对基督教的改良性同化，其基础在于他所伸张的"知识"立场，在于反对"偏见"的"理性"："知识使人温和，理性使人具有人道精神，唯独偏见使人摒弃人道。"（15.3）孟德斯鸠所谈论的"知识"首要地是这一知识：为孤立无援的理性所显而易见的基本自然需求（它们在任何情况下都为一切人所共享），比区分不同民族的不同风俗和信仰更重要，而且要求得到更多的共同关注。

　　但是，我们再度遇到这个根本问题：在启示的主张面前，知识

---

① 在整部《论法的精神》中，我所见之处，孟德斯鸠提及"温和"（softness）超过了30次，而其中只有两次他明确将之归于基督教，即在这一节和接下来一节中（24.3-4）；我相信，孟德斯鸠在本书中从未将"人道"或"人道的"德性归因于基督教（孟德斯鸠分别在6.15、10.5、15.3、15.16、18.20、20.2、20.15、21.18、26.17提及"人道"和"人道的"）。Jean Ehrarh 问道（《言语的精神》，第二章，页48）："在历史的现实中，哲学家的理念为基督宗教准备的原则的温和又如何呢？（Dans la réalité historique qu'en est-il de la *douceur* de principe que l'idéal du philosophe prête à la religion chrétienne?"）孟德斯鸠使用"温和"或它的反义词"冷硬"（hardness）的另外一些重要例子，总是出现在非基督教语境下，参6.13、6.15、7.4、8.17、10.3、10.9、11.6（页398）、12.4注释、12.6、12.25、12.30、13.11、14.15、15.1、15.6-7、15.16、16.9、18.20、19.14、19.16、19.27（页578）、20.1、23.6、26.17、28.16。

的主张有何坚实基础？是什么使孟德斯鸠提供的对圣经启示的
政治-心理学解释不止（充其量）是一个看似有理的假说？一个深
思熟虑的信徒很可能会问（因此一个哲学家更加应该这样问自
己），这怎么会不止是一个假说？

　　随着《论法的精神》的展开，这部著作逐渐且愈发持续地促使
理性的读者认可它提出的下述答案。人类生活的状况正从最为
恶劣的专制恐怖特征中大大解脱出来，走向愈发坚实的安全——
这主要发生在欧洲人中间，但或许在一定程度上也包括世界其他
一些地区，甚至包括处于某种专制统治之下的地方。这一进程已
经使得对于超理性和反理性之神圣慰藉和戒律的信仰与体验逐
渐消逝。一个新纪元即将到来，到那时，除了世界上的某些地区
（在那里，人性显然要么或无可挽回地或暂时地臣服于恐惧的统
治，要么经受着其他可怕的匮乏），非理性之宗教信仰的虚弱无力
将变得显而易见。这一历史进程为孟德斯鸠假说的真实性提供
了关键的经验证据，因此也为孟德斯鸠对真实上帝之设想的正确
性提供了证据。

商业与专制政体

　　因此，在其理论（神学）以及实践（人道）的重要性方面，一个
意义深远的问题变得更为明晰：带来高度现代启蒙的商业，能够
在何种程度上渗透或侵入东方专制主义，因而使其变得人性化？
我们越感受到这个问题的力量，就越会充分察觉到孟德斯鸠所展
示的那场正在进行中的世界历史斗争。我们不禁要说，自然神
（Nature's God）对人类的帮助在于且仅仅在于，他使人类能获得如
下"天赋"：推理能力、进取精神和坚毅意志；借此，人类可以与（属
人的或非人的）自然展开激战。

　　孟德斯鸠开始专门探讨商业和各种政体的关系时，他作了一

个令人扫兴的开场。他似乎是在重复——当然也让我们清楚地回想起——他早先对专制政治的悲观评价。根据这一评价,专制政体的特征是愚笨难移、"精神怠惰"和缺乏主动(回想 14.4 以及 6.1 的结尾)。这确实是一幅看起来几乎毫无希望的前景:

> 至于专制国家,谈了也无甚用处。普遍的规律是:在一个受奴役的国家里,人们致力于保存甚于获取;而在一个自由的国家里,人们致力于获取甚于保存。(20.4)

然而,正是这一论断指向(并可能让我们想起)一个孟德斯鸠反复提及的事实:与传统的共和国和君主国相反,在专制国家中,"荣宠和美德两者皆无,能够推动人去行动的,惟有对舒适生活的期盼"(5.17,5.18)。在论商业的这一章中,孟德斯鸠将最终表明,如果"君主"亲自经商,哪怕只有一条船的货物——更不必说如果他愚蠢到试图垄断部分商业——他承受的财政损失将不过是他即将到来的"悲剧"的"明证"(20.19,同时参后续的 20.20 和 22.2,22.14,22.19)。一旦商业成为专制者的收入来源,他就会发现,暴政不再有利可图;他不得不搞自由化。

此外,论商业的这一章马上让我们想起一个庞大的、或许也是独一无二的例子,作为高度商业化的专制国家的例证,即幅员辽阔的中华帝国(20.9)。我们回想起,在第一卷临近结束的地方,我们得知,中国"与任何一个共和国一样,需要勤劳和节俭的精神"(7.6)。但这个说法被证明是有所保留的:我们最终得知,中国的古代政体在"立法者"井井有条的安排下,其人民"具有惊人的活动能量和异乎寻常的获利欲望,任何经商国家都无法与之比拟"(19.10)。在此,孟德斯鸠将中国封建专制政体的商业政策与荷兰作正面的比较(同时请回想18.6),并将古代中国与日本专制政体的愚蠢行径相对照。日本的案例说明,如果不遵守商业竞

争法则(它事实上为每种商品确立了"公道价格"),这个国家"上当受骗"就是一种普遍的"必然性":

> 日本人只与中国和荷兰这两个国家通商。中国人在食糖贸易上获利十倍,有时在返程带回的货物上也获得同样多的利润。荷兰人所获利润大体上与中国人相同。凡是尊奉日本人的准则行商的国家必然上当。商品价格之所以公道、商品之间之所以能够建立起真正的相对价值,就是因为有竞争。(20.9)

专制政体对竞争作了严苛的限制。在这种情形下,中国人相对于其他商业民族来说,拥有一种独有的优势。因为"必然性"赋予他们"对获利的不可思议的热望","而法律从没想过去压制它"(19.20)。这一塑造中国的"必然性"根植于"气候的性质",但绝非等同于后者。孟德斯鸠说,气候"或许"只是中国人热衷于寻利的一个原因。这里说的"必然性",是立法推理的必然性:鉴于这一事实,即"由于气候和土壤的性质,生活相当不稳定",立法者通过"勤奋和耐劳"这些手段使之"稳固",就成为一种理性的"必然"。在这些情形下,立法推理"必然地"走向极端:

> 一切借助暴力获利的行为都被禁止,一切凭借伎俩或勤劳获利的行为却都不在被禁之列……每一个人都必须关注什么对自己有利。如果说骗子悉心关注自己的利益,那么,受骗者原本也应该考虑到自己的利益。

从鸟瞰的视角,我们可以看到,随着《论法的精神》逐步展开,以及随着与商业化紧密相连的个人安全逐渐展现为政治的首要需求,孟德斯鸠对近代中国的评价大有好转。起初,按照他一开始对政体形式的三分,尤其是在他与基督教传教士带回的报告进行的论战性回应中(8.21;同时参见6.20),他强调,中国是一个特殊案例,它与君主制甚至是共和制有着某些亲缘关系。① 在第一卷临近结束的地方,我们得知,中国的独特性在于,它的统治者们往往足够审慎地看到气候和地形迫使他们禁止奢侈、鼓励臣民的勤俭(7.6-7.7;同时参见8.21——"不良政府很快就会受到惩罚,这是事物的天性使然")。然而,孟德斯鸠坚持认为,现今的中国也许要劣于"最初那些王朝"所建立的原始制度(8.21)。其后不久,我们得知,最初征服中国的鞑靼人表现出了不同寻常的政治智慧(10.15)。接着,孟德斯鸠告诉我们,"中国法律"的目标是"公共安定"。孟德斯鸠还特别补充道,安定是"一个完全没有外敌威胁或者相信其屏障足以阻挡外敌的国家的自然目标"。中国的例子最为显著地表现了一切政府的"自然"目标(11.5;同时参见29.18)。不久后的第12章第7节与29节说得非常清楚:中国法律中体现的"公共安定",与作为"政治自由"的个人"安全"相类似,但等而下之。中国法律及其"自然目标"被置于与目标为"宗教"的"犹太法律"的尖锐对比中。其后我们得知,这是为下文做铺垫,即中国的宗教是纯然政治的(civil)、现世的,缺乏对彼岸世界或者超越现世幸福的关注(19.16-19.21,25.8)。在相继讨论自由和奴役的第二、三卷中,中国作为一个温和或者说合理的专制政体而显得突出。② 我们现在看到,论商业及其影响的第四卷——包括论人口的这一章,依然延续了这种看法。总的来说,孟德斯鸠对中国法律之精神详细且循序渐进的讨论使我们看到,孟德斯鸠所定义的"自由"中相当重要的一部分有时甚至可以

_____

① 5.19结尾,6.9、16;同时参见《思考录》第268条(OC 2.1057-58)以及 Derathé 1.461-62(第8章注14)。

② 13.11、19;14.5-8;15.19;16.8;18.6;同时参见26.6和29.18。

在专制政体下实现,只要专制国家在商业上和经济上变得合乎事理。中国证明了即便在一个气候复杂、存在多妻制和妇女足不出户的社会,商业也能繁荣发展(尤其参见16.11;在16.2,孟德斯鸠特意提到,出于这个原因,某种特定宗教在中国的发展极为顺利)。

不过,中国仍然是(正如孟德斯鸠反复强调的那样)一个例外。在中国,立法理性的"必然性"是由中国气候和地形的特殊迫切状况所特别塑造的;中国古代和现代的立法者确实很好地回应了这些迫切状况。而日本,岂非更好地代表了东方专制国家无知愚昧和不可救药的状况?毕竟,孟德斯鸠的这本伟大著作在大多数地方都是这样引导我们去看待专制国家的。或许如此,但是,孟德斯鸠结束论商业这一章时,对日本未来的商业发展作了一个引人瞩目的预测(回想6.13):

> 现在让我们看一看日本。巨量进口导致巨量出口,两者将会处于平衡状态,就像进口量与出口量都不很大一样。此外,这种膨胀将给国家带来千般好处:消费将会增加,工艺加工的原料将会增多,就业人数将会增多,富民强国的手段也会增加。倘若有需要紧急援助的情况,日本这种供应充足的国家就能比其他国家更快地提供援助。一个国家的多余物资确实会带来困难,但是贸易的性质就是把多余物资变成有用物资,把有用物资变成必需物资。所以,国家就可以为更多的臣民提供必需物资。(20.23)

孟德斯鸠实际上在预测,有朝一日,总是明确无误的商业法则(imperative)将会把日本从目前的盲从状态中唤醒。(通过此般开诚布公地羞辱日本人,孟德斯鸠也在尽其所能地激起其觉醒。)

但是,中国之外的专制国家又如何能够被商业渗透呢? 我们再次引述前文:孟德斯鸠从一个看似无望的重申开始:"至于专制国家,谈了也无甚用处。"(20.4)不过就在下一节(20.5),孟德斯鸠就凸显了这一事实:最成功的商业中心,都是由"逃难者"建立起来的,这些人为了躲避当地的"暴力和侵扰",逃往"沼泽、孤岛、海边低地乃至礁石"。孟德斯鸠详述的例子是马赛,但他接着补充道:

> 蒂尔(Tyre)、威尼斯以及荷兰的许多城市,都是这样建立起来的;逃难的人在那里获得安全。他们得活下去,于是就到世界各地谋求生计。

在上一节,蒂尔正是从事孟德斯鸠在本节(20.5)命名为"节俭性商业"——或者说是薄利多销的(most marginally efficient and effective)商业主义——的首个范例。事实上,蒂尔才是"论商业"这一章正文中提及的商业社会的首个范例,而非英格兰、荷兰或马赛(马赛之前仅在一个脚注中被提及)。为什么此时蒂尔如此惹眼地崭露头角? 蒂尔是一个出色的商业和殖民城市,位于当时最大的专制国家——黎凡特(Levantine)诸国的边缘,或者说处在它们的阴影之下。通过与这些专制国度大量的贸易往来,蒂尔蓬勃发展(即便它曾经被尼布甲尼撒摧毁过①——21.9)。与此同

---

① 这是以西结在其预言中的宣称(《以西结书》26:7-21);不过,根据约瑟夫斯的说法(Josephus,《反阿皮翁》,1.21),看起来情况似乎是在遭受十三年围攻后,蒂尔向尼布甲尼撒投降,投降条件是服从于傀儡统治者巴尔二世(Baal Ⅱ)。蒂尔在历史上唯一一次确切的毁灭,拜后来的亚历山大大帝所赐(孟德斯鸠在21.8开头处和10.14曾经提及),因为蒂尔犯下了拒绝服从亚历山大的可怕错误——参西西里的狄奥多罗斯的《史集》17.40-46。但是,蒂尔并没有长期保持"被摧毁"的状态;数代之后,在亚历山大的继业者(the Diadochi)治下,这座城市实现了重建,并恢复了贸易。

时,蒂尔在圣经中令人瞩目,因为圣经中的先知针对它下了著名的诅咒;① 蒂尔是圣经中犯经商之罪的真正典型。以西结曾就此顿呼:"因你贸易很多,就被强暴的事充满,以致犯罪。"(《以西结书》28:16)②而我们可以说,对孟德斯鸠而言,蒂尔正是最重要的史例,表明了"商业精神"具有隐伏的力量,能够从外部渗透和改善专制主义。与此同时,蒂尔正代表着一种不同于圣经的回应专制政体的方式。根据孟德斯鸠,面对专制主义的压迫,绝望的人们可以用两种截然不同的方式进行回应:他们可以天马行空、自欺欺人地让自己陷入对现实禁欲式的否弃或逃避,或者可以将精力投入一场充满风险甚至岌岌可危,但绝非毫无希望的商业冒险。

孟德斯鸠在此开辟了一个新论题:那些大胆而精明(道德上或许不太可靠)的人用商业和商业主义来躲避甚至迫使帝国专制者改变其愚蠢的镇压行为。这一论题将在下一章(论商业史或"世界商业变革史")再次着重讨论。最为悖谬同时也最富意味的例子,是犹太人在中世纪欧洲的商业成就(21.20)。在孟德斯鸠

---

① 尽管在大卫和所罗门时期,先知和蒂尔曾有紧密的联合:参《撒母耳记下》5:11,《列王纪上》5:15-20、7:13-15、9:10-18。

② 圣经中的上帝自己宣布:"对蒂尔的君王说:'主耶和华这样说:因为你心里高傲,说:我是神;我在海的中心、坐在神的宝座上。其实你不过是人,并不是神,你却自以为如同神一样有智慧。你比但以理更有智慧!任何秘密的事都不能隐瞒你!你靠着自己的智慧和聪明,为自己得了财富,把所得的金银放进自己的府库里。你靠着自己在贸易上的大智慧,增添你的财富,你又因自己的财富心里高傲。因此,主耶和华这样说:因为你心里自以为是神,所以我要使外族人,就是列国中最强横的人,来攻击你;他们要拔出刀来,攻击你用智慧得来的美物,玷污你的光彩……'"(《以西结书》28:2-7——请参照前后文,第26-28节,尤其27:2-15;对蒂尔的进一步诅咒,也参《以赛亚书》第23节、《阿摩司书》第1节以及《耶利米书》25:22。)[译按:此处中文译文参考简体新译本《圣经》。]

对这个故事的重述(以及富有技巧的翻新①)中,基督教亚里士多德主义的经院哲学在道德上谴责一切有息贷款的做法(至少在基督徒中如此),迫使商业转向地下,并因此落入"当时声名狼藉的民族手中";这个民族开始从事"最可憎的高利贷活动",以及其他各种无情的剥削活动(显然,无论犹太人承认与否,他们就此公然违背了他们的神法的核心)。

"一些犹太人因敲诈而致富,君主们则以同样的僭政(tyran-ny)掠夺他们,民众因此而得到些许安慰,但并未因此缓解他们的忧虑。""然而,我们看到,商业从苦恼和绝望中冉冉升起":饱受折磨的犹太人

> 发明了汇票,这一手段使商业避开了暴力,得以在各地维持下去——最富有的商人也只拥有无形的财产,这些财产可以汇到任何地方,在任何地方都不留痕迹。

银行体系开始在犹太人中出现,它内在地要求信任和保证,这是由可怕的和贪婪的占有欲所激发的。最终的结果是,"神学家不得不收敛他们的原则;以往一贯被视为不可信的商人,如今可说已经恢复诚信的名誉"。

一种金融体系从最反对商业的暴政中直接产生,同时也是这种暴政的结果。这一体系利用自私的贪婪,反过来束缚住过去压

---

① 那些评论者照例没有留意到孟德斯鸠在他那商业"史"的字里行间所进行的哲学论证,而且误把哲学家的任务当成史学家的任务。他们"惊讶于作者对中世纪商业如此偏袒不公的看法":"阅读这一节,我们可能会相信,在中世纪所有的商业都控制在犹太人手中"(Derathé 2.510,注34)。同样也见于 Brethe de la Gressaye 3.373-374:"奇怪的一节","好像基督徒在国际商贸中不起任何作用";"甚至一点也没提到香槟集市,还有威尼斯、热内亚与东方之间的商贸,以及生机勃勃的布鲁日、根特和汉萨同盟。"这位学富五车但乏善可陈的编者向我们担保,孟德斯鸠"一定是在匆忙之中不得不略过许多事实"。

迫它的暴政：

> 从此以后，君王们在管束自己时不得不比他们自己本该认为的稍为聪明些，因为事实表明，大肆挥舞权杖总是显得那么笨拙，以至于如今大家都知道，只有良好的统治才能带来繁荣。
>
> 马基雅维利主义开始得到治愈，而且将一天比一天恢复更多。作出决策时需要更多宽和。过去被叫作政变的事件，如今看来，除去它所带来的恐怖，只不过是轻率鲁莽而已。
>
> 对人类来说，当他们激情迸发、动了坏念头，利益却提醒他们别这样胡作非为；倘若能够生活在这样的境遇中，那当然就是幸福。(21.20；同时参 22.10,22.13,22.15)

下一章(第22章)的主题是金融；在其中第19节，孟德斯鸠强调，"伊斯兰法律混淆了高利贷与有息贷款的区别"——这和中世纪基督教世界的情形极其类似。在伊斯兰世界，占统治地位的神学对有息贷款的禁令，是否也可能同样被颠覆？我们可以回想第21章第16节，当时我们得知，罗马对前伊斯兰的阿拉伯国家的记载表明，阿拉伯人曾是"经商的"，而且甚至"天性注定经商"。这一前伊斯兰的阿拉伯法律精神还剩下什么(如果有剩下什么东西的话)？在论金融的这一章中，孟德斯鸠强调，伊斯兰法律禁止有息贷款的实际后果是猖獗(即便非法)的高利贷。两节之后，我们得知，任何像古罗马暴君一样试图压制高利率的做法，其实际结果都是高利贷由此"变得自然化(naturalized)"，"不但要为贷款支付利息，还得为可能受到法律惩处的风险掏钱"(22.21)。罗马在这方面的历史表明，"如同立法者制定的其他一切过于极端的法律一样，这项法规也产生了同样的效果，那就是逃避这项法规的办法将被找到"(22.22)。罗马的专制者曾试图随心所欲地操纵货币,从而操纵公共金融政策;但是,在当代欧洲世界,货币交易甚至已经使那种企图本身成为不可能。"大家觉得,这种暴行在我们的时代是行不通的;君主只能自欺,却无法欺人。""我在前一章已经说到,面对汇兑,凭借权力采取的重大措施没有多大作用,至少没有取得成功"(22.13结尾)。在同一章中名为"汇兑如何令专制国家为难"的稍后一节中(22.14),孟德斯鸠让我们注意到,在他那个时代的俄罗斯或莫斯科大公国,一场深刻的冲突或斗争正在轰轰烈烈地展开(此时已是彼得大帝改革之后,第19章已经让我们关注过彼得大帝的改革):

> 既然有了贸易,就得有汇兑;而汇兑的各种操作与俄罗斯的所有法律相抵触。俄国女沙皇于1745年下旨驱逐犹太人,因为犹太人把西伯利亚流放犯的钱财送到外国去了……汇兑给他们提供了从一国向另一国转移钱财的手段,因而与莫斯科大公国的法律发生抵触。

"商业本身就与这些法律相抵触",孟德斯鸠继续说,因为商业要求一个自由的劳动和商人阶级,而俄国"只有两种人,一种是依附于土地的奴隶,另一种是被称为教士或绅士的奴隶,因为他们是其他奴隶的所有者"。显然,这里隐含着一个未得到回答的重大问题:随着"商业规律"以及与之相伴的金融和汇兑准则必然导致的"脱离专制的欲望"(孟德斯鸠如是描述该现象)在俄国出现,俄国的"专制法律"还能抵抗多久?

另一个极为相关的考虑随着我们发现孟德斯鸠在强化其早先的暗示(第13章,论税收)而浮出水面。这个暗示是:在精明的专制者统治下,相较某些非专制的社会,从事商贸活动的商人可能在某些重要方面实际享有更多自由。因为,自由的商业立法相当大地限制了个人选择,对从事商业活动的商人来说更是如此。

在标题为"论商业自由"的第 20 章第 12 节中,孟德斯鸠教导说,"商业的自由"大大不同于"商人的自由",更不必说"给予商人为所欲为的能力"。而悖谬的是,"恰恰是在自由国家里,商人遇到数不清的矛盾,法律给他们造成的阻碍丝毫不少于实行奴役的国家"。当然,商业社会实行的商业规定乃是合理的要求(imposi-tion),它们构成了"商业的自由"本身:英格兰"妨碍了商人,但这有利于商业"。然而,总存在走极端的危险;孟德斯鸠在此重申他之前的批评,这些批评针对的是商业增长与关税之间的冲突,以及君主政体或共和政体下不明智的关税包税人(customs-farmers)制度和国内包税人(tax-farmers)制度,还有没收商品的愚蠢做法:以上这些都属于宽和政体的病症,而英国是一个例外,它在这方面"独一无二"(20.13-14)。孟德斯鸠以如下原则为论"商业自由"这几个小节作结:

> 在商业合同中,法律对公共福祉的重视应胜过对某一公民自由的关注,个体公民的自由并不阻止出了人道和良好执法之需而对其实施某些限制措施。(20.15;同时参 20.16-17)

简而言之,一旦商业确实已经开始在专制国家站稳脚跟,它的扩张就可能比料想的更为迅速。因为,比起宽和的国家(甚或尤其那些致力于商业的国家),商业在专制国家中受到的拘束通常更少。

孟德斯鸠想要展示的普遍规律,产生于其对商业史的研究;他对商业的历史作出如下描述:

> 商业时而被征服者摧毁,时而受君王骚扰,于是它远离遭受压迫之乡,走遍全球,落脚在可以让它喘息的地方:今天商业兴盛的地方过去只有荒漠、大海和岩石;过去商业兴盛

的地方今天只有荒漠。(21.5)

这些话凸显的是商业转化"荒漠"(或者说那些可能看似无法改变、自然注定的各种贫瘠之地)的力量,这甚至比商业逃避或抵抗压迫的能力更重要。然而,与此同时,孟德斯鸠也不允许我们忘记,当人类的勤勉和机智蹒跚不前之时,自然的力量就会重新显现。

事实上,第21章一开始对自然障碍看似不可动摇的力量(商业必须与之斗争)的展现,还要更加令人沮丧:"贸易虽然容易发生重大变革,但是,由于某些物质原因——土地或气候的性质——商业的性质也可能固定不变。"孟德斯鸠举出"印度地区"(the Indies)这个重大的例子,以表明在印度一切都无法被改变:

> 我们的奢华与他们不同,我们的需求也与他们不同。他们的气候既不要求也不允许他们接受几乎任何来自我们的东西。他们裸露大部分身体,所需衣着当地就可解决妥帖;他们深受宗教的控制,而这种宗教令他们厌恶我们用作食物的东西。所以,他们只需要我们的金属货币,那是一种价值的象征;他们以商品来换取金属货币,由于他们生活简朴,也由于当地的自然条件,他们可以大量获取这些商品。古代的作者在他们的著作中所描述的印度治理、风尚与道德,犹如我们今天所见一般。过去、现在和将来,印度都是这样。无论何时,与它贸易的民族总是把金钱带去而从不带回。(21.1)

接着,当孟德斯鸠再次提到南方(甚至或尤其是南欧)的炎热气候的性质,他似乎延续了上述悲观态度。他指出,对于"南方国家","自然给予他们甚多,他们所求于自然甚少",这就解释了"自然给予南方国家的怠惰",与之相反的则是"自然给予北方国家的勤奋和活力"。不幸的结果是,"奴役在南方民族中变得自然化:因为,既然他们可以不要财富而活得舒心,当然更可以不要自由而照样活得轻松"。孟德斯鸠在其惊人的结论中这样写道,这一点如此真确,所以"几乎所有南方民族如果不成为奴隶,就必定处于某种暴乱状态"(21.3)。这个结论以及它所在的整个小节之所以在眼下显得如此令人惊讶,是因为这一节的中心主题是解释发生在欧洲之内、在欧洲人之中的商业变革;换言之,我们突然发现,就其自然环境对人类自由的影响而论,欧洲"南部"(意大利和希腊),不像我们之前受引导所相信的那样,不同于东方。欧洲南部、这片古典共和国的故土,"就其自然而言"是专制的。只有通过一种立法的"强力"(violence),它才被转变为人类自由的家园——即,成为古典共和国的家园,以及成为当今共和国和君主国(在诸如意大利、西西里、西班牙和法国南部等地)的家园!孟德斯鸠有意夸大其词,以迫使我们琢磨,既然人类能够靠智谋和活力在天生气候恶劣的地中海地区争得自由,那么,在其他"南方"气候带是否也可以实现自由呢?

这一思路在下一节得到强化(21.4),在此,孟德斯鸠比较了今天欧洲的商业与古希腊–罗马时期的商业,前者主要"由北到南"流动,而后者"几乎都在南方",因此规模就大不如前者。然而,正如我们从马赛和蒂尔这些例子中得知的,古代的商业绝非微不足道。接着,在第11节,孟德斯鸠争辩说,根据伟大的迦太基航海家汉诺(Hanno)的残存记述,在非洲的大西洋沿岸,当时建立了一系列繁荣兴盛的商业据点,这些据点容纳超过三万迦太基殖民者:因此,

　　　　迦太基人当时已经走在通向财富的路上:他们如果能够走到北纬4度东经15度,就能发现黄金海岸及其附近的海岸,就能在那里经营贸易,其规模将远超今天那里的贸易,即便在如今的美洲面前,所有国家的财富似乎都不值一提。

（21.11）

所以,如果已经表明热带非洲也可以被商业渗透,那么,自然环境中还有什么因素能够阻止其他南方气候带的商业——例如我们适才听闻的、永远"定型"的印度商业——实现长足发展?几个小节之前,我们得知,在孟德斯鸠那个时代,印度商业实际上已经发生了一场变革;在描述古希腊罗马与印度之通商史的结尾,孟德斯鸠写道:

> 所以,希腊人和罗马人与印度的通商远远达不到我们今天的规模——我们今天所熟悉的广大地区,他们当年并不了解;我们今天与所有的印度国家通商,甚至可以说在为他们经商,为他们航海。(21.9 结尾)

虽然欧洲从印度进口的主要是贵重金属,但只凭这一事实其实并不足以"永远定型"印欧贸易的"性质"。孟德斯鸠以如下建议结束第 21 章:对欧洲国家,尤其是西班牙而言,开放所有国家与印度进行自由、竞争性的贸易,将有种种好处(21.22-23)。

第 21 章第 6 节更清晰地说明了,亚洲的气候和专制统治对商业扩张构成的阻碍如何可能得到克服。孟德斯鸠在此处展现的证据表明,在古代,尽管(他强调)缺乏罗盘和逆流航行所需的固定船只的知识,但"亚洲地区的帝国曾有大规模的奢侈品贸易"。这一证据表明,在波斯地区,从事商业的"繁荣的城市"曾一度"遍布"。尤其是,"印度地区的商品能够横渡里海",从那里出发又穿越黑海,最后甚至到达"东方和西方最偏远的地区"。不仅如此,孟德斯鸠说,这里的证据还显示,占主导地位的商业并不限于奢侈品或着眼于奢侈(这是在专制国家中以及它们之间典型的商业类型);蒂尔就从事"节俭性商业"——这种贸易绝不限于奢侈品。而且,并非只有"蒂尔人在全球进行节俭性贸易";"大多数民族对地处偏远的民族所知甚少,这种情况有利于经营节俭性贸易的民族";后者"占尽了智识开明的国家对愚昧无知的民族的便宜"。尤其,蒂尔人还为从事农耕的犹太人从事海上贸易;约瑟夫斯告诉我们,这些犹太人"对海洋知之甚少,一心务农"。即使是强大的埃及帝国,也"毫不嫉羡对外贸易,撒手把红海贸易让给在红海沿岸拥有港口的那些小国"。腓尼基人因此"让全世界各国都离不开他们"。所有"这些交流如今都已不复存在"(孟德斯鸠以一种忧郁的语调特地指出)。但是,显然他已经让我们充分明白:放眼近东和印度,在自然中,甚至在专制主义的本性中,并没有什么必然性制止这种交流的复兴。

至于这种复兴面临的重大障碍,我们注意到,在论变革宗教这一章的结论部分,孟德斯鸠发表了一系列评论(25.15)。孟德斯鸠诱使我们将这些评论不仅应用于基督教,而且应用于商业革新(我们现在知道,商业革新同时是"宗教"革新的一种形式):

> 在专制的大帝国中,外国人起初受到容忍,因为那些看起来并不损害君主权力的事情,也就无人关注;在那里,人们对一切事物都极端无知。一个欧洲人可以利用他带去的某些知识博得赏识,所以开端卓有成效。可是,一旦取得某些成功,一旦发生某些争执,一旦利益相关者有了警觉,情形就不是如此了。因为这个国家就其性质而言特别需要稳定安宁,也因为稍有风吹草动,政权就可能被推翻,所以,新宗教和传播这种宗教的人随即就会被禁止。

欧洲商业主义如何以及在多大程度上能够克服这种官方抵制呢?因为,一旦商业在专制国家艰难立足,官方抵制似乎必然随即而至。

　　孟德斯鸠带着恰如其分的小心谨慎给出了对此问题最重要的回答，因为这一回答不可避免地伴随着出于误解或误用而导致的严重实践危险。不过，孟德斯鸠显然相信这值得冒险一搏。孟德斯鸠在论商业史这一章中，转而关注亚历山大大帝征战四方所带来的"商业的巨大变革"（21.8），此时，他首次让我们看清这一问题。正是在论"商业变革"的第 21 章，我们终于知道应当如何解释先前第 10 章（名为"法与攻击力量的关系"）中或许最为怪异的特征。因为在这一章里，尽管开始的几个小节定下的国际关系的规范性准则似乎认定征服为非法行径，除非它是严格出于国家生存的必需（10.2-3），但是该章其后部分却以惊人的篇幅展示了征服对被征服者来说可能带来的好处。这一部分的高潮是一个非同寻常（但相较第 10 章开头的教诲，似乎有点不合时宜）的致敬：孟德斯鸠称颂了由亚历山大大帝带领的希腊人的征服为东方专制国家的臣民所带来的益处。在论述商业的历史与变革的这一章，亚历山大大帝戏剧性地再次亮相，这迫使我们重新审视之前那些引人注目且令人难忘的章节。

　　同时代欧洲的国际法学家赋予征服者摧毁的权利，并由此赋予征服者诛灭或奴役被征服者的权利。孟德斯鸠在与他们争辩一番之后，发表了如下抗议（10.4）：

> 　　政治著作家与其从征服权中引申出那么可怕的后果，莫如谈谈征服权有时能给战败人民带来的好处。如果我们的万民法能一丝不苟地得到遵从，并且在全世界范围内得到确立，政治著作家对这些好处也许会有更深切的体验。
>
> 　　被征服国通常政制凋敝……政府已经变成压迫者。倘若这个国家遭受的不是毁灭性的征服，谁会怀疑征服能给它带来一些好处呢？……征服者进入这样一个民族……在这里，不幸的个体战栗不已，因为他看到自己认为的暴行却变

成法律；他深受压迫，却以为自己没有理由感到压迫。要我说，一个征服者能改天换地，而且，首先暴力摧毁的就是那个残酷的暴政……

征服能消除有害的偏见；我甚至敢说，征服可以把一个国家置于较好的领袖统治之下。

西班牙人什么好事不能对墨西哥人做？他们本来能够向墨西哥人传布一种温和的宗教，可是他们带去的却是狂热的迷信；他们可以把奴隶变为自由民，但他们却把自由民变成了奴隶。（强调后加）

下一节随即首次大力颂扬了征服者亚历山大大帝——仔细说来，这份激赏是因为亚历山大利用征服的契机，以人道的名义强制推行根本的宗教变革。他与叙拉古的盖隆（Gelon）共享这份荣耀：后者要求战败的迦太基人不再向神献祭自己的孩子。在这一举措中，盖隆"提出的条件只对被征服者有利，或者，毋宁说他是在为人类制订规定"。与此类似，"亚历山大下令禁止巴克特里亚人把年迈的父亲喂狗，这是他反对迷信取得的一个重大胜利"。

而后与此形成鲜明对比的，是孟德斯鸠对君主国征服另一君主国的讨论。以一种我们倾向于称之为更典型的"孟德斯鸠式"风格，他坚称：

在被征服地区，仅仅保留被征服者的法律是不够的，或许更要紧的是保留他们的习俗；因为，相对于法律而言，一个民族总是更加熟悉、钟爱和捍卫自己的习俗。（10.11）

不过，孟德斯鸠随后又回到亚历山大这个人物（他把当代欧洲征战的典型——瑞典的查理十二及其俄罗斯远征——与亚历山大对比，使前者相形见绌——10.13-14）。亚历山大阔步登上孟德斯鸠的舞台,成为一种慷慨激昂、普世且符合人道的帝国主义的化身,只可惜他英年早逝;[①] "亚历山大的计划之所以成功,只是因为合理";"这项计划不仅本身很明智,执行得也十分聪明"。"在他迅捷的行动中,在他那火一般的激情中",亚历山大"有着——我斗胆使用这样的表述——一种引领他前进的激扬理性(une saillie de raison)"。

亚历山大那令人钦佩的"计划",基础在于他压倒了"希腊人"及其共和主义式"嫉妒"。在他随后进军亚洲的早期阶段,"也就是说,在只要一次失败就能把他打垮的时期",他"很少贸然行事"——直到他掌控一切,"大胆冒进有时才成了他的手段之一"。因为"蒂尔基本上属于波斯人,波斯人不能没有蒂尔的商业和海军,亚历山大就摧毁了蒂尔"(强调后加)。但是,尽管他实行了这一必要的毁灭,他对被征服地建设性的保存方式仍堪称典范:

> 有人希望他视希腊人为主人,视波斯人为奴隶(这是亚里士多德的建议),对此他不予苟同;他一心只想让两个民族融为一体,消除征服者和被征服者的区分。征服波斯之后,他抛弃曾经用来为征服辩解的所有偏见。他接纳波斯人的习俗,以免由于强制他们改用希腊人的习俗而使他们不快……他不仅让被征服人民保留自己的习俗,还让他们保留原有的公民法,甚至常常让他自己找回来的国王和总督留任

---

① "我们因此见证了一场对远征神话货真价实的颠覆,它推翻了惯常的引述;在古代的基础上,却出现了现代性的典范人物。"——参 Larrére,《孟德斯鸠与贸易史》("Montesquieu et l'histoire du commerce"),页 324。在《论法的精神》后文中,亚历山大一直被当作某种标准,孟德斯鸠在之后对查理大帝的颂扬中(30.21),通过着重提及亚历山大而暗示了这点。但是,我们要注意到,孟德斯鸠晚期的短篇作品《吕西马库斯》("Lysimachus")清楚表明,他意识到"亚历山大的邪恶就如同他的美德一样极端;他的脾气十分可怕,这让他变得残酷无情"(OC 2.1237)。

原职。他让马其顿人率领军队,让本地人担任政府首长……
他尊重各民族的古老传统和当地人民引以为荣的所有纪念
物……几乎所有向他臣服的民族的祭坛,他都曾去供奉祭
品……罗马人的征服是为了毁灭一切;而他希望征服一切,
目的是为了保存。无论走到哪个国家,他首先想到和谋划
的,总是设法增进这个国家的繁荣和强盛。(10.14)

　　这就是第 10 章留给我们的亚历山大的形象。孟德斯鸠对这
位堪称典范的欧洲征服者的神化很有吸引力,但也令人十分困
惑——这位征服者通过征服活动改变了东方专制政体,其手段是
圣明地将对当地习俗的表面尊重与对这些习俗的有效革新相融
合。如今,在论述商业的历史变革的这一章,在讨论"亚历山大之
征服"的数节中(尤其是 21.8-9),我们看到,孟德斯鸠揭示了这
种神化的全部意义。原来,激励着亚历山大的是,"通过海上商贸
把印度和西方联结起来的筹划,就像他已经借助建立在各地的殖
民地把东方和西方联结起来那样"。亚历山大在整个亚洲广泛实
施的希腊化殖民(Grecian colonization),并不仅仅(甚至也不首要)
旨在控制整个国家;毋宁说,他的目的是扩张商业,尤其通过河道
展开贸易。[1] 最初从事这种商业的正是希腊和西方的殖民者,因

---

[1]　Larrère,《孟德斯鸠与贸易史》,页 324:"对传统形象的这一反转,将亚历山大从英
　　雄和战士美德的领域挪到商业的领域中。"在孟德斯鸠为《论法的精神》而搜集的
　　个人笔记材料中(OC 2. 1008-1009),有一段对殖民政策的讨论;在这段讨论中,
　　孟德斯鸠观察到,与更谨慎的罗马人相反,亚历山大快速推进、扩张广泛的殖民政
　　策具有巨大风险:一方面,通过抽空希腊居民,他极大地削弱了希腊;另一方面,这
　　些殖民地四处分散,以至于亚历山大去世后,"它们不久就被征服,既无法主动防
　　守,也无法被防守。罗马人的计划则要好得多"。接着是出自另一位抄写员之手
　　的补充:"关于殖民地,我在这里所说的内容"(孟德斯鸠自己也承认)"似乎和我
　　第二个论述商业的章节所说的内容互相矛盾"。然而,孟德斯鸠还是固执地捍卫亚历
　　山大的政策;鉴于它有着促进贸易的意图,在这个意义上,亚历山大的政策比罗
　　马人的政策更加成功。同样可参《思考录》第 1498 条(OC 1. 1361)。

为,尽管那时的波斯宗教使其信徒在土地上辛勤耕耘,但该宗教也"完全打消了波斯人从事海上商贸的想法"。埃及人"对土地的迷信"也产生了相似的影响,波斯人征服埃及时,"便把波斯的精神也带到埃及",于是这种影响得到增强。"为了不玷污本原(elements),他们不在河流上航行";"直至今日,"(孟德斯鸠补充道)"他们都不从事海洋商贸,他们还视那些走海路的人为无神论者。"亚历山大成功地逆转了这种荒唐的迷信信念,尽管这令人遗憾地只持续了短短几年:

> 他派人在希达斯派斯河上建了一支舰队,顺流而下,进入印度河,直达印度河口。他把陆军和舰队留在帕塔拉,率领几艘船只亲自前去考察大海,把他将要设置港口、避风所和兵器库的地点一一标出……当他建造新的舰队并航行在幼琉士河、底格里斯河、幼发拉底河和大海上,他还未能到达印度……他在巴比伦建了一个可以停泊一千艘船只的港口以及若干兵器库;他拨款五百塔兰特到腓尼基和叙利亚去招募船夫,打算把他们分发到分布在沿岸各地正在扩张的殖民点去;最后,他还在幼发拉底河和亚述的其他河流上修建了许多大型工程——因此,毋庸置疑,他确实计划通过巴比伦和波斯湾开展印度贸易。

亚历山大的逝世为这项宏图伟业画上句号,但它的有益成果并未完全消失。在很长一段时间里,希腊人继续控制着埃及;在那里,"他们不再受到当地古老迷信的阻碍,埃及于是变成了世界的中心"(21.9)。希腊人仍然是叙利亚的国王,并因此:

> 维持着我在本章第6节中谈到的贸易,即通过陆路和内河进行的贸易,这一贸易因马其顿人建立的殖民地而获得新

的便利;欧洲因而既可以通过埃及,也可以通过叙利亚与印度交流。(21. 16)

即使在很久以后,在伊斯兰治下,经过亚历山大变革后的埃及仍然是高度商业化的(21. 19)。

在叙述亚历山大死后的希腊和罗马的商业时(21. 9-14),孟德斯鸠不断将我们的注意力引向现代欧洲人在知识、航海能力、商业活力和海军力量上的巨大优势。

> 欧洲的实力已经达到前所未有的高度,它的巨额开支,它的投入规模,它的军队人数,在历史上都找不到先例;庞大的军队即使毫无用处,也要长期维持,哪怕只是为了炫耀。(21. 21 结尾;同时参 21. 13)

与此同时,在孟德斯鸠的时代,商业财富的性质越发显著地把整个世界联结成一个单一社会,这个社会由少数远比其余国家富裕的国家所主宰。孟德斯鸠在论商业的第一章最后一节插入了如下的反思:

> 金钱、纸币、票据、公司股票、船只以及所有商品等动产,都归全世界共有;就此而言,世界就构成了一个国家,所有的社会都是其成员:拥有这类动产最多的民族就是普天下最富有的民族。某些国家拥有大量此类动产,但获得动产的途径不同:有的靠商品,有的靠劳工的劳动,有的靠工业,有的靠发现,有的甚至靠运气。各个国家因贪婪而争夺全世界的动产。
> [原注] 20. 23(同时可参未发表的论文《对西班牙财富的思考》["Considerations on the Riches of Spain"]第一部分结尾,以及《对普遍君主制的思考》["Reflections on Universal Monarchy"],第 2 节和第 18 节:OC 2. 10、20、

34）。Larrére（《孟德斯鸠与贸易史》，页330）十分公允地观察到："第21章开头展示了一幅商业四处流浪、惊慌胆小且被穷追不舍的迷人感伤的画面（21.5）。在这一章的结尾，情况则完全颠倒过来。而如今，反而是政府无法把握永远流动着的商业，以至于不得不违背自己的意愿，节制自身的激情，在商业活动中以符合自身利益的方式来指导自身的行为（21.20）……我们在这里发现一条引导线索，它贯穿于论商业的章节中，而这些章节组成了《论法的精神》的第四卷。"

　　孟德斯鸠并未设想甚至希冀出现一位新的亚历山大；相反，他想象的是亚历山大式的东西方商业联盟的梦想的一种非常不同且更为持久的变体，其当下的主导者是一个自由且不断自由化的欧洲——这个欧洲因其限制或废除奴隶制的斗争而在道德上显著区别于已然比较开明的亚历山大。① 这一新的或正在出现的全球商业格局主要是发现美洲的结果，"美洲将欧洲与亚洲和非洲连在了一起"。虽然西班牙人和葡萄牙人一开始把他们发现的

---

① 尤参15.5-8, 15.11-12和15.17，孟德斯鸠激昂但也有所克制的论证，表明了当代奴隶制（这在欧洲人对非洲黑人的奴役中显得最为突出）的不理性或经济上的愚蠢，以及不人道之处，甚至或者尤其在欧洲之外——也就是说，甚至在有助于这种奴役的气候中亦是如此。Vaughan指出（*Studies*, 2.283），经由这些文字，"在享有头等声誉的人中，孟德斯鸠是开启这场斗争的第一人，这场斗争直到他去世后一个多世纪之后才取得最后的胜利"。Jameson发现（*Montesquieu et l'esclavage*，页55），孟德斯鸠写作的那个时代，"还没有任何一种制度比法国殖民地的黑奴制度获得更多的普遍支持，更牢固地扎根在一个民族的道德之中，也因为与之相连的巨大物质利益而更加难以攻击，并且看起来不可动摇"。Derathé指出（1.505），"在孟德斯鸠之前，还称不上有什么真正反对奴隶制的作品或者趋势"。孟德斯鸠在《论法的精神》中对奴隶制的攻击所产生的影响，明显反映在狄德罗《百科全书》的"奴隶制"和"黑奴贸易"（由Louis de Jaucourt撰写）这两个条目上。孟德斯鸠对法国反奴隶制运动的更一般的影响，参Seeber，《法国的反奴隶制主张》（*Anti-Slavery Opinion in France*）。论述《论法的精神》对英国废奴主义者（华莱士、威尔伯福斯、迪克森、比蒂、夏普、弗格森、柏克、格迪斯，以及不那么积极但却可能更有说服力的布莱克斯通）的直接影响，可参Fletcher的《孟德斯鸠与英国政治》（*Montesquieu and English Politics*）的第13章。

地区视作传统的"征服"的"对象",

> 比他们更有教养（refined）的民族却意识到，这些地区是他们发展商业的对象，进而由这一精神出发看待它们。有几个国家做得非常智慧，它们把帝国大权交给贸易公司，这些公司统治这些遥远国家的唯一目的是贸易；它们虽然成为一股强大的附属势力，却并不让母国感到为难。
>
> 在那里建立的殖民地所具有的那种依附关系，在古代的殖民地中找不到先例……
>
> 建立这些殖民地的目的，是以比与邻国通商更为优越的条件进行通商，而在与邻国的贸易中，一切利益都必须双方均占。
>
> 只有宗主国可以在殖民地开展贸易。确定这条原则的理由很充分，那就是：建立殖民地的目的是扩张贸易，而不是建立一座城市或一个新帝国。
>
> 殖民地因丧失贸易自由而遭受的损失，显然可以从宗主国提供的保护中获得补偿。（21.21）①

我们发现，在《论法的精神》出版后的几年间，它立即成为了那些争论应当在印度建立何种性质的不列颠帝国的各方诉诸的权威。② 这并不令人意外，相反十分恰切，而且富有意味。约翰斯通（George Johnstone）总督于 1771 年提出的政府方案《关于我们

---

① Larrére，《孟德斯鸠与贸易史》，页 332："现在，孟德斯鸠对诸如罗马的领土征服政策的坚决谴责，却并没有落到雅典身上，也没有落到它的现代复制品英格兰身上。"同时参 Larrére，《孟德斯鸠论经济和商业》，页 357-358，以及 Barrera，《孟德斯鸠与海洋》（"Montesquieu et la mer"）。在《波斯人信札》的第 19 封结尾处，郁斯贝克描述了欧洲人在奥斯曼帝国境内的商业支配地位，并总结道："不出两百年，这个帝国准会成为某个征服者耀武扬威的地方。"
② 有益的指导性讨论，可参见 Fletcher《孟德斯鸠与英国政治》的第 12 章和 Courtney《孟德斯鸠与柏克》的第 7 章。

在东印度之所得的若干思考》(*Thoughts on our acquisitions in the East Indies*)，大量引用孟德斯鸠的论述。随之，围绕黑斯廷斯(Warren Hastings)对东印度公司政权领导权的激烈争辩于 1777 年正式揭开序幕，其标志是柏克(Edmund Burke)的朋友弗朗西斯(Philip Francis)——他是诺斯勋爵任命的印度最高委员会中唯一在世的成员——向诺斯勋爵递交了一封公开的谏书("弗朗西斯先生致诺斯勋爵的信")。这封谏书深受《论法的精神》之文本与教诲的影响。柏克本人远为雄辩地响应了弗朗西斯关于帝国的孟德斯鸠式设想，这尤其见于 1783 年 12 月 1 日他为"福克斯先生的东印度法案"辩护而作的演讲。当时，福克斯法案的失败使辉格党政府几乎从此一蹶不振。但这场重大的落败并没有令柏克放弃对黑斯廷斯的弹劾，尽管这场漫长的弹劾最后以黑斯廷斯的无罪释免而告终。

黑斯廷斯的拥护者同样自始至终诉诸孟德斯鸠这一权威，来抗衡柏克及其盟友。支持黑斯廷斯以及更一般说来支持他利用武力在没落的印度莫卧儿王朝强制实行商业帝国主义的人强调，孟德斯鸠早已教导过，如同所有的东方政府和宗教，印度本质上具有专制主义性质，因此，英国对它的理性专制作为制衡就是正当的，因为这一制衡尤其致力于打破当地愚昧残酷、贻害无穷的宗教信仰和政治权威的控制。在庭审中，黑斯廷斯的辩护律师专门引用了孟德斯鸠下面这段高度相关、极为有力且饱含激情的文本作为权威(17.5)：

哥特人乔南德斯[6 世纪拉韦纳的主教，《哥特人史》的作者]把欧洲北部称为锻造人类的工厂(humani genris officinam)。我觉得把它称为工具制造厂更为准确，因为它为我们提供了砸碎南方锻造的铁链的工具。骁勇民族形成于北方，他们离开自己的国土，去摧毁暴君和奴役，并让人类懂得，大

> 自然既然规定人人平等,除非为了获得幸福,否则理性就不
> 会让他们依赖别人。(17.5)

我们可以补充道,这位辩护律师本可以很好地将这段话和我们曾引过的第 14 章第 3 节的那段关键文本配合在一起。① 柏克和他的盟友则正好相反,他们诉诸的孟德斯鸠教诲教导的是需要尊重当地习俗、风尚和道德;他们援引孟德斯鸠对一种特殊"暴政"的诊断,这种暴政源于粗暴地推行陌生的习俗——即便这些习俗是自由且人道的(19.2-3)。

当时的争论距今已经相当遥远,在回顾时,我们难免会得出这样一个判断:在这场关于何为现代的、理性的和商业的帝国主义之恰当含义的争论中,没有哪一方有充分权利自称能够完全代表孟德斯鸠的智慧。毫无疑问,柏克人道主义的深度和广度都体现着偏向他的孟德斯鸠的影子。他坚称,自己支持当地法律、习俗和宗教的因袭的(prescriptive)权威,目的在于对抗东印度公司的暴政("或许是曾存于世上的最腐败和最具摧毁性的暴政之一"),高扬理性的权利:"全体人类的自然权利","全体人类的自然平等",它们在印度的显现不少于英国。"这项法案以及与它相关的其他法案,都意在打造印度的大宪章(Magna Charta of Hindostan)。"柏克确信,以他所理解的那种真正的孟德斯鸠式帝国主义来拒斥黑斯廷斯版本的商业帝国,这一艰巨的努力,不啻为"从有史以来最严重的暴政中,拯救有史以来数量最大的受到如此悲惨压迫的人"。② 正如莫利(John Morley)在柏克传记里描述的(页 196-197):

---

① "正如儿童比理智已经成熟的人更需要优良的教育,与此同理,这种气候下的人民也比欧洲气候下的人民更需要一个明智的立法者。越容易受到强烈影响的人,越应该以合适的方式接受这些影响,越应该在理性指导下拒不接受偏见。"
② 《论福克斯的东印度法案》,《著作集》,2.176-179、238、246。

　　黑斯廷斯被判无罪,这无足轻重。这场弹劾案已经以足够深入人心的力量,教授了重要的一课——亚洲人也持有权利,正如欧洲人也持有义务;更优越的种族在与附属(subject)种族打交道时,必然要遵守那个时代的最高道德标准。

　　柏克满腔热忱地支持印度以及一切其他传统所具有的崇高的因袭特征("这是在所有时代和所有民族中最为稳固的权利、最古老和最受尊崇的制度"——《论福克斯的东印度法案》,《著作集》,2.222),对黑斯廷斯所代表的激进甚至颇为残酷的改革,他自然也猛烈地加以反对。但在其中,我们不可避免地注意到,他在某些关键方面被导向与他伟大的哲学导师相当不同的立场。首先,柏克掩盖了孟德斯鸠明确认可委托贸易公司进行有限的帝国统治这一政策的事实(21.21)。但最重要的一点在于,柏克断然否定了其导师孟德斯鸠的如下教导:传统印度(以及更一般来说,亚洲)政体本质上具有专制特征,印度(以及更一般来说,亚洲)宗教有着政治和经济上的危害。① 在回应黑斯廷斯支持者对权威孟德斯鸠的明确引述时,柏克慷慨陈词:

　　　　我意在证明与这位罪犯的辩护律师或者他本人就这个问题发表的一切言论恰好相反的观点。我意在证明,印度的人民同样拥有法律、权利和豁免权;他们同样拥有财产,无论动产还是不动产,继承的还是偶得的;他们终身保有自己的

――――――――――
①　当然,孟德斯鸠对印度的评价不全然消极。孟德斯鸠注意到,尽管印度人的宗教法不鼓励工作和土地的私有权,从而引起许多弊病;但是,"印度人生性温和、亲切、富有同情心,因此他们的立法者对其抱有巨大信心。立法者制定的刑罚很少,这些刑罚也并不严酷"。印度人"痛快地把自由还给奴隶,与他们互相通婚,善待他们如同子女一般;令人愉悦的气候不仅孕育了直率的风俗,也产生了温和的立法!"(14.15)

财产,并且受到他们国家法律的保护,正如任何财产在这个国家中都受到保护一样。他们也有荣誉感,这份荣誉感不仅和诸位大人一样多,而且比世界上任何其他民族都来得强烈和深切;当他们遭到惩罚时,他们感受到的不是鞭打,而是耻辱:简而言之,我要证明,孟德斯鸠从无所用心且粗心大意的旅行者那儿听取的所有话,都绝对错误。

[原注]《在黑斯廷斯庭审上的演讲,第一天的答辩》("Speech at Trial of Warren Hasting, First Day of Reply"),《著作集》,7.491;同时参《论福克斯的东印度法案》,《著作集》,2.181-182、184、193-194、202、206、217-218,尤其是 2.220-221("孟加拉及其附属行省,总面积比法兰西王国还大;这里也像法兰西一样,曾经拥有庞大和独立的地产利益,由王公领主以及大量的绅士贵族、世袭地主、贫农佃户、宗教团体和公共机构组成。早在 1769 年,东印度公司的员工们就觉察到,在英国治下的这些省份正在不断衰落。") Courtney 主张,"柏克对立法者的想法与孟德斯鸠一致",但是他忽略了孟德斯鸠更彻底的理性激进主义,尤其在(亚洲)宗教上面(《孟德斯鸠与柏克》,页 135、138)。柏克要求,面对一个显然非理性的外来传统,我们必须"尊崇那些我们当前还不能领会的事物";对此,Kingsley Martin 尖刻却不失公允地回应道(《法国自由思想的兴起》,页 168):"这些并不是孟德斯鸠的结论。孟德斯鸠尝试构建一门政治科学,他并不为那些现存的恶习寻找一个神秘的正当理由。"我们可以作出补充,"尊崇"是一个重要的柏克式术语,却很少出现在孟德斯鸠文中(不管这是好是坏)。

对我们这些《论法的精神》的解释者来说,这场激烈且具有历史性的重要意义(虽然现在几乎被完全遗忘)的争论之所以有趣,是因为在通过商业帝国来传布欧洲的自由原则这一问题上,对立双方分别引出孟德斯鸠复杂教诲中的重要一面,同时双方都忽略(因此也就在限制)他们的对手提出的与之相抗衡的孟德斯鸠的另一个面向。敌对双方一同生动地展现了那一或可被称为孟德斯鸠的人道的帝国理想的全部复杂性。

孟德斯鸠的"先知视见"

在解释戈德史密斯（Oliver Goldsmith）于 1759 年写就的关于《论法的精神》的文章时，弗莱彻（Fletcher）这样描述孟德斯鸠："在人类天才的下述方面，他是一位令人钦佩的楷模"——人类天才的"真正价值不在于揭示过去，而在于赋予将来以特定的色彩和方向"。这种天才的"作用"（用戈德史密斯的话来说），"不是历史性的，而是先知性的（prophetic）"（《孟德斯鸠与英国政治》，页 29）。在法盖（Emile Faguet）下面这句经常被引用的话中，他也作出类似的判断："《论法的精神》是一本具有先知性批判眼光的书。"（《十八世纪》，页 165）孟德斯鸠本人则在其序言的结尾处，将《论法的精神》与维吉尔《埃涅阿斯纪》中的库迈的西比尔（Cumaean Sibyl）的预言书相提并论。柏克较之更甚，在为孟德斯鸠所作的著名颂词中，他将孟德斯鸠比作"弥尔顿笔下那位芸芸众生的始祖（universal patriarch）"，这位始祖"在他的先知视见中绘出他将生育出来的全部世系"（《新辉格党人对老辉格党人的呼吁》，结尾处）。但是，如果我们认可孟德斯鸠确实是作为某种先知在言说，那么他乃是理性宗教的先知。理性宗教只认可相当宽泛的预言，自然神只传递普遍而非特殊的天意。因此，孟德斯鸠并不追求精确查明即将降临之事的顺序，他仅仅想勾画出对未来的合理期望。随着各个社会不同程度的商业人道化发展，这一理性宗教将在多大程度上成功地在全球缓慢扩展，仍然是未知的。孟德斯鸠无疑保留了这一可能性，那就是：深植于那些被认为是超理性和反理性之启示的社会，将永远不会从地球上完全消失，尤其在"南方"或亚洲。因为在这一进程中潜藏着巨大的障碍。不过，孟德斯鸠确实打算，并且暗中宣称已经详尽阐述了一种普遍的政治科学的基本框架。这一政治科学表明，理性宗教对整个地球的统治确实可能在历史中不断增长并无可置疑地展现出来。它还将十分简明易懂地解释，为何理性宗教在某时某地曾遭到顽固抵制——在一些地方如今仍是如此，将来也不会发生变化。孟德斯鸠式的理性主义允诺，普遍人类历史自此以后将成为一本开放的书。这本书可以为理性主义提供可靠的基石，并且所有人都能读懂它。在《论法的精神》的高潮部分，即专门讨论宗教的第5卷，孟德斯鸠在开场的一段关键语句中(24.1)，精炼直白地指出他的宏大战略的理论意义。引人注意的是，孟德斯鸠一开始似乎否认了自己的主张有什么真理基础，他甚至竟然暗示自己从来没有"考虑"过真理性这一问题："在这本书里，我是一个政治著作家，而完全不是一个神学家；所以，书中可能会有一些东西，只有用尘世俗人的方式思考，才显得完全真实，因为我并未把它们与更高的真理联系起来考虑。"但是，在下一句话中(可以说，前一句的谦逊否认保护了它)，孟德斯鸠又申明自己作为真正哲学家的资质："至于真正的宗教，① 只需稍有一点公正心就可以发现，我从未试图让它的利益屈从于政治利益，而是试图让两者彼此结合；然而，要达成这种结合，必须拥有关于它们的*知识*(or, pour le unir, il faut lesconnoître)。"我认为，孟德斯鸠意在表明，那种政治事业的成功将会证明这种对知识的主张是有理的，这一知识即关于一切宗教的真正利益，或者关于真正的宗教之利益的知识。这种经验证明可以通过"政治著作"和"尘世俗人的思考方式"的功效得到确保，而不必求助于严格意义或传统意义上的"神学"——不必进入任何对"更高的真理"的直接探寻。②

---

① 孟德斯鸠在此留下指示，让人在他身后发行的版本中加上"至于真正的宗教"这几个字，而在他生前发行的版本，这段话的印刷正文则是："只需稍有一点公正心就可以发现，我从未试图让它的利益屈从于政治利益或其他利益。"

② 对启示的历史驳斥，参穆勒(John Stuart Mill)的《有神论》("Theism")，第一部分，导论；尼采的《朝霞：关于道德偏见的思考》，卷一，格言95("历史的否定作为决定性的否定")，以及格言96("In hoc signo vinces[在这个标志下你将胜利]")。

最后的批判性反思

在《论法的精神》开篇,孟德斯鸠请求读者,如果未曾对"整部作品的设计"(即"作者的设计")作最细致的反思,就不应对它妄下"判断"。从他随后的宣言中可以清楚看到,他希望读者以最高标准来评判自己:

> 我的原则绝非出于自己的一孔之见,而是源自万物的本性。
>
> 在这里,如果想要感知某些真理,我们就必须看到这些真理与其他真理之间的联系。我们越反思那些细节,就越会感到这些原则的确凿无疑。

如果我们要像孟德斯鸠意图或期望的那样有所回应,那么,我们就必须——尽管我们在他巨大的理智优势之前感到局促不安——尝试对他的作品进行批判性评价,而且尤为重要的是,要从这一作品的根基着手。这一过程需要运用他煞费苦心帮助我们培养起来的批判能力。除此之外,还有一个原因也迫使我们这么做,那就是我们需要理解自身的存在境况,并对之进行评判:我们发现,自己主要受(孟德斯鸠着力塑造的)自由现代性所塑造,因此,不可避免地也是自由现代性的捍卫者或改革者。这意味着,在评判孟德斯鸠的野心时(这一野心隐含于《论法的精神》精心阐述的政治科学之中,它意图囊括全球以及整个世界历史),站在21世纪开初的我们有自己的优势。

[原注]我所作的批评性反思与马南(Pierre Manent)的性质不同。因为,当我质疑孟德斯鸠的启蒙思想就人性给出的理性定义是否完备时,我并没有像马南一样,认为孟德斯鸠(作为启蒙思想的顶峰)将"当前这一时代"或"现代"遗弃给了"信仰",从而表现出对理性与自然标准的抛弃(参《人的城邦》,24-26页,以及39、50-53、68、94、107、113、115页)。

启蒙哲人的政治企划(孟德斯鸠在其中献力甚多)显然已经大获成功——正是在他们的激发和推动下,人的境况发生了一场重大而持久的转变,其中有些变化甚至是永久性的。然而,这一场前所未有的转变是否确切无疑地达成了启蒙哲人的期望,在最为重要的方面扭转了乾坤?自由现代性的成功是否完全足以证实启蒙哲人最根本的假说,证明他们对启示与启示宗教之地位的设想正确无误?对此,我们疑虑重重,因为我们在历史中看到启蒙理性主义导致了显而易见的精神空洞,看到随后一次又一次力图弥补这一空洞的重大哲学尝试,看到这些尝试愈发绝望,同时也愈发激进。在这些重大的失败尝试之后,我们不得不放下现代理性主义,回到那些伟大的前现代方案,对它们作长期而细致的研习:其一是圣经信仰与神学(包括政治神学),其二是根植于苏格拉底式政治哲学的古典理性主义。正是通过这一研习,我们的种种疑虑才获得原本无法获得的尖锐关注。

人的精神是否真的发生了变化,变得根本地满足于安全、繁荣、汲汲于求的活动以及相互的"自我尊重"——这些由自由宪政与"商业"(或孟德斯鸠之后,史无前例的科技爆发促成的商业扩张)带来的产物?人性真的可能发生这种改变吗?人性是否真的抛弃了自己那强烈的意志与希望，变得受制于汲汲营营、人性又太人性、关心自我胜过公益的经济需求，以至于不再想要超脱被这种经济需求所驱使、消耗的生活？我们的本性是否真的不再听到正义的召唤，不再听到要根本地超越自我——这一良知的召唤曾被我们每个人切身体验，它来自永恒并直抵我们每一个人？或是说，这一鞭策我们的声音只不过是（不同程度地）受到压制或掩盖？这一场可敬而可疑的试验，让我们付出了怎样的精神代价——或者，它虽名为"解放"，但实为"异化"？

　　这一代价不仅体现于缓慢但强劲的民主退潮中，而且也（最为突出地）见诸一种前所未有的政治之恶的一再爆发。前者正一步一步地将民主公民拖向与日俱增的政治冷漠与消极，后者则产生了各种现代与后现代的极端"主义"、宗教邪说——它们出自那些绝望地渴求着高尚的公共召唤与高超的政治行动的人。孟德斯鸠以黑色而荒谬的笔触为读者描绘了专制政体可能导致的惨无人道，但是他未能帮助读者做好准备，去迎接近代以来的大众运动——它们具有显著的现代性、道德主义，但同时是无神论的、极权主义的——带来的恐怖恶灵。孟德斯鸠甚至未能预见这一恐怖恶灵出现的可能性。同样，他的著述也未能预见那些带有显著后现代特征的宗教政治。班纳（Hassan al-Banna）、库特布（Sayyid Qutb）及其恐怖的门徒正是这种宗教政治的宣扬者。① 孟德斯鸠的政治科学告诉我们，最恐怖的专制主义存在于这样的时代与地区——它们受僵化的传统支配、受迷信与对现代哲学和科学的敌意蒙蔽。根据孟德斯鸠的分析，专制者个人的邪恶是浅薄的：他们陶醉于骄奢淫逸的自我放纵之中，沉湎于那些除复仇之外别无道德含义的愚蠢暴行之中。根据孟德斯鸠的政治科学，暴君之所以暴虐无度，是因为缺乏一种设计精良的制度制衡其权力。在

―――――――――

① ［译注］二者均为埃及穆斯林兄弟会政治活动家，当代伊斯兰运动理论家。

孟德斯鸠的书中,没有任何形象预示罗伯斯庇尔或与之相类的一些人物,也没有任何道德与理智层面的提示涉及此类"人民民主"领袖的统治——他们在国内外通过十分复杂巧妙的理性主义意识形态与宣传工作,管理着数百万受过最好教育的灵魂。在孟德斯鸠对人世的设想中,专制者绝不可能因为回应伟大的现代性哲人的道德召唤,而被推向前所未有的暴行;理性主义哲学被认为可以阻止非人道的政治狂热。同样,在孟德斯鸠的框架下,也无法设想现实中会有一流的哲学思想家反对理性、抵制政治理性主义,更遑论超现代(ultramodern)哲学与前现代宗教狂热主义会走向结盟或合流。孟德斯鸠关于人性与人类社会的科学号称无所不包,但在其中,我们找不到任何关于现代波斯及其后现代思想家的预示:他未能料想,在 20 世纪晚期会出现这样一个成功的政治宗教催眠师——他自觉响应"伟人尼采",声称"完人"、"上帝的代理人"乃是"手握凯撒之剑,胸存耶稣之心的人";他"以苏格拉底的头脑思考,以哈拉智(Hallaj)的心爱真主";他"既勇于斗争(jihad)又敢于创制(ijtihad),既富有诗性也熟习刀剑,既单子独立又有所献身,既情感丰沛又才华横溢,既强健有力又兼爱无私,既铭记信仰又追求知识";他"通过自我否定而成为不朽"。①

孟德斯鸠的教诲向我们允诺,随着商业和科学的扩展,人道德性将逐渐且几乎不可避免地取代野蛮的非人道。所谓的非人道完全可以归因于愚昧无知的"偏见"。孟德斯鸠确信,随着人类逐渐认识那一低级但稳固的真理,即认识自己的本性与自己真实但平凡的需求,人类之间的和平将随之而来,自然的家庭纽带将得以加强,人受自己同类蹂躏的现象将逐步减少。

　　[原注]孟德斯鸠允诺,在进步的社会中,同性恋会逐渐消失(12.6),流

---

① 参 Shari'ati,《完人——上帝的代理人》("The Ideal Man — the Viceregent of God"),载于 *On the Sociology of Islam*,页 121–122。另参同刊的《完美社会——乌玛》("The Ideal Society — the *Umma*"),页 119–120。

产不会再发生(23.11),同时,更容易的离婚(16.15;另见《波斯人信札》,第106封信)会加强家庭的纽带(即使它同时弱化了这一纽带,或者说正是这一弱化本身加强了家庭纽带),并导致每对夫妇养育孩子的数量急剧增加——因为"我们突然看到,自然要么维护其权利,要么将它们收回。她用自由的手播撒她的欢乐:柔软、可爱、魅力;在将我们推向各种快乐时,通过我们所生育的孩子——自然让我们做好重生的准备,换言之,她将我们推向比这些快乐本身更大的满足。"

> 商业可以医治破坏性的偏见;因此,凡习俗温良的地方,必定有商业,凡有商业的地方,习俗必定温良;这几乎是一条普遍规律。(20.1)
> 商业使人温和;理性使人走向人道;唯独偏见使人摒弃人道。(15.3;另见10.3与25.13)

孟德斯鸠允诺,在现代环境下,任何地方如果存留有专制主义或专制主义倾向,便会有各种力量对之进行钳制。这些力量包括金融与贸易法律、理性的全球公共意见或基于利益的"国际法":"我们的马基雅维利主义正在被治愈,而且一天比一天见效";"过去那些被称为政变(coups d'Etat)的事件,如今看来,除去它所带来的恐怖,不过是错误"(21.20)。"正如我在前一章所说,货币交换破坏了很大一部分政府权力,或者至少破坏了依靠这部分政府权力可能取得的成功"(22.13)。"人从根本上说是理性的"(28.23);"理性掌控着一个自然的帝国;她甚至掌控着一个强暴的帝国;有人抗拒理性,殊不知抗拒本身就是理性的胜利;过不了多久,抗拒理性的人就不得不重新回归理性"(28.38)。

[原注]在《波斯人信札》第106封信中,郁斯贝克驳斥了雷迪在前一封信中就技术进步可能带来的邪恶而感到的忧虑:"不会如你所想:如果出现一种毁灭性的发明,那么,国际法会迅速将其禁止,各国会一致同意将之埋葬。用这些毁灭性的手段来攻城略地,绝不符合君主们的利益。"类似的说

法见《关于欧洲普遍君主制的思考》,第一、第七部分,以及孟德斯鸠的《〈论罗马兴盛的原因〉的未用材料》("Dossier of the *Considerations on the Greatness of the Romans*"),第 180 条(OC 2. 223-224)。在《思考录》第 2159 条(OC 1. 1561),孟德斯鸠确认:"现在,犹太人得到拯救了:迷信不会再回来,也不会再出现打着良知原则的名义对犹太人赶尽杀绝的事情。"

　　根据古典政治哲人,尤其是柏拉图的设想,理性在人类的精神结构中有着完全不同的地位。在这一灵魂学基础上,他们阐述了一套迥异的政治科学。在苏格拉底派看来,虔诚的信仰与真正的哲学或科学,这二者都反映了一种普遍而自然的属人渴求——爱欲(eros),并且都是对爱欲的回应(其中哲学的回应乃是批评性的)。爱欲作为灵魂的推动者,在政治生活中随处可见。根据亚里士多德的界定(《政治学》1278b17-30),"人是政治动物",因为爱欲与其易怒的助手血气(thumos)推动着我们去追求道德尊严与美尚(kalon)——正是这种渴求将我们提升到人之存在的限制之上,并使我们得以拥有超越这一限制的希望。古典时期与中世纪的苏格拉底式理性主义者发现,一种对于不朽的"爱欲"渴求永恒地表达着人之为"人"的首要方面(就此,不同个体程度有别)。这种爱欲渴求乃是一种献身式的热望,最有力地表现于对自我超越的正义(dikaiosune)德性的爱与追求之中。毋庸置疑,这一根本的"爱欲"冲动是神圣的,但它也常常堕入邪恶。因此,有必要通过严苛的审问,对之进行净化。苏拉格底式的政治哲人正是将这一艰苦卓绝的工作视为自己的天命。

　　孟德斯鸠似乎并不认同政治哲学的这一原初的、苏格拉底式的意涵。孟德斯鸠认为,古典的自我认识因其与宗教观点的亲缘(或者说对宗教观点的信奉),必然将自身推向奴役:"古代的各种哲学派别可以看作不同的宗教。"孟德斯鸠在对哲学作概述时如是说(24.10)。在孟德斯鸠看来,毫无疑问,最伟大的古典哲人的确追求真正的科学,或一种根本的、独立的理性主义;然而尽管如此,在实践层面上,他们却事实上被迫服务于某种非理性或反理性的神权政治,而在神学层面上,他们也无法摆脱对某种纯粹的、无根据的信仰的根本依赖——他们陷于一种虚假的或伪理性主义的形而上学。① 正如孟德斯鸠在他最后出版的著作中宣称的:

> 我们的灵魂有不同的快感,正是这些快感塑造了趣味的不同对象,例如美、善、愉悦、天真、精致、温和、雅致、不可名状(je ne sais quoi)、高贵、伟大、肃穆、庄严等等……古人没有很好地解释这一点:不同品质之于我们的灵魂乃是相对的,他们却把所有这些品质视为确定的。柏拉图利用苏格拉底进行探究的那些对话,曾令古人钦慕不已;但是在今天,它们却不再被人接受,原因就在于此——这些对话建立于虚假的哲学之上。因为,就各种被视为确定的事物——美、完善、智慧、愚蠢、坚硬、柔软、干燥、潮湿——所进行的探究,已经不知所谓。②

孟德斯鸠确信,一条新的、真正的、通向自由的道路已经被打开,哲学无需再做启示宗教的婢女。孟德斯鸠意图通过解放全体

---

① 参《思考录》,第 585 条(OC 1. 1079):"那么,赋予整个自然以生趣的哲人与完全神圣化自然的神学家之间,到底有什么重大差别呢?"以及第 673 条(OC 1. 1173)——"人将自己从欺骗中解脱出来的方法,唯有研习哲学(我说的是现代哲学:因为古代哲学只不过服务于加强偏见)。"

② 《论关于自然与人为事物的趣味》("Essay on Taste, in the Things of Nature and of Art"),文本在《百科全书》中刊发(OC 2. 1556);相似的说法,参《思考录》第 2062、2093 条(OC 1. 1537 与 1546);《论影响精神与品质的因素》("Essay on the Causes That can Affect the Spirits and the Characters"),OC 2. 62-63;不过,同时参考《思考录》第 2097 条(OC 1. 1546-1547)——"所以,关于理智存在者的教导是柏拉图发明的,他不过将之作为一种保存的手段,一种防止狂热的异教徒诽谤的防御性武器。"

的人性,来解放理性的生活。为了使这一宏大的设想具有说服力,孟德斯鸠必须令人信服地对人性作出解释,证明人性可以接受一种不再追求超越属人界限、超越世俗关切与投入的生活,甚至证明人性可以在这种生活中找到自然的家园。孟德斯鸠的政治哲学力图改造社会存在,以便使之成为一面镜子,印证上述惊世骇俗的人类学。孟德斯鸠在对人的宗教性作专题讨论时说:

> 人之被造,乃是为了保存自己,喂饱自己,装饰自己,并从事各种社会活动。宗教不应赋予他们一种过于沉思性的生活。(24.11)

孟德斯鸠发现,个体对于保存与安全的渴求正是人心最真实的自然关切,而这一渴求可以在属人世界的界限之内得到满足。孟德斯鸠正视并宣称了这一令人醍醐灌顶的真理:"所有的属人事物都有其终结。"① 然而,他并没有因此敲打那些"视荷兰、德意志、瑞士联邦为永恒共和国"的同代欧洲人(9.1)。他当然知道"永恒"一词的重大含义,但是他支持甚至鼓励在此宽泛地(即使不能说随意地)运用这个词。② 孟德斯鸠注意到(25.2),人类"是一种极容易陷入希望与恐惧的存在",所以"一种既没有地狱也没有天堂的宗教很难取悦他们";不过,他同时提醒我们,他已经指出远东和欧洲的宗教并不"取悦"人心,但正是因此,这些宗教不仅教导"正义",甚至也教导"社会渴慕的事物"(回想24.19)。因

---

① 11.6 结尾;另参《波斯人信札》第113封信中孟德斯鸠借郁斯贝克之口说的更为激进的话:"亲爱的雷迪,世界并非万古长青;天体本身亦然……人类,寄身于极易受改变的肉体之中,他们生存的状态亦是变动不居:有成千上万种因素可能起作用、毁灭掉人类。"

② 孟德斯鸠在讨论基督教对婚姻(16.15)与教士(25.5)的看法时,以其恰当的含义用了"永恒"一词;此外,《论法的精神》对这个词的其他三次使用都非常宽泛:10.3、13;24.17。

为,正如他在此所宣称的(25.2),"我们极少倾心于精神性观念"。事实上,在孟德斯鸠看来,"倾心于精神性观念"的民族表现出一种社会疾病的鲜明征兆(14.5)。根本没有必要为宗教中的"拯救"观念赋予这一含义:此世死亡后的存续。"勃固人(Pegu)的宗教"证明了这一点,他们的宗教有着令人渴慕的道德性,但同时是根本非精神性的(24.8)。

[原注]另参19.19对中国宗教的论述;《波斯人信札》第75封信(讨论的是在受过良好教育的法国人心中,灵魂不朽这一信仰的地位);《论影响精神与品质的因素》,OC 2.62;以及《思考录》第2082–2091条,关于"灵魂不朽"的一系列思考(OC 1.1543–1545),同时参看含混以至反讽的《思考录》第615条(和第616条),在其中孟德斯鸠做了一个试验,要"去除我们心中的上帝观念":"让我们暂且抛下这个枷锁,它是错误与偏见加在人性之上的轭;让我们将这一观点坚定地视为己有:我们不再有此依赖。由此,我们看看会取得怎样的成功!"孟德斯鸠接着试图阐明这一建议导致的极端推论,并由此描绘自己的神学,回应那一推论——孟德斯鸠的神学在其关于极端个人主义的自然状态学说中臻于顶点,他将这一学说与霍布斯相对而言更具社会性因此(根据孟德斯鸠的看法)也更可疑的自然状态学说作了鲜明对比(OC 1.1137–1142)。

孟德斯鸠对两性之爱的自然基础的讨论,最能透露出他如何认识人天生对"持存"——他将其与"保存"作了明确区分——的关切。在可以说专门讨论爱情的一章,孟德斯鸠以卢克莱修献给维纳斯的颂歌作为引言。我们不应低估这一引用的深意。人的情欲之爱,正如孟德斯鸠试图认识的,并不内在地导向不朽或永恒,甚至也不导向繁衍生息,即通过后代而获得持存:

> 我们与妇女的关系建立在这些事物之上:与感官愉悦相连的幸福感、爱与被爱的魅力,此外还有取悦她们的愿望——因为在某些构成个人品德的要素方面,她们可以做出

极为高明的判断。取悦妇女的普遍愿望产生了殷勤献媚（gallantry），但殷勤献媚绝非爱情，而是一种精巧、轻盈、不朽的爱情谎言。不同民族、不同时代有不同的环境，爱情也随之更多地倾向于上述三种情形之一。①

就自然而言，在人类中，"持存"（与"保存"相对）只不过是"我们与妇女的关系"的一种无意识的或被忽视的伴随物。② "激发每个家庭传之久远的愿望"并不自然（此种意义的自然甚至不会"让人觉得某种事物似乎不应消逝"；23.4）。总之，婚姻与固定的家庭并不合于自然③——家庭（有差异巨大的不同传统样式）被发明之后，自然（被不同的家庭样式所修正）常常与之抵触；但尽管如此，自然显然也在家庭之中表现自身（尤见 26.4 结尾，论拉辛的《菲德拉》）。

---

① 28.22；孟德斯鸠继而解释了殷勤献媚所由产生的骑士精神根源，但他不曾论及基督教或者任何对神圣之物或永存之物的献身性渴求。人类爱情的三种类型中的前二者（即，真正的爱情）之完满，在《波斯人信札》第 141 和第 67 封信中分别得到描述。后者将相互的爱意置于家庭中，但这一家庭却是乱伦的；而正是通过乱伦，爱情与家庭得以与自然宗教相连。

② 参 16.12："妇女的淫荡受到所有民族一致的鄙视，因为自然给了所有民族这一启示。自然既设立起防卫，也设立了攻击；它同时将情欲赋予双方，又赋予一方以莽撞，另一方以羞耻。它给了个体大量时间去保存自己，却只给了他们短暂片刻去传宗接代。"另参 23.4 与 7；26.8；类似的说法见洛克《政府二论》1.54；对比柏拉图《法义》721b-c,773e-774a。在孟德斯鸠为《论法的精神》所作的材料汇编中有这样一段，在此孟德斯鸠讨论的是关于领养的法律，他提到"人类所具有的、希望看到自己家庭永存的欲望"；他不曾说到对此有一种自然的欲望（OC 2.1014）。在《波斯人信札》中，里加在他最后那封极为重要的信件中有过如下评论，其语境是一种类似斯宾诺莎主义的对奇迹的否定："所有人都知道，所有人也都感觉到，人类热烈珍爱生命，正如一切造物都倾向于保存自己的存在。"（强调后加——并不存在一种对生命的爱可以对人与低于人的存在作出根本的区分）

③ 23.2-4,7；孟德斯鸠说的最极端的话是，"自然充分地（sufficiently）倾向于婚姻"（强调后加——La nature ye porte assez：23.10）；不过，他甚至对此也作了限定，或者说对此作了更精确的表述：他说（只有）"女孩"是"充分地倾向于婚姻的，男孩必须受到鼓励"（23.9）。另参 18.13 并回想 1.2。

人类对自身必朽的境况有自然的反应。在孟德斯鸠的框架下，人的这一反应可以在社会中得到解决，或得到决定性的缓和，其手段乃是人类在持续的历史进程中的共同协力、理性筹划。这一设想根本有别于所有古典的与中世纪的思想（就此，也有别于伊壁鸠鲁派）。在孟德斯鸠的展现中，投身于上述事务（busyness；negotium）的生活乃是未经变异的人之实存。人类个体对自身在全体之中的命运的痛苦追问被有意钝化，由此，人类理智独有的朝向整全敞开的大道亦被扭曲（这需要将人从古典哲学的影响中解放出来：考虑《波斯人信札》第33封信）。必朽与不朽并非孟德斯鸠的政治科学的主题，亦非其关于人之本性的科学的主题。

[原注]尤见14.12-13；对比柏拉图《法义》632c，661b-c，718a，719d-e，721b-c，865d-e，870d-e，872e-873a，881a-b，904c-e，922c-923c，927a-b，947，958c-960b；《王制》328e-331b，372d，386-388，399a，406b-e，414a，427b，468e-469b，486b，496c，498c，503a，540b，585c，603e，608c-结尾。孟德斯鸠几乎从未将爱荣誉视为对永恒的渴求，也未将之视为"不朽的影像"（《思考录》，第484条，OC 1.1033）；在《波斯人信札》第89封信中，他让郁斯贝克走得够远，以至于写道，"对荣誉的欲望，与一切造物所具有的保存自我的本能，其间没有任何不同"。在孟德斯鸠为写作《论幸福》（"On Happiness"）一文而遗留的片段或简笔里（《思考录》第551、989-1032条，OC 1.1062-1066，1266-1273），我们发现一种或许可以称为洛克与霍布斯式享乐主义（这种享乐主义具有彻彻底底的现代特征，其肤浅空虚贯穿始终甚至混乱无度，而且它是完完全全非爱欲的）的温和化版本。例如，"幸福的顶点始终在于形成各种新的欲望并且马上满足它们……它可以防止我们陷于那种使我们沮丧、似乎向我们预言自身的毁灭的消沉状态"；"幸福完全不在于快感，而在于一种获取快感的简单官能，在于一种切实的希望——一旦有所愿想就能寻得快感"；"但是，如果你必须要将自己的幸福置于另一种事物之上，那么请你至少追问一下，你将幸福放在谁那里？难道不是自爱在导引你做出良好的选择吗？认为心灵之被造只是为了某种其他事物，或认为某人

被命定以某一事物为目的,以及认为理性无法为你确定一种不同的目的,这些都是虚假的"。当然,在这些只言片语中还有未曾言明的东西;或者说,在这部计划写作的作品中,还有被省略的东西或仅仅被暗示的东西,要完全理解这些,我们必须对孟德斯鸠的这一论述作出合理的考量:"我的议论完全不是出于宗教的视角;其中也没有什么值得考虑的。我是站在此世的视角发言的……在探究幸福问题时,我相信我应当考虑那些惯常的观念,并将自己灵魂的那种平静传达到他人的灵魂之中。要获得幸福并不需要多少哲思;我们只需要考虑一下那些多少带点理智的观念。"(强调后加)

根据孟德斯鸠的新科学,圣经传统与古典传统是非自然的,它们被强加于人,使人性沉浸于一些不必要的忧虑。而随着人性越来越从这些忧虑中解脱出来,死亡将不再能够击碎灵魂的盔甲,从而无法再向灵魂注入一种真诚的见解——承认"庸庸碌碌"是根本无意义的,是肤浅而狭隘的,是某种逃避或迷失。根据卢克莱修的诊断,终其一生都在逃避永恒问题的庸碌生活乃是某种病态(《物性论》,第3卷结尾)。而在孟德斯鸠这里,没有任何说法与这一诊断相应。孟德斯鸠看到一种全新的文明视域正在生成,他有意为之助力、将其完善。在这一文明视域内,与必朽性意外而神秘的遭遇并不会对灵魂有所促动,使其看到自己最深刻、最有力的渴求——它难以平复,推动着灵魂走向一种献身于更高(或灵魂中较高)事物的生活(同时,它也在某些灵魂中激起最为持久的追求,希望清晰地把握关于充满希望的意义的真理)。不过,我们可以在孟德斯鸠那些完成度更低的作品中看到一些说法,它们表明,他本人清醒地意识到关于必朽性的思想乃是一个挥之不去的造访者。然而,根据孟德斯鸠的说法,强健的灵魂甚至(或者说恰恰)会自然而然地驱逐这一幽灵,它们将投身于某种适宜于本性的活动。在这些自我扩张的活动中,强健的灵魂全神贯注,倍感兴奋:

　　对研究的热爱几乎是我们心中唯一永恒的激情；所有其他的激情都会逝去，因为让我们感受到这些激情的这台可悲的机器终将毁灭……如果此时我们不让灵魂投身于一些与之相宜的事业，那么生来就应有所专注的灵魂就会无所事事，并因此堕入一种可怕的倦怠，它将把我们引向毁灭。（《论激励我们从事科学的动机》[" Discourse on the Motives That Ought to Encourage Us in the Sciences"]，OC 1.55）①

　　除去来自感官的那些快乐之外，灵魂还有某些与之相适宜的快乐，它们与感官快乐并不相干：例如，赋予其好奇心的事物、关于自身的伟大和完美的观念、关于自身存在的意识（它与虚无的感觉相对立）。（《论趣味》，OC 2.1241）

　　正如必朽与不朽已经不再是孟德斯鸠的政治科学的主题，同样，来自良知（或其古典的对应物）的深切呼唤也被排除在外。②在孟德斯鸠这里，对德性或荣誉的内在呼唤并非某种来自高处的召唤，更不是来自某一更高自我或精灵的召唤。由此，孟德斯鸠取消了人类自然经验的关键面向。与此类似，尽管孟德斯鸠曾在一处（25.4）明确地承认，

---

①　另参《拾遗》第 451 条（pp. 407—408；OC 2.1330）以及《思考录》第 551 和 997 条（OC 1.1062 与 1268）。对比《思考录》第 615 条（OC 1.1137）——一条源自佚篇《论义务》的片段，在其中孟德斯鸠显然力图向波尔多学院表明自己是西塞罗的追随者。

②　孟德斯鸠曾有一次提到"那些指导君主们的良知、为他们建言的人"（10.2），另一次提到罗马人的"公共良知"（27，独节，p. 786）；如果我没有记错的话，除此之外，孟德斯鸠在《论法的精神》中只在另外三处重要文本用了"良知"一词——这三次都是用于描述对虔敬的自我理解：12.4（那些参与宗教迫害的人相信自己所遵循的"良知"），25.13（出现于一篇被归于犹太人为反对宗教迫害而申诉的演说），25.15（提及卡尔穆特人的信仰，他们被宽容看成"一个良知问题"）。考虑到良知在郁斯贝克试验性的自然神学中所扮演的极为重要——或许有些绝望——的角色，《论法的精神》对良知的极端贬低显得尤为突出。参《波斯人信札》第 83 封信；以及第 57、85、94 和 129 封信（当然更不消说特洛格洛迪特人中的良知）。

　　出于人类理解能力的本性，我们在宗教方面喜欢一切需要付出努力的事物，一如在道德方面，我们总是在思辨上喜欢所有要求甚严的事物。（因此，出现了"一些看来最不适宜独身制的民族，却反而更喜欢独身制，尽管他们会因此遭受最为严重的后果"。）

　　但这一关于宗教与道德规则的论述绝无仅有。通览全书，孟德斯鸠几乎总是力图根据它们必然会带来的显著社会利益，以及使得它们创立的社会背景来解释这些宗教与道德规则。他从未对这两种关于宗教和道德规则的论述如何彼此相合作出解释。他拒绝承认，人类对艰苦努力与严苛要求的热爱透露出一丝关键的信息，表明人的心灵无可避免地寻求从非功利（甚至反功利）、超政治的视角理解自身。孟德斯鸠缩小了观察人类现象的视域。由此，他得以轻盈地坚称，对宗教的考量应当首要地从其满足政治需要的功用着手，道德亦如是："宗教与公民法的首要目标应当是使人成为好公民。"① 在孟德斯鸠着力推广的政体（包括正在兴起的商业共和制、君主制以及开明专制）中，人之为"好公民"，首要的含义乃是对自身的利益有着正确认识。

　　孟德斯鸠清醒地知道，人绝不情愿根据赤裸裸的私利来看待自身及其社会：正如他在《论法的精神》首页所言，"在世界上的任何国家里，道德都为人所向往"。但之后，在讨论宗教的章节中，他几乎无所顾忌地表明，这一道德"向往"实则出于可笑的伪善：

　　　　一种宗教想要笼络人心，就必须要有纯洁的道德。人这种存在，作为个体其实都是骗子，但是在有人相伴时，他们则十分

────────────

① 24.14开头；对比柏拉图《法义》803c-804c；亚里士多德《政治学》1325a16-b32。孟德斯鸠清楚地知道，"纯然"的传统圣经宗教不可能被缩减为一种服务于"人类利益"的工具。参《波斯人信札》第75封信结尾；另参第77封信。

老实,并且热爱道德。倘若不是讨论如此严肃的话题,我就会说,只要上剧场看看,就会对此深信不疑:剧中为道德所赞同的情感必定讨人喜欢,为道德所摒弃的情感必然遭人唾弃。(25.2;相似的说法参《思考录》第939条,OC 1.1253)

作为"民主政体"的公民德性,人们对于英雄德性的仰慕由来已久。孟德斯鸠不仅对此表示认同,而且分有甚至鼓励这种仰慕。不过,他之所以这样做,乃是为了服务于一项促使这种仰慕衰退并最终枯竭(根据设想,这一过程乃是自然而然的)的企划。在未出版的《思考录》(第1227-1228条,OC 1.1306-1307)中,孟德斯鸠写道:

> 荣誉与英勇的精神在我们中间正在一点一点地消失。哲学已经获得胜利。关于英雄品质的古代观念以及关于骑士精神的更晚近观念都已经化为乌有。公民的政府被有钱人控制,军队则被那些一无所有的人败坏。最后但同样重要的是,不管在什么地方,一个人归属于这个或那个主人在很大程度上与幸福无关——因为在早前的时代,城邦的战败或被俘意味着毁灭:它意味着被卖为奴,失去自己的城邦、自己的诸神、自己的妻子和儿女……
>
> 哲学,以及我想说的某种良好的理智,在这个世纪已经获得如此牢固的根基,它们使英雄品质自此以往不再举足轻重。而一旦虚荣变得有些可笑,那些仅仅考虑个人利益的征服者将举步维艰……统治今天这个世界的是商业精神。这种商业精神使所有事情都成了算计。而荣誉,就其本身而言,只有蠢人才会对之斤斤计较。

诚然,这条"思考"以下面这段致歉性的话作为结束,言语之中还多少带着点抚慰色彩:

我在这里提到的,仅仅是那种虚假的荣誉,而非基于义务原则、基于美德、基于为君主服务的热情以及基于爱国之上的荣誉——简而言之,我指的是亚历山大式的荣誉,而非厄帕弥浓达斯式的荣誉。后者作为某种真实之物,存在于,也应当存在于所有国家和所有时代;前者作为某种空妄之物,和偏见有同样的颠覆性。

但是,在何种程度上,这段补充是为了缓和潜在的读者难以挥散、抑或正在消失的传统偏见?又是在何种程度上,它表达了孟德斯鸠对罕有的政治献身的坦率致敬?那是一种在每个时代、每个地方都可能出现在某些人身上的献身行动。《论法的精神》对古典共和主义振奋人心的最初描述,证实了孟德斯鸠以下的高度肯定:他承认,确实有一些人生来如此,出于自我提升(self-exaltation)和自我扩张(self-expansion)的渴求,他们为高尚的尘世目标所吸引,这些目标值得仿效,甚至为之献身,或"为个人荣誉慷慨地牺牲自己的生命"。

[原注]《论西塞罗》,OC 1. 95:孟德斯鸠 20 多岁的时候写了这篇简短的颂文,它似乎能让我们一睹孟德斯鸠年轻时的神采。"在所有古人当中,"(孟德斯鸠开篇便说)"我最想与之相似的是西塞罗;没有谁比他更高贵,或有比他更伟岸的性格形象;没有谁比他更热爱荣誉,通过一种更可靠的方式为自己实现一种更坚实的荣誉。阅读他的作品能同时提升心灵和心智……无论他讲述自己的行动,还是描述那些为共和国而斗争的伟大人物,他都深深陶醉于他他自己以及他们的荣誉之中……我感觉自己被他的激越感染,也被举升到他的激情之中……他不仅是一位演说家,也是一位名副其实的哲人。我们甚至可以说,他在学园中要比在讲坛上更加出众:他的哲学著作独一无二,而他在演说上却有可堪匹敌者。他是第一个将哲学从专家手中夺过来的罗马人……在一个贤人们仅仅通过奇装异服来凸显自己的时代,对西塞罗的说理所具有的深刻性,我怎么称赞都不为过。我只希望他出生在一个更开明的世纪,将这些之前仅仅用来纠正错误的的美妙天赋用在发现

真理上……看着他在《论神性》这本书中回顾所有宗派，让所有哲学家大吃
一惊，并驳倒种种偏见，这是多么令人愉悦啊！……看着他在《论预言》这本
书中，把罗马人的精神从预言这一荒谬可笑的枷锁及预言之术的统治中解
放出来，我们又怎能不心满意足……在他关于道德的写作中，我们感受到一
股欢乐的气息和一种精神上的满足，这是那些平庸的哲学家一无所知的。"
（OC 1.93-94）［译注］《论西塞罗》中译文，可参《孟德斯鸠论政制衰败》，华
夏出版社，2015，页306-317。

　　我们猜想，孟德斯鸠对这些人有一种特殊的亲切感。对于因
其庸俗、无爱以及原子化的个人主义特征而拒绝乏味的英格兰式
商业生活方式的那些读者，孟德斯鸠明确表露出惺惺相惜之意。[1]
而且，我们也没有什么理由认为，孟德斯鸠觉得他那群最优秀的
读者将满足于现代法兰西精神提供的养分。而他似乎确实相信，
或者说希望，在逐渐浮现的欧洲商业文化中，法国上流社会的社
交性（sociability）能够提供一种"生活的欢愉"，以调和英国布尔乔
亚的单调无趣——这种社交性包括那些由女人激发的、富有品味
的虚荣竞争，以及……法国人的欢快活泼、灵活多样、轻浮风流和
"奢侈品商业"（尤参19.5-9）。孟德斯鸠竭尽全力维系或复苏法
国的佩剑贵族与穿袍贵族那更具男子气概的政治精神；然而，他
也直言不讳道，逐渐浮现的现代文化具有"轻佻"和柔弱的天性。
现代文化由法国或法兰西精神（esprit）引导，而构筑法兰西精神
的正是骑士精神的式微之音。

　　［原注］另参3.3-4、4.2、7.9和8.8，孟德斯鸠在28.45末尾对同时代的
佩剑贵族和穿袍贵族作出的尖刻评论。同时可参《波斯人信札》第63、74、
82、86、99、107、110封信；《思考录》第605、621、622、869条（OC 1.1131，

---

① 19.27结尾。在早期论文（或许是1717年）《真诚颂》（"In Praise of Sincerity"）中，孟德
斯鸠曾总结道，"私人生活"是一种"日渐衰弱的诸德性感觉到它们的平庸境地"的生
活；这是因为，在私人生活中，"这些德性通常没有力量，因为它们几乎从不付诸行动"；
而且，"因为缺乏实践，它们自己就渐渐熄灭了，正如缺乏燃料的焰火"。（OC 1.104）

1146-1147, 1234)；以及在《真诚颂》中对他那个时代的道德作出的卢梭式的原始描述："好似所有功绩都由屈从奴役而来，受到夸耀的不过是种卑鄙的柔顺。这就是我们这个世纪的美德；这就是如今受到重视的一切。那些还保留些许高贵之心的人，现在做尽一切使他们丧失高贵的事情。为了不显得特立独行，为了和别人保持一致，他们拥抱邪恶娼妓的灵魂。真实被掩藏在伪装礼貌的准则之下。与卑鄙一同生活的艺术，被称作知晓如何生活。认识这个世界，与懂得如何欺骗这个世界，这两者是一回事；本应局限在外表上的仪节，现在却甚至潜入了道德风尚之中。"(OC 1. 101)

孟德斯鸠看似要求并期待大部分品格高洁的读者会咽下这份失望之情，默然接受这一思想的进程：虚荣自负的君主国和柔软贪婪的商业共和国，使古老严厉的共和国和具有骑士精神的君主国逐渐失色。但是，那些心智出众的人(homme d'esprit)又如何呢？正如郁斯贝克所描绘的，这些人的灵魂将起而反抗如此柔弱而奴役的视野的限制。那些不满足于里加对彬彬有礼(high civility)所致以的轻松嘲讽的青年又如何呢？那些要求一种更具男子气概、更有挑战的目标性(purposefulness)的人又如何呢？对此类读者，孟德斯鸠首先提供的是一个精神的避难所，这是一种对我们忍不住称其为原始的罗曼蒂克式追忆(proto-romantic vistas)的沉思："我们的始祖们"那中世纪的、封建的、半野蛮的法兰克-日耳曼贵族制，以及那更令人印象深刻的、德性的古典共和制如今已失落的壮丽。既然这一古典的壮丽看起来确实已经失落，对它的憧憬因而也就有几分怀旧的性质。这种怀旧乃是对过去的、年轻的希望或信念的一种着迷般的向往或趣味。在《论趣味》这篇他生前为发表而写就的最后一篇文章中，有若干材料的片段没有被纳入最后一版定稿中。孟德斯鸠在这些片段中说："我承认我的趣味偏向古人。古代让我着迷，这也使我总是与普林尼(Pliny)想法一致：'你要去的乃是雅典。务必敬重他们的神明。'"孟德斯鸠颇为不自在地补充道："我研究过自己的趣味,并审视过它是否是那种一无所成的病态趣味。但是,我愈是审视它,愈是发现我有理由认为我的感受正确无误。"不过:

> 我们不能与古人一道,过于深究他们无力保存的细节:这对那些描述道德风尚的诗人来说,更是如此。他们的美——即便那些经过最细致雕琢的——大体而言都依赖于已被遗忘或者不再影响我们的种种境况。它们就像古代的宫殿,尽管石壁长埋青草之下,但其宏伟壮观的设计依然一览无余。(《思考录》第 444、455 和 465 条,OC 1. 1018,1022 和 1024)

此外,孟德斯鸠供我们充满敬慕与怀恋地加以沉思的古典德性是一种卓越,这种卓越主要局限在政治成就和此世荣光或辉煌的领域。

[原注]在《论趣味》中,孟德斯鸠没有讨论(尽管他明确暗示了)超越于高贵的趣味之上的对"崇高"的趣味。我们在《思考录》中发现,原为《论趣味》撰写的一个段落却讨论了崇高,因此,这一遗漏的重要性就变得越发明晰。《思考录》(第 446 条;OC 1. 1018-1019;同时参 26. 9 开头)把对崇高的体验与对神灵(异教或基督教两者兼具)的感召性信仰联系起来,但同时也暗示,孟德斯鸠坚信,此般理解的崇高并没有表现出一种必然的或永久的人类倾向:"犹太人的制度有一种对崇高的天然倾向,因为犹太人的习俗是把他们所有的思想和行动都归结为来自神的特殊感召:神给予他们一种极大的能动力(grand agent)。然而,"孟德斯鸠以清醒的批判眼光补充道,"虽然上帝在这里确实是一种有形的存在,正如异教体系中的神;不过,他看起来仅仅被特定的激情所触动——这不仅排除了恩典(the gracious),更排除了种种崇高。另外,独一的媒介不能产生多样:上帝在想象中留下大片空白,而不是无数异教神灵所提供的充盈。"孟德斯鸠解释道,正是"我们的新哲学导致我们当中的崇高消失殆尽":正是这一哲学"制止我们给人留下崇高印

象,或自己为崇高所触动"——因为,这一新哲学"只谈及普遍法,它从我们的精神中消除了所有对神灵的特殊想法。它将一切还原为动作的交流,只谈论纯粹的理解、清楚的观念、理性、原则和后果"。因为(如孟德斯鸠在另一段高度相关的陈述中评论的那样——《思考录》第443条;OC 1.1018),"每一种宗教都有各种神话,如果没有这些神话,看起来似乎就没有任何宗教了"。(孟德斯鸠对轻快和清明的古典主义的审美接近于享乐主义,这当然与19世纪晚期的品味不一致;参Dargan在《孟德斯鸠的美学理论》[出版于1907年]第126页中的尖刻评论;孟德斯鸠"本可以轻而易举地给他的艺术观念多增加点高尚";同时参照第42-43页。)

　　如我们早先评论的那样,孟德斯鸠给出的古代共和国的形象在这样一个背景下呈现:希腊式虔敬一个非常大的"悲剧性"的维度,是它与"公民宗教"之间的龃龉不合——希腊式虔敬声称要超越公民宗教,有时还使后者化为泡影。正如我们已经较为详尽地表明过的,我们也不能说孟德斯鸠给出的是一种与诗人的视野相对立的哲人观察古代城邦的视野。如果我们把孟德斯鸠的描述和在亚里士多德那里找到的描述放在一起比较,这一点就会变得生动明晰。孟德斯鸠实际上把德性等同于共和主义的爱国主义,而爱国在亚里士多德对德性的阐释中几乎不占据任何位置。

　　[原注]在《论义务》这篇说教性论文残存的片段中,我们发现一种真正的古典德性概念的孤立回响:尤参《思考录》第607条——但其背景是政治德性或公民德性(以爱国主义为中心)的主导地位(对比第597、598、604和613条——OC 1.1126-1127,1130,1134)。同时参这篇文章尚存的概要:OC 1.109。这篇文章是孟德斯鸠模仿西塞罗的《论义务》而作,在《波斯人信札》出版4年后,他将该文呈献给波尔多科学院(这或许是为了挽救他作为一个严肃的道德主义者的声誉)。

　　对亚里士多德来说,"公民德性"(尤参《尼各马可伦理学》1116a16-29及上下文)本身就是一种"道德德性"的不完整甚至有缺陷的形式。道德德性不仅在正义最丰富的形式——即"对他人的德性"中达到高潮,同时也在"朝向自己"的德性中臻于顶点,即所谓的"灵魂宏大"(greatness of soul)——亚里士多德将之定义为某些人所拥有的自我知识,这些人充分意识到自己身上罕有的卓越,他们孤傲自许,甚至轻视荣誉和政治职务。此般理解的道德德性能够更正当地自称为政治生活的目的,理由是,它是对参与公民领导活动的个人灵魂更加真实且更加完整的实现。然而,如果作一番细致的批判审查,道德德性自身将表明,它在稳固性和连贯性上不如神性的、沉思性的和超道德性的哲人德性——对哲人来说,一种致力于解开自然、神和存在之迷的非功利的生活,其根基正是政治哲学。

在《论法的精神》的道德框架中,公民德性远未被展现为一种超越自我并通向更高美德(它们为那些伟大灵魂所拥有)的德性。"德性"据说最适合那些"天资""平庸无奇"的人。孟德斯鸠展现的德性,即使"最微不足道的国民"也可以轻易拥有(5.2-3)。一个有德性的共和国立基于一种平等主义的、中等的同质性。诚然,共和国有时也需要杰出领袖,并且能够为厄帕弥浓达斯(Epaminondas)此等杰出之辈的伟大力量与敏锐提供适宜的行动领域。但是,孟德斯鸠试图构思的古典共和德性并不以这些杰出典范为导向。恰恰相反:我们最终得知,一个健全的共和国的精神包括放逐法的日常实践,这种制度的目的正在于受除这类杰出之辈;根据孟德斯鸠的说法,这类针对杰出个体的制度化的放逐法,是共和国法典中值得"赞赏"的特色(26.17,29.7)。为了支持这个判断,孟德斯鸠大胆援引亚里士多德的《政治学》:他引用的具体文本,是从亚里士多德着手论述放逐法的那一段中摘取的,这段讨论是亚里士多德以美德君主制之名,对所有共和制德性以及共和制本身的缺陷作严厉的批判性反思的开始。《政治学》的这一段话曾受孟德斯鸠斥责,他认为这证明亚里士多德大大高估了

君主个人德性的重要性（对比 11. 9 与《政治学》1284a2 -
1288a31）。

我尤其强调孟德斯鸠构建其全新的共和德性体系时相对低
矮的天花板，因此也就主张孟德斯鸠最终在回应其更为高贵的读
者的高远之志时，表现出一种遏止性的态度。不过，我还没有公
允地处置孟德斯鸠召唤古代德性时表现出来的一个特征，这个特
征没有那么显眼，但可能重要得多。《论法的精神》确实包含对另
一种更高形式的古典德性的赞扬，它恰好出现在主题为论宗教的
这些高潮章节的第一章中间。在这里我们忆起，只有之前对亚历
山大美德的赞扬才堪与之匹敌。在位于"论沉思"这关键一节之
前的小节中，孟德斯鸠颂扬廊下派，将其视作所有"古代各种哲学
派别"当中的佼佼者，而"这些派别可以看作不同的宗教"（24.
10）。"没有任何一个派别［孟德斯鸠有意不明说，这里指任何一
个哲学派别还是任何一个宗教派别］的原则比廊下派更无愧于人
类，更能培养好人（gens de bien）。"在各种哲学派别中，"唯有"廊
下派"懂得如何培养公民"。不仅如此："唯有廊下派懂得如何培
育伟人；唯有廊下派造就了伟大的帝王。"孟德斯鸠在此处突出的
无双楷模是"叛教者"尤利安，他或许是基督教在古代的头号
敌人：

> 尤利安，就是这个尤利安——尽管我不得不认可尤利
> 安，但是这绝不意味着我是他叛教的同谋——在他之后，再
> 也没有一个比他更配做统治万民的君主。

［原注］回应对尤利安的这一赞扬时，20 世纪最重要的一位编者 Brethe
de la Gressaye（3. 426 n. 29）与孟德斯鸠的同代人一样备感震惊、无法苟同：
"对叛教者尤利安的赞扬既不恰当，也不得体。"Gressaye 接着指出，索邦神
学院谴责了这段文字，孟德斯鸠的回应是庄重承诺他将在未来的所有版本
中删掉这段话（OC 2. 1175）。正如 Gressaye 挖苦地评论道："他根本就没这

样做。"请比照科耶夫对尤利安的研究《尤利安大帝及其写作艺术》,他在这位皇帝的隐微写作术中,发现一种后基督教的理性主义(黑格尔式的)世界秩序的诱人而遥远之预想。[译按]科耶夫文章的中译,参《阅读的德性》,华夏出版社,2006,页2-26。

廊下派的公共德性与共和德性有亲缘关系,但是类属不同。孟德斯鸠强调,廊下派的公共德性并不局限于参与一个平等主义的共和主义共同体,甚至不必然专注于这种参与。廊下派的德性,是自视优异的独立者的德性,不只限于爱国心。廊下派的德性是世界性、帝国性的,甚至是宇宙性或者神性的:"看来,他们确信自身具有的一种神圣精神,并将其视为一种关爱着人类的天意。"在这里,孟德斯鸠忽然突出他的自然宗教或自然神学,但他适可而止,得体地避开了长篇大论。此处,孟德斯鸠唤出一种可以被理解为源自理性神(god of Reason)的神圣体验。这位神——自然神,也即"自然的作者"(14.2)——可以被理解为通过这样一些人施行天意:他们身上罕见的天性,使他们可以全心全意地拥抱那种在廊下派"这一派别"身上得到绝佳示范的精神。对廊下派认为自己受何物鼓舞的描述,可以看作在注解或修饰孟德斯鸠在序言里表露的简洁而间接的自画像:"在努力诲人的过程中,我们才能将包括普世之爱在内的普遍美德付诸实践。"

[原注]在最终没有被孟德斯鸠纳入《论法的精神》的材料汇编中,有一段像是为序言而撰写的草稿片段(我们不要忘记,序言是任何一部作品中最公开也最暴露在外的部分),这一段是这样说的:

> 我曾考虑过在这部作品中的一些地方进一步扩展其广度和深度,但我却没能这样做。阅读使得我的视力变弱,对我来说,似乎眼中仅剩彻底昏沉之前的曙光。
> 我几乎接近了那个我必须开始和结束的时刻,那个揭开并暴露一切的时刻,那个混合着苦涩与欢愉的时刻,那个我甚至将不再虚弱的

时刻。

　　为什么我还要再忙于一些琐屑的写作？我追寻的是不朽，不朽就在我自身中。我的灵魂啊，扩充你自己！让你自己投身于无限之中！返回到伟大的存在（Being）之中！

　　我发现自己身处如此可悲的境地，这让我不再可能将这些最后的感触放到这部作品中；以及，如果我不是认为，使自己成为对他人有用之人，直至最后一息，这乃是件高贵之事，我早就无数次将这部作品付之一炬了。

　　不朽的上帝！人类是你最有价值的作品。热爱人类就是热爱你，我将这份爱献给你，以此完成我的人生。（OC 2. 1041）

　　启发廊下派式德性的宇宙神与圣经上帝的关系，在他的一篇题为《论英国政府》的论文片段中得到暗示。孟德斯鸠指出，这篇文章是为"《论义务》这项计划"而准备的："让我们暂且假设，有一个残酷无情、毁灭成性的政府在整个世界（Universe）建立起来，它的维持并不靠暴君的力量，而是靠某种轻信盲从和大众迷信。如果有一个人来消除人类的迷信，教导他们不变的永恒法，这个人难道不就是人类（Human Race）真正的恩人？哪位英雄有比他更正当的名义，值得被迎入圣祠？"（OC 1. 1129）

　　孟德斯鸠在献给缪斯的赞美诗中所见证的体验，回荡着廊下派式的宗教体验。在这篇赞歌里，这些神灵鼓舞人心的在场，伴随理性并且通过理性而得到感知。所以，孟德斯鸠确实承认，那些有潜力与他一同参与那种他设想的精神生活（the life of the mind）的人，可能会经历一种截然不同的宗教体验。我们可以猜想，适当地附着于心灵之上的崇高自尊，将认为自己是受泛爱众生的神灵所鼓舞的；它分有或者说亲近那种哲学上的真正荣誉，而孟德斯鸠正是依靠这种标准，断定驱动君主制的荣誉"就哲理而言，是一种虚假的荣誉"（3.7）。

　　由此，孟德斯鸠以自己的方式（尽管决非与古典全无牵连），悄然打开了一条通往更高级的德性，甚至一种高远且纯粹的宗教体验的路径。这是他为那些显然最令他感到亲切的读者另辟的一条蹊径。在此我们发现，《论法的精神》中的古典共和制这个主题具有一种更高层次的教诲功能，它同时也是推动整部作品的一条关键暗线。最容易被孟德斯鸠描绘的共和德性所吸引的那些读者，渴望着一种骄傲的或者自我提升的献身生活。这样一位读者（我们不禁想到卢梭）将最为抗拒他的老师对共和德性的批评；庆幸的是，在对廊下派的颂扬中，孟德斯鸠开辟了一条通向他灵魂所渴望之物的道路。我之所以说是一条道路，因为我们可以严肃地质疑一番，孟德斯鸠是否认为这条路径的终点抵达的是《论法的精神》明示的那个终点。① 对这个终极目标的提示出现在第五章的第 12 节——孟德斯鸠为许多小节起了"续前题"这个谜一样的标题，而此节正是第一个如此命名的小节。这个小节继续讨论"君主政体的优越性"（前一节的标题），却尤其集中讨论君主制为"灵魂宏大"提供的位置——孟德斯鸠强调，我们甚至不必在专制国家里寻找这种品质，因为"那里的君主无法赋予国家一种其本人都不具备的宏大；在他那里，毫无荣耀可言"。但是，在君主中寻找灵魂宏大时，我们将在何种意义上，或者说在何种形式中发现它？孟德斯鸠答道，在君主国中，每一位臣民"都占有更大空间，因而可以践行德性；这些德性赋予灵魂的是宽宏（grandeur），而不是独立（not independence）"。我们可以猜想，君主制下人的灵魂能够达到的宽宏，可以说从侧面显示了真正的、更充分地扩展了的自我，而正是后者构成了"就哲理而言的真正荣誉"。由此，孟德斯鸠让我们时不时地得以窥见，他对那些强大而健康的灵魂所渴求的精神伟岸持有何种理解。正如此前的引文

---

① 我们无法忽视早先在《为〈论法的精神〉辩护》中看到的孟德斯鸠对廊下派神学的描述（请回想 OC 1. 1128–1129）。

已表露的,他暗示道,在他看来,若要将此解释为一种超越有死之存在的渴望,那就大错特错了。最雄健的那些人类典范追逐的与其说是永恒的存在,不如说是自觉扩张的智慧(self-consciously expansive wisdom),它使一个人得以精湛而慷慨地在最广泛的人类同胞中散播福祉。

[原注]"我们热爱高贵的骄傲,它得自德性所带来的内在满足:这种骄傲与伟大(the Great)相称,也装点着尊贵(the dignities)。一个伟大的灵魂并不懂得如何不把自己展现为一个整体:它感受到自己存在的尊贵。它怎能无视自己相对于众多天性鄙俗者的优越呢?这些骄傲的人是最不傲慢的人。"——《思考录》第 607 条;同时参第 609 条(OC 1. 1131–1133);请比较马南,《人的城邦》(La Cité de l'homme),页 286。

但这只能更清楚地显示出孟德斯鸠的理解与苏格拉底(就此而言也是斯宾诺莎)的理解之间存在的根本分歧。在那些与他一同共享"廊下派式"德性的稀有典范身上,孟德斯鸠似乎没有看到有关人类本性本身的决定性线索。人类本性毫无方向的"可塑性"(flexibility),在关于次人(subhuman)的"自然状态"回顾性模型中得到揭示。我们不禁要说,孟德斯鸠将这些与他类似的典范视为一种幸运的偶然,而不认为它反映了一种真正的潜能和导向性(directiedness)的实现:这种潜能和导向性虽然昏暗不明,但毫无疑问能在我们每一个人身上辨认出来。

孟德斯鸠与古典之间的分歧的另一个维度或许更容易弥合。廊下派,至少孟德斯鸠呈现的廊下派(即作为"可以被当作一种宗教"的"派别"),"虽然把财富、人世间的显赫、痛苦、忧伤和愉悦视为虚无,可是,他们全力以赴的却是为社会效力、尽社会义务":"他们为社会而生,每个人都相信自己的命运就是为社会效力"(24. 10)。孟德斯鸠向廊下派致敬,但在对正宗的廊下派哲人(他们人数稀少,哪怕在那些以廊下派"哲人"著称的人中)来说真正要紧的事情上——即他们沉浸在对自然,尤其人性进行持续探究和发掘的生活中——他却惊人地保持沉默。在孟德斯鸠的青年作品《论激励我们从事科学的动机》中,他写道,除了科学带来的巨大功用之外,在激励我们从事科学的其他动机中,首要的就是:

> 我们内心体验到的满足感。当我们看到自身的卓越得到提升,当我们令智能的存在更有智慧,这种满足感就产生了。第二个动机是每个人都有的某种好奇心,这种好奇心在当下这个世纪变得再理所当然不过……我们知道,人类精神已经走得如此之远:我们难道看不见它曾在何处,它曾开辟的道路,它将来还要继续开辟的道路,它引以为傲的知识,它野心勃勃的目标,它始终无望获取的东西?

> 激励我们从事科学的第三个动机就是,在其中取得成功的可靠希望。这个世纪的诸多发现之所以如此令人赞服,不单纯是因为那些被发现的真理本身,而是因为借以发现这些真理的方法;这些方法并不是搭建摩天大厦的石块,而是完全建起这座大厦所需要的工具和机械……

> 第四个动机是我们自身的幸福。(OC 1.54-55)

尚且年轻时,孟德斯鸠就已经感受到投身于追求自然知识的生活所带来的深刻满足和简朴魅力,这种自然知识包括关于自然之限制的知识,或者说我们对存在之源的知识有何局限的知识。但是,他仍把科学的功用列为首要动机——对(基本上不爱思考的)其余人类的功用。正如其他伟大的现代派,在孟德斯鸠那里,哲学就其最明显的意义而言变成了公共服务,至于政治哲学,则是这种服务最高级和最全面的形式。哲学家承担着人类的命运,负责引领世界历史的进程;因此,他们当然必须强调,他们的行为乃是出于热心公益的动机。在《论法的精神》中,孟德斯鸠对自己的目标和意图所作出的最严肃的声明，是说他写这本书的目的在于教授"宽和"的德性，这种德性应当是"立法者的精神"（29.1）。接着，孟德斯鸠将完全意义上的立法者与政治哲学家或政治理论家等同起来，以此总结他对立法活动的研究。但他是在一个特别奇怪的小节中作出此般总结的（29.19），这一节将那些最伟大的政治哲学家的立法动机刻画得出奇庸俗，以至于严肃的读者禁不住在此顿足。我倾向于认为，孟德斯鸠在这怪异的一节中意图表明，他知道将政治哲学家和立法者混为一谈是荒谬不当的。仅有片刻，孟德斯鸠让我们看见，他知道他不仅将在亚里士多德、柏拉图、莫尔（More）甚至马基雅维利面前，也将在那些理解这些哲人之真正所是与所为的人面前，显得十分滑稽可笑。我们正讨论的这个小节，与孟德斯鸠早先的宣言相一致。在那个宣言中，纯粹而超越政治的"思辨科学"——柏拉图和真正的廊下派哲人力图在城邦中培育它并在城邦面前为之辩护，柏拉图还以它的名义描绘了一个乌托邦式的最佳政体——"使人变得野蛮"（4.8）。是什么使孟德斯鸠写出这些带有明显修辞意味的极端话语？在完整陈述古典理性主义者对理论或思辨德性优先于政治或实践德性的公开坚持时，孟德斯鸠清楚地表明，他在这种坚持中看到通往宗教禁欲主义的一道滑坡，尤其基督教——基督教宣扬远离商业和政治甚至家庭，与之相伴的还有基督教对（孟德斯鸠所理解的）人类尊严的破坏。在这一背景中，孟德斯鸠着重求助于西塞罗的权威。① 孟德斯鸠是否认为，苏格拉底学派中最有智慧的一位哲

---

① 23.21："某些哲学流派已经把超脱公共事务的风气带进罗马帝国。这种风气在共和国时期是不可能达到这种程度的（参见西塞罗在《论义务》第一卷中对这种思辨风气的思考）——那时，人人埋头研究战争与和平的技艺。正是这股风气产生了一种把至善境界视为与思辨的生活不可分的想法，由此还产生一种远离家庭关怀和烦恼的想法。在这种哲学之后出现的基督教，则可以说把发轫于这种哲学的思想固定下来了。"请回想本章注17中引用的《论西塞罗》（［译按］即本书204-205页的注释）。

人将会赞同,尤其考虑到急剧变动了的历史情境,这种激烈的现代矫正是合理甚或必不可少的? 为了履行他自认为的应尽之责,让精神的生活获得解放,孟德斯鸠发现自己不得不从根本上模糊精神生活的真正含义。既然他已经在他认为审慎的限度内,通过他的作品将他最优秀的读者带到尽可能远的地方,孟德斯鸠要求他们自行寻找通往最终顶点的道路,以领会哲学的生活方式的完整涵义和意义。

参考文献

所有非英语的原始文献，除非特别标明，均由作者本人翻译。对原始文献的引用遵循既有的标准页码或标准章节编号。如果在作者的引用中，原始文献某一特定版本的特征或页码具有重要意义，该版本也将在下面列出。

孟德斯鸠著作诸版本（附引用缩写）

Derathé = *De l'Esprit des lois.* Ed. Robert Derathé. 2 vols. Paris：Garnier Frères，1973.

Gressaye = *De L'Esprit des Loix.* A critical edition. Ed. Jean Brethe de la Gressaye. 4 vols. Paris：Société Les Belles Lettres，Association Guillaume Budé，1950–1961.

Laboulaye = *Oeuvres complètes.* Ed. Edouard Laboulaye. 7 vols. Paris：GarnierFrères，1875–1879.

OC = *Oeuvres complètes.* Ed. Roger Caillois. 2 vols. Paris：Gallimard，Bibliothèque de la Pléiade，1949–1951.

Persian Letters = *Lettres persanes.* Ed. Jean Starobinski. Paris：Gallimard，1973. This is based on a better text than that used in the OC；for the somewhat complicated history of the text, see the discussion on pp. 413–415.

Masson = *Oeuvres complètes.* Ed. André Masson. 3 vols. Paris：Nagel，1950–

1955. The first volume contains a photographic reproduction of the last edition of *The Spirit of the Laws* supervised by Montesquieu (Amsterdam: Arkstée and Merkus, 1758), prefaced by a "Eulogy of Montesquieu" and an "Analysis of *The Spirit of the Laws*," both written by D'Alembert.

Spicilège(Oeuvres complètes de Montesquieu, vol. 13). Ed. Rolando Mutini. Oxford: Voltaire Foundation, 2002.

其他原始文献

Adams, John. *The Works of John Adams*. Ed. Charles F. Adams. 10 vols. Boston: Little, Brown, 1851–1856.

Alembert, Jean le Rond de. "Eloge de Monsieur Le Président de Montesquieu." See Masson (under editions of *The Spirit of the Laws*, above).

——. "Analyse de *L'Esprit des Loix*." See Masson (under editions of *The Spirit of the Laws*, above).

Blackstone, William. *Commentaries on the Laws of England*. 4 vols. Oxford: Clarendon Press, 1765–1769.

Bossuet, Jacques-Bénigne. *Discours sur l'histoire universelle, à Monseigneur Le Dauphin, pour expliquer la suite de la réligion et les changements des empires*. 3 vols. Prefaced by a "Eulogy of Bossuet" by D'Alembert. Paris: Plon, 1875.

Burke, Edmund. *Works*. 8 vols. London: Henry G. Bohn, 1854–1889.

Chardin, Jean. *A Journey To Persia: Jean Chardin's Portrait Of a Seventeenth-Century Empire*. (A translation of a portion of the next item.) London: I. B. Tauris, 1996.

——. *Voyages du chevalier Chardin en Perse, et autres lieux de l'Orient*. 10 vols. Le Normant, 1811 (orig. publ. 1711).

De Lolme, Jean Louis. *The Constitution of England*. Trans. probably by the author, et al. London: Henry G. Bohn, 1853 (orig. publ. 1771, Engl. ed. 1775).

Diderot, Denis. "Encyclopedia." In *Oeuvres complètes*, vol. 14. Ed. Assézat.

Paris: Garnier, 1876.

Fénelon, François de Salignac de la Mothe. *Fénelon on Education: A Translation of the "Traité de l'éducation des filles" and Other Documents Illustrating Fénelon's Educational Theories and Practice.* Ed. H. C. Barnard. Cambridge: Cambridge University Press, 1966.

Francis, Philip. *Letter from Mr. Francis to Lord North.* London: Debrett, 1777.

Hobbes, Thomas. *Behemoth, or The Long Parliament.* Ed. Ferdinand Tönnies. London: Frank Cass, 1969.

———. *Leviathan, with selected variants from the Latin Edition of 1688.* Ed. Edwin Curley. Indianapolis: Hackett, 1994.

Ibn Khaldun. *The Muqaddimah: An Introduction to History.* Trans. Franz Rosenthal. 3 vols. Princeton: Princeton University Press, Bollingen Series XLIII, 1967. References are by the pagination of the Quatremère edition, noted in the margins.

Jefferson, Thomas. *Jefferson's Extracts from the Gospels.* Ed. Dickinson W. Adamset al. *The Papers of Thomas Jefferson,* second series, inaugural volume. Princeton: Princeton University Press, 1983.

Johnstone, George (Governor). *Thoughts on our Acquisitions in the East Indies, particularly respecting Bengal.* London: T. Becket, 1771.

La Roche, Abbé Jacques Fontaine de. "Examen critique de *L'Esprit des Lois.*" *Nouvelles ecclésiastiques,* 9 and 16 October 1749. Reprinted in Laboulaye, 6. 115–137 (under editions of Montesquieu above).

———. "Réponse à la Défense de *L'Esprit des Lois.*" *Nouvelles ecclésiastiques,* 24 April and 1 May 1750. Reprinted in Laboulaye, 6. 209–237 (under editions ofMontesquieu above).

Locke, John. *An Essay Concerning Human Understanding.* A critical edition by Peter H. Nidditch. Oxford: Clarendon Press, 1979.

———. *Questions Concerning the Law of Nature.* A critical edition, with translation,by Robert Horwitz, Jenny Strauss Clay, and Diskin Clay. Ithaca: Cornell University Press, 1990.

——. *The Reasonableness of Christianity As Delivered in the Scriptures*. A critical edition by John C. Higgins-Biddle. Oxford: Clarendon Press, 1999.

——. *Some Thoughts Concerning Education*. In *The Educational Writings of John Locke*. A critical edition by James L. Axtell. Cambridge: Cambridge University Press, 1968.

——. *Two Treatises of Government*. A critical edition by Peter Laslett. NewYork: New American Library, 1963.

Paine, Thomas. *Rights of Man: Being an Answer to Mr. Burke's Attack on the French Revolution*. In *The Basic Writings of Thomas Paine: Common Sense, Rights of Man, Age of Reason*. New York: Willey, 1942.

Pascal, Blaise. *Pensées*. In *Oeuvres complètes*. 1 vol. Ed. Louis Lafuma. Paris: Editions du Seuil, 1963.

Retz, Jean-François-Paul de Gondi, Cardinal de. *Memoires*. Ed. Maurice Allem. Paris: Gallimard, Bibliothèque de la Pléiade, 1949.

Rousseau, Jean-Jacques. *Correspondance complète*, vol. 22. Ed. R. A. Leigh. Oxford:Voltaire Foundation, 1974.

——. *Oeuvres complètes*. 5 vols. Ed. Bernard Gagnebin et al. Paris: Gallimard, Bibliothèque de la Pléiade, 1959-1995.

Saint-Simon, Louis de Rouvroy, Duc de. *Mémoires* (1707-1710). Ed. Yves Coirault. Paris: Gallimard, Bibliothèque de la Pléiade, 1984.

Sheehan, Colleen, and Gary McDowell, eds. *Friends of the Constitution: Writings of the "Other" Federalists 1787-1788*. Indianapolis: Liberty Fund, 1998.

Voltaire. *Oeuvres complètes*. 13 vols. Paris: Firmin-Didot, 1876.

二手文献和当代著作

Althusser, Louis. *Montesquieu, la politique et l'histoire*. Paris: Presses Universitaires de France, 1985.

Barrera, Guillaume. "Montesquieu et la mer." *Revue Montesquieu* 2 (1998): 7-44.

Bartlett, Robert C. *The Idea of Enlightenment: A Post-mortem Study.* Toronto: University of Toronto Press, 2001.

Bianchi, Lorenzo. "Histoire et nature: La religion dans *L'Esprit des lois.*" In *Le Temps de Montesquieu. See* Porret and Volpilhac-Auger.

Carrithers, David W. , Michael Mosher, and Paul A. Rahe, eds. *Montesquieu's Science of Politics: Essays on* The Spirit of Laws. Lanham, Md. : Rowman and Littlefield, 2001.

Courtney, C. P. "*L'Esprit des lois* dans la perspective de l'histoire du livre (1748-1800)." In *Le Temps de Montesquieu. See* Porret and Volpilhac-Auger.

———. *Montesquieu and Burke.* Oxford: Basil Blackwell, 1963.

Cranston, Maurice. *Jean-Jacques: The Early Life and Works of Jean-Jacques Rousseau* 1712-1754. Chicago: University of Chicago Press, 1982.

———. *The Noble Savage: Jean-Jacques Rousseau* 1754-1762. Chicago: University of Chicago Press, 1991.

Dargan, Edwin P. *The Aesthetic Doctrine of Montesquieu.* Baltimore: Johns Hopkins University Press, 1907.

Dunning, William Archibald. *A History of Political Theories from Luther to Montesquieu.* New York: Macmillan, 1905.

Ehrard, Jean. *L'Esprit des mots: Montesquieu en lui-même et parmi les siens.* Geneva: Droz, 1998.

Faguet, Emile. *Dix-huitième siècle: Etudes littéraires.* Paris: Boivin, 1890.

Felice, Domenico. ed. *Poteri, democrazia, virtù: Montesquieu nei movimenti repubblicani all'epoca della Rivoluzione francese.* Milan: Franco Angeli, 2000.

———. ed. *Montesquieu e i suoi interpreti.* 2 vols. Pisa: Edizioni ETS, 2005.

Fish, Stanley. *There's No Such Thing as Free Speech.* New York: Oxford University Press, 1994.

———. *The Trouble with Principle.* Cambridge: Harvard University Press, 1999.

Fletcher, F. T. H. *Montesquieu and English Politics* (1750-1800). London: Edward Arnold, 1939.

Furet, François. "La *Librairie* du royaume de France au 18e siècle. " In *Livre et société dans la France du XVIIIe siècle*. Ed. Geneviève Bolléme et al. , vol. 1, 3–32. Paris: Mouton, 1965–1970.

Goitein, S. D. "The Origin of the Vizierate and Its True Character. " *Islamic Culture*16 (1942): 255–292.

Grosclaude, Pierre. *Malsherbes: Témoin et interpréte de son temps*. Paris: Librairie Fischbacher, 1961.

Hanley, William. "The Policing of Thought: Censorship in Eighteenth-Century France. " *Studies in Voltaire and the Eighteenth Century* 183 (1980): 265–295.

Jameson, Russell Parsons. *Montesquieu et l'esclavage: Etude sur les origines del'opinion antiesclavagiste en France au XVIIIe siècle*. Paris: Hachette, 1911.

Keohane, Nannerl O. *Philosophy and the State in France: The Renaissance to the Enlightenment*. Princeton: Princeton University Press, 1980.

Kingston, Rebecca E. "Montesquieu on Religion and the Question of Toleration. "In *Montesquieu's Science of Politics: Essays on* The Spirit of the Laws. *See* Carrithers et al.

——. ed. *Montesquieu and His Legacy*. Albany: State University of New York Press, 2008.

Koebner, R. "Despot and Despotism: Vicissitudes of a Political Term. " *Journal of the Warburg and Courtauld Institutes* 14 (1951): 275–302.

Kojève, Alexandre. "The Emperor Julian and His Art of Writing. " Trans. James H. Nichols. In *Ancients and Moderns: Essays on the Tradition of Political Philosophy in Honor of Leo Strauss*. Ed. Joseph Cropsey. New York: Basic Books,1964.

Krause, Sharon. "Despotism in *The Spirit of Laws*. " In *Montesquieu's Science of Politics*. *See* Carrithers et al.

——. *Liberalism with Honor*. Cambridge: Harvard University Press, 2002.

——. "The Politics of Distinction and Disobedience: Honor and the Defense of

Liberty in Montesquieu. " *Polity* 31:3 (1999): 469–499.

Larrère, Catherine. "Montesquieu: L'Eclipse de la souveraineté. " In *Penser la souveraineté à l'époque modern et contemporaine.* Ed. G. M. Cazzaniga and Y. C. Zarka. Paris: Vrin, 2001.

——. "Montesquieu et l'histoire du commerce. " In *Le Temps de Montesquieu. See* Porret and Volpilhac-Auger.

——. "Montesquieu on Economics and Commerce. " In *Montesquieu's Science of Politics. See* Carrithers et al.

Launay, Michel, ed. *Jean-Jacques Rousseau et son temps: Politique et littérature au XVIIIe siècle.* Paris: A. –G Nizet, 1969.

——. *Jean-Jacques Rousseau: Ecrivain politique.* 2nd ed. Geneva: Editions Slatkine, 1989.

Levy, Jacob. "Montesquieu's Constitutional Legacies. " In *Montesquieu and His Legacy. See* Kingston.

Lewis, Bernard. *The Middle East: A Brief History of the Last 2,000 Years.* New York: Simon and Schuster, 1995.

——. *The Political Language of Islam.* Chicago: University of Chicago Press, 1988.

Lutz, Donald. "The Relative Influence of European Writers on Late Eighteenth Century American Political Thought. " *American Political Science Review* 78 (1984): 189–197.

Manent, Pierre. *La Cité de l'homme.* Paris: Fayard, 1994.

Martin, Kingsley. *The Rise of French Liberal Thought: A Study of Political Ideas from Bayle to Condorcet.* Ed. J. P. Mayer. New York: New York UniversityPress, 1954.

Mason, Sheila. "Les Héritiers écossais de Montesquieu: Continuité d' inspiration et métamorphose de valeurs. " In *La Fortune de Montesquieu: Montesquieu écrivain.* Bordeaux: Bibliothèque Municipale, 1995.

Moore, James. "Montesquieu and the Scottish Enlightenment. " In *Montesquieu and His Legacy. See* Kingston.

Morley, John. *Burke*. London: Macmillan, 1913.

Oudin, Charles. *Le Spinozisme de Montesquieu*. Geneva: Slatkine Reprints, 1971.

Owen, J. Judd. "The Task of Liberal Theory after September 11." *Perspectives on Politics* 2:2 (2004): 325–330.

Pangle, Thomas L. *Montesquieu's Philosophy of Liberalism: A Commentary on the Spirit of the Laws*. Chicago: University of Chicago Press, 1973.

Porret, Michel, and Catherine Volpilhac-Auger, eds. *Le Temps de Montesquieu*. Geneva: Droz, 2002.

Rahe, Paul A. "The Book That Never Was: Montesquieu's *Considerations on the Romans* in Historical Context." *History of Political Thought* 26:1 (2005): 43–89.

——. "The Enlightenment Indicted: Rousseau's Response to Montesquieu." *Journal of the Historical Society* 8:2 (2008): 273–302.

——. "Forms of Government: Structure, Principle, Object, and Aim." In *Montesquieu's Science of Politics*. See Carrithers et al.

——. *Montesquieu and the Logic of Liberty*. New Haven: Yale University Press, 2009.

——. *Soft Despotism, Democracy's Drift: Montesquieu, Rousseau, Tocqueville, and the Modern Project*. New Haven: Yale University Press, 2009.

Rorty, Richard. *Contingency, Irony, and Solidarity*. Cambridge: Cambridge University Press, 1989.

Salmon, J. H. M. *Cardinal de Retz: The Anatomy of a Conspirator*. New York: Macmillan, 1969.

Schaub, Diana J. *Erotic Liberalism: Women and Revolution in Montesquieu's Persian Letters*. Lanham, Md.: Rowman and Littlefield, 1995.

——. "Of Believers and Barbarians: Montesquieu's Enlightened Toleration." In *Early Modern Skepticism and the Origins of Toleration*. Ed. Alan Levine. Lanham, Md.: Lexington Books, 1999.

Seeber, Edward D. *Anti-Slavery Opinion in France during the Second Half of the*

Eighteenth Century. Baltimore: Johns Hopkins University Press, 1937.

Shackleton, Robert. *Montesquieu: A Critical Biography.* Oxford: Oxford University Press, 1961.

——. *Essays on Montesquieu and on the Enlightenment.* Ed. David Gilson and Martin Smith. Oxford: Voltaire Foundation, 1988.

Shari'ati, Ali. *On the Sociology of Islam: Lectures by Ali Shari'ati.* Trans. Hamid Algar. Oneonta, N.Y.: Mizan Press, 1979.

Soroush, Abdolkarim. *Reason, Freedom, and Democracy in Islam.* Trans. and ed. Mahmoud Sadri and Ahmad Sadri. Oxford: Oxford University Press, 2000.

Starobinski, Jean. *Montesquieu.* Paris: Editions du Seuil, 1979.

Stewart, William. "Montesquieu vu par les Anglais depuis deux siècles." *Actes du congrès Montesquieu réuni à Bordeaux du 23 au 26 mai 1955.* Bordeaux: Impriméries Delmas, 1956.

Strauss, Leo. *Gesammelte Schriften.* Ed. Heinrich Meier. Vol. 2: *Philosophie und Gesetz; Frühe Schriften.* Stuttgart: J. B. Metzler, 1997.

——. *Natural Right and History.* Chicago: University of Chicago Press, 1953.

——. *Thoughts on Machiavelli.* Glencoe, Ill.: Free Press, 1958.

Van der Ploeg, J. P. M. "The Writings." In *The World of the Old Testament.* Ed. A. S. van der Woude. Trans. Sierd Woudstra. Grand Rapids, Mich.: William B. Eerdmans, 1989.

Vaughan, C. E. *Studies in the History of Political Philosophy before and after Rousseau.* Ed. A. G. Little. 2 vols. New York: Russell and Russell, 1960.

Vernière, Paul. *Spinoza et la pensée française avant la revolution.* 2 vols. Paris: Presses Universitaires, 1954.

Warner, Stuart D. "Montesquieu's Prelude: An Interpretation of Book I of *The Spirit of the Laws.*" In *Enlightening Revolutions: Essays in Honor of Ralph Lerner.* Ed. Svetozar Minkov. Lanham, Md.: Lexington Books, 2006.

Zuckert, Michael. "Natural Law, Natural Rights, and Classical Liberalism: On Montesquieu's Critique of Hobbes." *Social Philosophy and Policy* 18 (2001): 227–251.

图书在版编目（CIP）数据

　　孟德斯鸠思想批判／（美）潘戈著；童群霖，邓欢娜译.
--上海：华东师范大学出版社，2023
　　（经典与解释）
　　ISBN 978-7-5760-4503-1

　　Ⅰ.①孟… Ⅱ.①潘… ②童… ③邓… Ⅲ.①孟德斯
鸠(Montesquieu, Charles Louis de Secondat 1689-
1775)-哲学思想-研究 Ⅳ.①B565.24

中国国家版本馆 CIP 数据核字（2023）第 250688 号

华东师范大学出版社六点分社

企划人　倪为国

经典与解释·潘戈集

孟德斯鸠思想批判

著　　者　[美]潘戈
译　　者　童群霖　邓欢娜
责任编辑　彭文曼
责任校对　古　冈
封面设计　吴元瑛
出版发行　华东师范大学出版社
社　　址　上海市中山北路 3663 号　邮编　200062
网　　址　www. ecnupress. com. cn
电　　话　021-60821666　行政传真　021-62572105
客服电话　021-62865537　门市（邮购）电话　021-62869887
地　　址　上海市中山北路 3663 号华东师范大学校内先锋路口
网　　店　http://hdsdcbs. tmall. com
印　刷　者　上海景条印刷有限公司
开　　本　890×1240　1/32
插　　页　2
印　　张　7.5
字　　数　160 千字
版　　次　2024 年 2 月第 1 版
印　　次　2024 年 2 月第 1 次
书　　号　ISBN 978-7-5760-4503-1
定　　价　68.00 元

出　版　人　王　焰

（如发现本版图书有印订质量问题,请寄回本社客服中心调换或电话 021-62865537 联系）